高职高专经济管理基础课系列教材

连锁经营管理原理与实务

陈　玲　主　编
郝书俊　温晶媛　副主编

清华大学出版社
北　京

内 容 简 介

本书以教育部关于高职高专教育的定位和人才培养目标为依据，吸取了本专业各院校多年来的教学实践经验，对连锁经营管理基本理论知识和实际操作的相关内容做了系统的阐述，有利于高职学生综合素质和职业技能的培养与提高。

本书介绍了连锁经营概述、连锁企业经营业态的识别、连锁企业组织结构与岗位的认知、连锁企业店铺选址与卖场布局、连锁企业商品管理、连锁企业市场营销管理、连锁物流管理、连锁企业门店运营管理，同时还结合每个项目的内容，精心设计了扩展阅读、同步测试和项目实训，使理论学习与实践紧密结合，知识与能力增长相得益彰，既有利于学生综合素质的培养和职业技能的提高，也有利于满足学生就业和企业用人的实际要求。

本书内容全面、结构严谨、资料翔实、形式新颖，既可作为高职高专连锁经营等相关专业的教学用书，也可供在职人员学习参考。

图书在版编目(CIP)数据

连锁经营管理原理与实务/陈玲主编. 一北京：清华大学出版社，2018（2020.2重印）
(高职高专经济管理基础课系列教材)
ISBN 978-7-302-48753-1

Ⅰ. ①连…　Ⅱ. ①陈…　Ⅲ. ①连锁经营—经营管理—高等学校—教材　Ⅳ. ①F717.6

中国版本图书馆 CIP 数据核字(2017)第 272160 号

责任编辑：桑任松
封面设计：杨玉兰
责任校对：李玉茹
责任印制：沈　露
出版发行：清华大学出版社
　网　　址：http://www.tup.com.cn, http://www.wqbook.com
　地　　址：北京清华大学学研大厦 A 座　　**邮　　编**：100084
　社 总 机：010-62770175　　**邮　　购**：010-62786544
　投稿与读者服务：010-62776969, c-service@tup.tsinghua.edu.cn
　质量反馈：010-62772015, zhiliang@tup.tsinghua.edu.cn
　课件下载：http://www.tup.com.cn, 010-62791865
印 装 者：三河市吉祥印务有限公司
经　　销：全国新华书店
开　　本：185mm×260mm　　**印　张**：12.75　　**字　数**：307 千字
版　　次：2018 年 1 月第 1 版　　**印　次**：2020 年 2 月第 4 次印刷
定　　价：34.00 元

产品编号：068516-01

前　言

本书从教育部关于高职教育的定位及人才培养方案的要求出发，以培养学生的综合素质为主线，以强化理论学习与实际应用相结合为宗旨，系统介绍了连锁经营管理原理与实务的基本知识，内容翔实，图文并茂，具有鲜明的高职教育特色。

本书的主要特点如下。

1. 注重理论知识的系统性和前瞻性

本书遵循“实用为主，够用为度”的原则，根据连锁经营管理原理与实务的学科特点构建知识体系。全书共分 8 个项目，分别是连锁经营概述、连锁企业经营业态的识别、连锁企业组织结构与岗位的认知、连锁企业店铺选址与卖场布局、连锁企业商品管理、连锁企业市场营销管理、连锁物流管理和连锁企业门店运营管理，所形成的基本知识框架既系统全面，又精简实用。同时，本书还吸收了业界的最新研究成果，采用了当今连锁经营管理的新理论、新知识、新方法、新案例，使全书内容具有先进性。

2. 内容体例符合教与学的客观规律

本书在内容上，力图体现学科的重点知识和实际操作要点；在体例上，每个项目均包括学习目标与要求、引导案例、项目小结、扩展阅读、同步测试、项目实训等板块，并配以图表说明。本书重点突出，有利于提高学生的学习效率；内容环环相扣，符合认知规律；大量图表说明，增强了教材的可读性。这些都将有利于学生专业知识的学习和实际操作能力的培养。

3. 注重理论与实践的统一

本书每个项目都选择了典型案例并做了深入浅出的分析，融入情景实训，以行为示范引导学生对专业知识的学习和掌握。突出教材的专业性、应用性和实践性，有利于学生动手动脑、固化知识、增强能力。

参加本书编写的人员都是具有多年教学和实践经验的专业教师，同时，在编写过程中还聘请了多名教学、科研领域和企业界的专家予以指导和审定，力求使本书成为融行业理论知识、实践技能和教育教学三位一体的高质量教材。

本书由天津滨海职业学院副教授陈玲担任主编，河北工程技术学院郝书俊、新疆轻工职业技术学院温晶媛担任副主编，具体编写分工如下：陈玲编写项目 7，郝书俊编写项目 1、4、5、6，温晶媛编写项目 2、3、8。全书由陈玲统稿和审定。

本书在编写过程中参考了大量国内外书刊和业界的研究成果，在此谨向各方表示衷心的感谢。

由于水平有限，本书难免存在纰漏和不足之处，敬请各位专家和读者予以指正。

编　者

目　录

项目 1　连锁经营概述 1

1.1　连锁经营的含义 2

1.1.1　连锁经营的内涵 2

1.1.2　连锁经营的特点 3

1.1.3　连锁经营的实质 3

1.1.4　连锁经营的优势 4

1.1.5　连锁经营的风险 6

1.2　连锁经营的类型 6

1.2.1　直营连锁 7

1.2.2　特许连锁 9

1.2.3　自由连锁 12

1.2.4　三种连锁经营模式的比较 13

1.3　连锁经营 3S 原则 14

1.3.1　简单化(Simplification) 14

1.3.2　专业化(Specialization) 16

1.3.3　标准化(Standardization) 17

项目 2　连锁企业经营业态的识别 24

2.1　业态的认知 24

2.1.1　业态的含义 24

2.1.2　业态的分类 25

2.1.3　业态的发展趋势 29

2.2　商品类业态的识别 31

2.2.1　超级市场 31

2.2.2　百货商店 34

2.2.3　便利店 37

2.2.4　专业店 39

2.2.5　专卖店 39

2.3　服务类业态的识别 40

2.3.1　酒店 40

2.3.2　餐饮业 43

2.3.3　洗衣店 47

项目 3　连锁企业组织结构与岗位的认知 52

3.1　连锁企业组织结构 53

3.1.1　连锁企业组织结构设计的原则 53

3.1.2　连锁企业组织结构设计的要求 54

3.1.3　连锁企业组织结构设计的程序 55

3.1.4　连锁企业组织结构的主要类型 58

3.2　连锁企业组织职能分工 60

3.2.1　连锁总部的主要职能 60

3.2.2　连锁总部各部门的职责 62

3.2.3　连锁门店的主要职能 64

3.2.4　配送中心的主要职能 65

3.3　店面岗位职能 66

3.3.1　门店店长的岗位职能 66

3.3.2　收银员的职责 68

3.3.3　营业员的职责 69

3.3.4　业务员的职责 69

3.3.5　库管员的职责 70

3.3.6　配送员的职责 70

3.3.7　会计的职责 71

3.3.8　出纳的职责 71

项目 4　连锁企业店铺选址与卖场布局 77

4.1　连锁企业店铺选址 78

4.1.1　连锁企业店铺选址的重要性 78

4.1.2　影响连锁店铺选址的因素 78

4.1.3　连锁企业店铺选址策略 81

4.2　卖场布局概述 84

4.2.1　连锁企业卖场合理布局带来的好处 84

4.2.2　连锁企业卖场布局的原则 85

4.2.3 卖场的布局技巧——磁石点理论的运用 87

4.3 连锁企业卖场的外观布局 89

4.3.1 卖场建筑设计 89

4.3.2 卖场门面设计 89

4.3.3 卖场招牌设计 90

4.3.4 出口与入口设计 91

4.3.5 橱窗的设计 92

4.3.6 停车场设计 93

4.4 连锁企业卖场内部布局 93

4.4.1 卖场内部布局类型 94

4.4.2 卖场通道设计 96

4.4.3 卖场的装潢设计 97

4.4.4 卖场照明设计 98

4.4.5 音响与气味设计 99

4.4.6 服务设施的布局与设计 100

4.4.7 后方设施的布置 102

项目 5 连锁企业商品管理 108

5.1 连锁企业商品分类 109

5.1.1 按消费者的购物习惯分类 110

5.1.2 按经营商品的构成划分 111

5.2 连锁企业商品定位 112

5.2.1 商品定位概念 112

5.2.2 影响商品定位的因素 113

5.2.3 商品定位的方式 114

5.3 连锁企业采购管理 115

5.3.1 连锁企业商品采购的类型 116

5.3.2 采购部门的功能 116

5.3.3 采购管理的业务流程 117

5.3.4 商品采购合同 119

5.4 连锁企业商品陈列 120

5.4.1 商品陈列的概念及意义 121

5.4.2 商品陈列的方法 121

5.4.3 商品陈列的基本要求 127

5.4.4 商品陈列的某些特殊要求 128

项目 6 连锁企业市场营销管理 136

6.1 连锁企业市场营销概述 137

6.1.1 连锁企业市场营销的含义 137

6.1.2 连锁企业市场营销的内容 138

6.2 连锁企业的营业推广 139

6.2.1 营业推广的含义与作用 139

6.2.2 营业推广的种类 140

6.2.3 营业推广的实施过程 141

6.2.4 营业推广应注意的问题 144

6.3 连锁企业广告促销策略 146

6.3.1 广告促销策略含义 146

6.3.2 广告促销策略类型 147

6.3.3 广告促销方案的制定 149

6.3.4 POP 广告 151

6.4 连锁企业公关促销策略 153

6.4.1 公共关系促销的含义 153

6.4.2 公共关系促销策略的作用 153

6.4.3 公关促销的方式 154

项目 7 连锁物流管理 161

7.1 连锁物流的概述 161

7.2 连锁物流的特征 163

7.2.1 系统化 163

7.2.2 合理化 163

7.2.3 标准化 163

7.2.4 专业化 163

7.2.5 柔性化 163

7.2.6 信息化 163

7.3 连锁物流在连锁经营中的作用 164

7.3.1 连锁物流保障连锁经营规模效益的实现 164

7.3.2 连锁物流促进连锁门店的销售经营 164

7.3.3 连锁物流减少分店商品库存 164

7.4 连锁物流配送模式 164

7.4.1 自营配送模式 164

7.4.2 共同化物流配送模式 165

7.4.3 第三方物流配送模式 165

7.5 连锁物流的运作 165

7.5.1 连锁物流的环节......165
7.5.2 连锁物流系统的运作流程......167

项目 8 连锁企业门店运营管理......173

8.1 连锁企业店铺管理......174
8.1.1 连锁企业店铺管理的职能......174
8.1.2 连锁企业店铺管理的内容......175
8.1.3 连锁企业店铺的五常管理......178
8.2 连锁企业财务管理......180
8.2.1 连锁企业财务管理的含义和类型......180
8.2.2 连锁企业财务管理的特点......181
8.2.3 连锁企业财务管理的主要内容......182
8.2.4 连锁企业财务管理的控制......183
8.3 连锁企业文化建设......185
8.3.1 连锁企业文化的含义......185
8.3.2 连锁企业文化的作用......185
8.3.3 连锁企业文化建设的内容......187
8.3.4 连锁企业文化建设的策略......188

参考文献......194

项目 1　连锁经营概述

【学习目标与要求】

- 明确现代连锁经营的含义和特征。
- 掌握现代连锁经营的实质。
- 掌握现代连锁经营的类型和实施条件。
- 理解现代连锁经营的 3S 原则。

【引导案例】

苏宁：剩者为王，剩下的才是胜者

1990 年，苏宁开始创业之路，历经空调专营、综合电器连锁、全品类互联网零售三个阶段，目前在中国和日本拥有两家上市公司，年销售规模超过 3000 亿元，员工 18 万人，是中国最大的商业企业，位列中国民营企业前三强。

从 20 世纪 90 年代南京“空调大战”，到与国美的“美苏争霸”，再到和京东的历次正面对垒，苏宁的掌舵人张近东，在激烈的竞争面前从来没有畏惧过。竞争对手从八大国营商场变成民企大亨，再到如今的互联网新贵，每一个对手都曾看似强大到无以复加，但苏宁始终屹立。

在电商时代，苏宁虽然几经波折，饱尝“站在时代悬崖”的紧张感，但经过一路的过关斩将，苏宁 O2O 模式终究拨云见日。过去几年张近东饱受争议，但却是 O2O 零售模式最坚定的布道者。

2015 年 8 月 10 日，苏宁云商发布公告，阿里巴巴集团旗下淘宝(中国)软件将认购 283.43 亿元的定增股份，占发行完成后公司总股本的 19.99%，成为公司第二大股东；同时，苏宁出资 140 亿元认购阿里巴巴新股，双方完成交叉持股。9 月 6 日，苏宁宣布与中国最大的商业地产企业万达进行合作，苏宁易购云店将与万达广场全面对接。至此，线上线下两大风头最劲的实力企业，均成为苏宁亲密的合作伙伴。

半年的时间里，苏宁的 O2O 零售战略变得愈发清晰，运作明显有提速之势。线上业务与天猫全面对接，线下物流、实体店面与阿里形成互补；利用线上线下的零售优势与万达展开合作，全方位满足实体店消费者的各类需求，苏宁易购电商销售额持续增加，线下超市、云店网点快速铺开，品类迅猛扩张，商品 SKU 已超过 1900 万。

对于零售行业，张近东笑称：零售业是一个没有终点的马拉松赛跑，你能够赢过我们吗？我们这个行业比的是耐力，是要消耗的，你有这个体能，你有这个资源供得上消耗，才能最终剩下来。

剩者为王，如今人们看到苏宁成为几十年来“剩下来”的那一个，却大多没有意识到，在一个如此庞大的舞台成为王者，不仅需要勇气，更需要远见。

(资料来源：苏宁官网，http://www.suning.cn)

思考题：苏宁是怎样在激烈的市场竞争中生存与发展的？

现代连锁经营是当今世界经济发展的热点，也是新的利润增长点。连锁经营方式逐渐发展到了食品店、快餐店、超级市场、便民店、百货店、名特品商店、金银首饰店、酒店饭店、专卖店、服装店等众多业态，连锁经营的发展一浪赛过一浪。

我国连锁经营的市场占有率正逐步提高，其发展领域已延伸到商业、物资粮油、医药、烟草、服务等众多行业，显示出强大的竞争优势，“价廉、放心、方便、增效”的优越性已明显地发挥出来。此外，连锁企业正逐步从中心城市向小城镇、农村市场扩散，形成了国有、集体、个体、外资企业等各种所有制成分共同参与、连锁的多元化发展格局，受到了社会各界的普遍欢迎。

1.1 连锁经营的含义

1.1.1 连锁经营的内涵

连锁经营的英文单词 Franchise，源自法文，意思是让某人从被奴役的状态中获得自由(free from servitude)。在商业经营中引申义为：连锁总部授予加盟者一种经营权，让加盟者享受连锁经营所带来的营利。

经济学中对连锁经营进行了如下描述：连锁经营是在同一所有权或统一战略决策下的批零一体化的多店铺体系。由一个或两个以上所有权和管理权集中的零售机构组成，通常是大规模的零售商店。

美国贸易法规规定：连锁商店是至少在一家总店控制下的 10 家以上的经营相同业务的分店。

综上所述，连锁经营是指经营同类商品或服务的若干个门店，通过一定的联结纽带，按照一定的规则，组合成一个联合体，在整体规划下进行专业化分工，并在此基础上实施集中化管理和标准化运作，最终使复杂的商业活动简单化，以提高经营效益，形成规模效益。

【同步阅读 1-1】

沃尔玛概况

沃尔玛公司由美国零售业的传奇人物山姆·沃尔顿先生于 1962 年在阿肯色州成立。经过 50 多年的发展，沃尔玛公司已经成为世界最大的私人雇主和连锁零售商，多次荣登《财富》杂志世界 500 强榜首及当选最具价值品牌。

沃尔玛致力通过实体零售店、在线电子商店以及移动设备移动端等不同平台、不同方式来帮助世界各地的人们，随时随地节省开支并生活得更好。每周超过 2.5 亿位顾客光顾在 28 个国家拥有的超过 70 个品牌下的约 11 000 家分店以及遍布 11 个国家的电子商务网站。2015 财政年度的净销售金额达到近 4857 亿美元，全球员工总数约 220 万名。长期以来，沃尔玛坚持创新思维和服务领导力，一直在零售业界担任领军者的角色；更重要的是，沃尔玛始终履行“为顾客省钱，从而让他们生活得更好”的这一企业重要使命。

与在世界其他地方一样，沃尔玛在中国始终坚持“尊重个人、服务顾客、追求卓越、始终诚信”的四大信仰，专注于开好每一家店，服务好每一位顾客，履行公司的核心使命，不断地为顾客、会员和员工创造非凡服务。

(资料来源：沃尔玛官网，http://www.wal-martchina.com)

1.1.2　连锁经营的特点

(1) 与传统商业经营的区别：连锁经营靠自己创造的品牌创造价值，传统零售靠商品创造价值。

(2) 组织形式：总部+门店(门店分为直营和加盟两种)。连锁经营从其形式来看，是由一个总部和若干个连锁门店所组成的，一般来说连锁企业应由 10 个以上门店组成。这些门店如同一条锁链相互连接在一起，称为连锁企业。

(3) 追求目标：规模效益。通过大力发展加盟商，实行统一形象、统一价格、统一管理、统一配送、统一商品、统一服务等经营，做到品牌和销路同步增长。

(4) 连锁经营是现代商业流通领域的先进模式。它缩短了中间环节，整合了社会资源，降低了成本，增强了企业抗风险能力。

1.1.3　连锁经营的实质

对连锁经营的理解首先需要对其本质进行明确，我们把它概括为两个方面。理解了这两个方面，就会对连锁经营有全新的认识。

1. 连锁经营是机械化大生产在流通领域的创新与应用

【同步阅读 1-2】

麦当劳连锁经营管理体系

为了保证 QSCV(品质、服务、清洁、价值)经营理念的实现，麦当劳公司制定了如下一套行为规范。

(1) 营业训练手册。用来详细说明麦当劳的各项政策，餐厅服务的程序、步骤与方法。通过充分利用这本手册，可以保证所属连锁店提供同样水平的服务。

(2) 岗位操作检查表。用来详细说明各工作段应检查的项目、步骤和岗位职责，员工的晋升不取决于资历、学历，而重在能力与表现。所有员工全部接受系统训练。

(3) 质量指南。用来提供给管理人员使用，详细说明有关半成品的接货温度、储存温度等，对各种有关质量和数量进行细致指导。

(4) 管理发展训练。麦当劳的管理者都得从员工做起，必须学习管理课程。经理实行一带一训练，受训经理合格后才有条件晋升。

很多人读完这段文字之后都会发出这样的感慨：“好详细啊！”从中我们能发现什么秘密呢？每一个环节、每一个操作步骤都有非常具体的规范。

很自然，生产车间的工作景象会在我们脑海中浮现，流水线上每个工人负责着自己岗位的工作，按照详细的作业指导书的标准规范进行井然有序的作业。

这两者是否有必然的联系呢？

随着科学技术的发展和社会的进步，机械化大生产方式的出现，直至福特的流水线生产方式的革命，生产效率大幅度提高。规模的经济性吸引企业不断扩大生产规模，以提高竞争力，取得最大的经济效益，因而形成了工业化社会中的批量生产现象。大量的单个生

产者为了扩大单品种的生产规模、降低成本，总是倾向于使产品的品种规格尽可能少、生产批量尽可能大。同时，为了在一定时期内多次获得规模经济效益，他们采用高度专业化的流水生产线，带来极高的生产效率，形成单一化、标准化、高速化的生产特点。

随着大量生产所创造的财富不断增加，消费者的收入增加，消费品的相对价格与绝对价格都不断下降，大量消费势必形成。而现代消费者的消费往往是以个性化、多变化为主，这些特点与大量生产的单一化、标准化形成了直接的对立。

生产和消费的这种对立要求商业企业规模运作。这迫切要求对流通领域和消费领域进行一次彻底的革命。于是，人们受到了生产领域的流水线生产方式的启发，在流通领域应用了机械化大生产的方式，提炼出类似流水线的操作流程和规范，如收益流程、服务流程、整理货品流程等。这就是连锁经营的标准化基础，换言之，连锁经营就是机械化大生产方式在流通领域的创新和应用，即连锁经营本质上是一种大流通。与生产车间流水线的制作如出一辙，就是在流通等非生产领域进行的一种“流水线制作”，以便于复制。

(资料来源：联商网，http://www.linkshop.com.cn/web/article-news.aspx?articleld=17868)

2. 连锁经营是一种企业组织形式

有人认为发展连锁经营主要是经营形式的改变，是业态的一种创新。这里我们要给连锁经营正本清源，还连锁经营以本来面目。连锁经营不是一种业态，而是一种企业组织形式，原因如下。

(1) 连锁经营是制度的创新，是企业从政策到观念、从经营到管理、从商流到物流、从形式到内容的全面调整和变革。

(2) 连锁经营是企业结构的重组和创新，包括批发改革、配送中心的建立。流通环节和网络的变化，带来了企业购、销、调、存的全面调整，是企业职能的重构和流通环节的重组。

(3) 连锁经营不是一种业态，但只有与具体的业态相结合，如超市连锁、仓储连锁、便民连锁、快餐连锁、生产连锁，才能形成自己独特的经营方式，赋予它强大的生命力。

(4) 连锁经营是新的商商关系、工商关系和企业内部各环节关系的调整和建立。由此可见，连锁经营是企业的一种行为方式，一种非消费的行为方式。它本质上不是一种业态，与企业开分公司和分店类似，所以不存在行业的局限性。连锁经营是企业的一种组织结构设计，更是一种组织形式，它不属于商业层面，而属于经营层面。

1.1.4 连锁经营的优势

连锁经营作为一种现代经营方式，生命力强，发展迅速，其优势主要表现在理论优势和物流管理优势两个方面。

1. 连锁经营的理论优势

1) 优化资源配置

连锁经营的“八个统一”是基本的要素：统一店名，统一进货，统一配送，统一价格，统一服务，统一广告，统一管理，统一核算。实现这些统一，就使连锁经营的商业企业在经营管理方面互相协调起来，从而有利于资源的配置，使得企业资源共享，不会出现浪费现象，既节约费用，又提高工作效率和效益。

2) 提高市场占有率

连锁经营要想实现规模效益，必须在分店的设置上多动脑筋，在合适的地理环境中开设数量合适的分店，这样可以扩大企业的知名度，扩大产品的销售量，从而提高产品的市场占有率。

3) 强化企业形象

良好的企业形象可以给企业带来巨大的收益。连锁经营管理企业通常选择统一的建筑形式，进行统一的环境布置，采用统一的色彩装饰，设计统一的商徽、广告语、吉祥物等，这种形象连锁是一种效果极佳的公众广告。企业要实现规模效益，就要在各地开设分店，不同地区的顾客，由陌生到熟悉，再到认可，进而产生兴趣，这对于树立与强化企业形象极其有利；连锁经营管理企业的工作人员，统一着装，包装物上统一印刷图案，这些都能给顾客一种整洁、规范的感觉，使顾客愿意光临；而且通过顾客无意识的宣传，提升企业在公众心目中的形象，为企业赢得良好的社会效益，奠定坚实的基础。

4) 提高竞争实力

连锁经营管理的各分店在资产和利益等方面的一致性，使得连锁企业可以根据各分店的实际情况，投入适当的人力、物力、财力来实施经营战略，可以对原先独有的销售措施、广告策划、硬件设施进行不断的改革与创新，使整个连锁企业的经营管理能力始终保持在一个很高的水准上；同时，灵活的经营管理又使连锁企业的优秀管理制度、方法、经验迅速有效地在各连锁分店内贯彻实施，这些都大大加强了连锁企业的总体竞争力。

5) 降低经营费用

连锁经营企业以顾客自我选购、自我服务的经营方式为主，减少售货劳动，因而雇员相对较少，节省成本，节约场地费用。例如，在连锁超市中，商品明码标价，顾客可以自由挑选，为顾客节省了购物时间，也为企业节省了经营成本；同时，加快了顾客的流通速度，增加了客流量。总之，连锁经营与非连锁经营在总成本费用上的差距很明显，通过对同样数量的两种企业进行抽样调查显示，连锁经营企业的费用较其他零售商场约低10个百分点。

2. 连锁经营的物流管理优势

1) 连锁经营物流的系统化

连锁经营物流系统是由采购、仓储、流通加工、装卸、配送和信息处理六个功能构成的。这些功能相互作用、相互联系、相互制约，它们各自特定的功能有机地结合起来、协调运行，共同产生新的总功能，这个总功能再去协调各个子系统，从而使各个子系统在相互联系、相互影响、相互制约中保持协调一致，在发挥各自特定功能的基础上形成系统的总功能，实现商品的流动。

2) 连锁经营物流的合理化

连锁经营物流的系统化是其物流合理化的基础，而物流合理化则是整个连锁经营物流管理所追求的目标。首先，物流合理化可以降低物流费用，减少商品销售成本；其次，物流合理化可以压缩库存，减少流动资金的占用；更为重要的是，通过物流可以提高企业的管理水平。

3) 连锁经营物流的标准化

物流是一个大系统，这样一个大系统的管理是非常复杂的，系统的统一性、一致性和系统内部各环节的有关联系是系统能否生存的首要条件。物流标准化能加快流通速度、保证物流环节、降低物流成本，从而较大地提高经济效益。

4) 连锁经营的核心——配送中心

配送是指以客户的需求为先导，围绕商品组配与送货而展开的接受订货、预先备货、分拣加工、配货装货、准时送货等一系列服务工作的总称。配送中心是承担物流专业化管理职能的组织机构，它是连锁经营的核心。这是因为连锁经营的集中化、统一化管理在很大程度上是靠配送中心来具体实施的，通过配送中心的作业活动，不仅可以简化门店的活动，从而降低连锁企业的物流总费用，而且还能实现商品在流通领域中的增值，并向门店提供增值服务。

1.1.5 连锁经营的风险

1. 经营风险

连锁经营作为一种现代的组织形式和经营方式，其经营活动的运转是由经营管理者来进行的，经营管理者素质和能力的高低往往决定着经营的成败。

首先，作为总部经营管理者，要有灵敏的市场分析能力和较强的决策能力，能根据市场变化及时进行分析研究，提出对策，指导各门店的经营管理活动，否则就有可能导致经营的失败。

其次，对加盟的经营者有一定的能力和素质要求。在特许经营中，连锁总部所提供的经营诀窍体系和经营模式是需要加盟经营者来运作的，能不能成功往往取决于加盟经营者的素质和能力，虽然连锁总部可以进行一定的技能培训，但经营才能和天分并非人人都具有，因此，若加盟经营者不具备经营才能也会导致经营的失败。

最后，需要注意连锁经营的扩张风险，规模效益是连锁经营追求的基本目标，但规模的扩张是要和市场、资金、人才及管理水平相匹配的，若处理不当，就会产生经营风险。

2. 市场风险

市场风险主要体现在两个方面：一是在现代市场经济条件下，市场消费变化莫测，消费者的需求日益呈现出多层次、多元化的趋势，消费的不确定因素不断增加，市场分析和预测的难度越来越大，面对复杂多变的市场变化，连锁经营者一旦稍有不慎，做出错误的决策就有可能给企业带来巨大的损失；二是在现代市场经济条件下，连锁企业面临的市场竞争将会越来越激烈，“商场如战场”，使连锁经营的市场风险不断加大。

3. 管理风险

连锁门店是在总部的统一管理下，按照统一化、标准化和专业化的原则进行运作的。连锁总部的管理水平直接关系到经营风险的大小。总部的决策失误、指导不力以及信息传递、广告宣传等方面的问题均会给连锁企业经营者带来风险，甚至造成整个连锁经营体系的崩溃，使连锁企业遭受重大损失。

1.2 连锁经营的类型

连锁经营是指通过一定的联结纽带，遵循一定的规则，将众多分散孤立的经营单位联

结在一起，并按照规则的要求进行商业运作。一般认为，连锁经营包括三种模式：直营连锁、特许连锁和自由连锁。

1.2.1　直营连锁

1. 直营连锁的含义

所谓直营连锁，是指连锁公司的门店均由公司总部全资或控股开设，在总部的直接领导下统一经营。总部对各门店的人、财、物及商流、物流、信息流等方面实施统一管理。因此，直营连锁本质上是指处于同一流通阶段，经营同类商品和服务，并在同一个总部集团领导下，进行共同经营活动的零售企业集团。

【课堂思考 1-1】

屈臣氏集团只以公司名义开直营店

屈臣氏是亚洲久负盛名的保健及美妆零售商，业务遍布亚洲及欧洲市场，经营超过 4800 家店铺。屈臣氏在中国内地 360 多个城市拥有超过 2200 家店铺和逾 4500 万名会员，是国内为大众所熟知的保健及美妆产品零售连锁店。屈臣氏在质量与创新方面建立了良好声誉，为顾客奉上令人惊喜不断和物超所值的购物环境，从而赢得顾客的高度信赖。

据了解，屈臣氏集团已经在内地拥有三项投资，分别是屈臣氏个人护理商店、百佳超市和屈臣氏蒸馏水。屈臣氏个人护理商店是屈臣氏集团最先设立的零售部门，在 8 个国家和地区拥有 1000 余家个人护理连锁零售店，成为亚洲最大的保健及美容产品零售连锁集团，其业务范围覆盖中国大陆、香港、澳门、台湾地区及新加坡、泰国、马来西亚和菲律宾等地，为每周平均总数高达 200 万的顾客提供最大的购物乐趣。

屈臣氏不会开展特许加盟来加快开店速度。无论是集团旗下的屈臣氏个人护理商店还是百佳超市，全部以直营方式拓展市场，因为加盟店的管理容易失控，所以，屈臣氏是不会接受个人加盟的，只能是直营方式进入一个城市，而且对于地址的选择有很严格的要求，包括经营场所的面积、人流量，等等。

屈臣氏集团在多地出资设店，各分店的所有权都由总公司所有。屈臣氏集团总部负责连锁公司在人事、财务、投资、分配、采购、定价、促销、物流、商流、信息等方面的高度集中统一管理经营，而店铺只负责销售业务。

(资料来源：屈臣氏官网，http://www.watsons.com.cn 资料整理)

思考题：屈臣氏为什么只以公司名义开直营店？直营店有什么优势？

2. 直营连锁的特点

直营连锁所有权集中统一于总部，所有的直营连锁店归属于同一公司或同一经营资本；由总部集中领导、统一经营；实行统一的核算制度；各直营连锁店经理是雇员而不是所有者；各直营连锁店实行标准化经营管理等。

3. 直营连锁的优势

1) 规模优势

在直营连锁的经营方式下，总部对同属于某个资本的多个店铺实行高度统一的经营，总部对各店铺拥有全部所有权和经营权，包括对人、财、物及商流、物流、信息流等方面实行统一管理。这种制度安排有利于集中力量办事，可以统一资金调运，统一人事管理，统一经营战略，统一采购、计划、广告等业务以及统一开发和运用整体性事业，以大规模的资本实力同金融界、生产部门打交道；在培养和使用人才、运用新技术开发和推广产品、实现信息和管理的现代化等方面，也可充分发挥连锁经营的规模优势。

2) 成本优势

直营连锁采用集中采购方式、通过大批量进货，提高与供应商的议价能力，大幅度降低采购成本、经营成本和商品价格。促销、培训、开发等费用在各分店分摊，使连锁企业在总体上获得成本优势。

3) 决策优势

直营连锁重大决策具有灵活性、自主性和方便性，因为各门店不具有法人资格，所以其开店、调整、关闭等重大决策问题都由连锁企业内部决定，不受外界制约和限制。

4. 直营连锁的缺点

1) 资本负担重、资金风险高

各个门店的开设都由同一资本投资开设，要求总部经济实力高，否则其发展速度和规模受到限制，同时经营风险高。

2) 分店经营受制约、缺乏灵活性

由于直营连锁是集中统一管理，分店自主权小，门店人员的积极性、主动性和创造性受到影响。总部远离市场，各分店权力有限，不能对市场的变化及时灵活应对。

3) 管理成本高

大型直营连锁，管理系统庞大，容易产生官僚作风；此外，由于人员多，管理路径长，必然会提高管理成本。

5. 直营连锁的适应条件

直营连锁主要适用于零售业，特别是大型百货商店和超级市场，因为这类商业企业都需要巨额的资本投资和复杂的管理，如果采取特许经营，管理难度较大。

【同步阅读 1-3】

星巴克的连锁经营模式

星巴克连锁机构在全球39个国家拥有超过13 000家的店铺，是全球最大的饮料品牌之一，凭借其先进的经营模式和管理战略，短短20多年，星巴克在我国已经成为行业的领导者。现在的年销售额已经突破10亿美元。其超前的运营策略值得我国大部分企业借鉴和学习。星巴克取得如此巨大的成功，自然吸引了非常多的投资者。

星巴克在全球都采取直营模式，所有分店全都由总部统一管理以及统一培训，服务品质标准化。由总部管理员工，使得海外的每一家店都是由星巴克直接控制，暂时不对外开放加盟。

星巴克的直营模式有利于贯彻自己的经营战略。在全球各地根据实际情况开发不同的产品服务来满足不同层次地区消费者的需求，品牌影响力也日益增强。特别是在中国，部分地区为了拉拢星巴克开店，往往租金价格非常低廉，这也是直营模式带来的一大优惠，不仅如此，还能在与供应商谈判的时候大大增加筹码。

星巴克的服务模式非常创新，在星巴克里可以看到非常特别的座椅、桌子和电源，咖

啡店被赋予了新的意义，不仅可以喝咖啡，还可以吃点心，是朋友聚会、客户谈生意非常好的空间，使得星巴克更像是个咖啡吧。

(资料来源：星巴克官网，https://www.starbucks.com.cn 资料整理)

1.2.2 特许连锁

1. 特许连锁的含义

特许连锁是当今世界上发展最快的连锁形式，曾被美国学者誉为21世纪最主要的商业经营模式。

特许连锁又称特许经营、合同连锁、加盟连锁和契约连锁，是指特许者将自己所拥有的商标(包括服务商标)、商号、产品、专利或专有技术、经营模式等，以特许技能供应合同的形式授予被特许者使用，被特许者按照合同规定，在特许者统一的业务模式下从事经营活动，并向特许者支付相应费用的一种商业经营形式。

【同步阅读 1-4】

肯德基的特许经营之路

肯德基隶属于全球最大的餐饮集团之一——百胜餐饮集团。自 1987 年在北京前门大街开出中国大陆第一家餐厅，经过20多年的发展，肯德基已在中国大陆500多个城市开设了4600 家连锁餐厅，遍及中国大陆除西藏以外的所有省、市、自治区，是中国规模最大、发展最快的快餐连锁企业之一。

肯德基所属中国百胜餐饮集团透露，肯德基在华将在地域和价格方面扩大特许加盟店的选择范围，以适应在华更多的市场需要。肯德基除了增加可供加盟的店数外，在价格方面也将有更宽广的选择。肯德基除了仍将提供发展势头强劲的餐厅外，还将增加开放一些发展较为平稳的餐厅。肯德基餐厅的购入费将有部分餐厅可能低至200万元人民币左右。据调查，肯德基自1999年在中国市场开放特许加盟业务以来，仅优先开放了三、四线城市中发展势头猛的餐厅作为加盟选择，加盟餐厅的购入费依实际情况有一定差异，但一直保持在800万元人民币左右。

肯德基在中国采取“不从零开始”的特许经营模式。“不从零开始”的特许经营，就是将一家成熟的肯德基餐厅整体转让给通过了资格评估的加盟申请人，同时授权其使用肯德基品牌继续经营。即加盟商是接手一家已在营业的肯德基餐厅，而不是开设新餐厅，加盟商不需从零开始筹建，避免了自行选址、筹备开店、招募及训练新员工的大量繁复的工作。选址往往是事业成功的关键，从中国百胜接手一家成熟的肯德基餐厅，加盟商的风险会大大降低，提高成功的机会。

伴随市场的进一步发展和成熟，在甄选加盟者的过程中，肯德基发现越来越多的具有丰富管理经验和良好学历背景的合格人才，符合加盟肯德基的条件。肯德基希望通过在更多地区提供不同类型的加盟店，为更多优秀人才提供创业机会，与加盟者取得双赢。

(资料来源：全球加盟网，http://www.jiameng.com/zixun/news/JH5BLVMF5442.htm 资料整理)

2. 特许经营的特点

1) 连锁主体增加

特许经营的主体有两个：特许者和被特许者。特许者(也称盟主)：是特许权的拥有者，特许权有产品、服务、技术、商标、商号等。被特许者(也称加盟者或受许者)：与特许者以特许合同为主要联结纽带。

2) 经营权的集中和所有权的分散

特许经营权集中于总部，加盟者必须完全按照合同的规定进行经营，自己没有经营自主权。加盟店具有独立的法人资格和人事、财务权。分店经营者拥有所有权，是自己的老板。

3) 二者的权利和义务

特许者有向受许者传授、培训和经营指导的义务，受许者有向特许者交付一定报偿的义务。

3. 特许经营的优势

特许经营的优势主要表现在其对连锁体系中经营者(特许者)、加盟者、消费者三方的好处上。

1) 特许连锁经营对特许者的好处

第一，特许者既节省了资金，也获得了扩大市场的机会，能够提高其知名度，加速连锁企业的发展。

第二，特许者开展新业务时，有合伙人共同分担商业风险，能够大大降低经营风险。

第三，加盟店是特许者稳定的商品流通渠道，有利于巩固和扩大商品销售网络。

第四，特许者可根据加盟店的营业状况、总部体制和环境条件的变化调整加盟店数量和布局策略，掌握连锁经营的主动权。

第五，统一加盟店的店面设计、店员服装、商品陈列等，能够形成强大而有魅力的统一形象，有助于企业品牌的塑造。

2) 特许连锁经营对加盟店的好处

第一，可以利用总部经验、技术、品牌和商誉开展经营，成功机会大，风险小；没有经验的创业者也能经营商店，可以减少失败的危险性。

第二，能借用连锁总部的促销策略。

第三，用较少的资本就能开展创业活动。

第四，能进行高效率的经营，能够受到总店的参谋指导，可以持续地扩大和发展事业。

第五，能稳定地销售物美价廉的商品，并能够专心致力于销售活动。

第六，能够适应市场变化。

3) 特许连锁经营对消费者的好处

第一，标准化的经营使消费者在任何一个加盟店都能享受到标准化的优质商品和服务。

第二，加盟店通过扩大规模、简化环节，降低了销售费用，使消费者能享受到物美价廉的商品和服务。

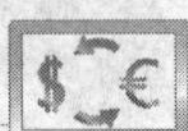

4. 特许经营的缺点

和直营连锁相比，特许经营组织关系不够明确和清晰；发生质量事故，总部和加盟店在承担责任上会相互推诿，顾客投诉无门；加盟者缺乏经营自主权，积极性下降。特许者片面追求加盟费，超量发展分店而管理不力，服务保障不足；使企业形象受损，侵害加盟者利益，甚至导致整个连锁系统的崩溃。

5. 特许经营的适应条件

特许经营适合与名声大、经营管理经验丰富、独特的企业合作，以商品或服务作为联结的纽带。特别适用于制造业、服务业、餐饮业等零售业领域。

【课堂思考 1-2】

“7-11”便利店的特许扩张制度

“7-11”公司是世界上最大的便利店特许组织，到目前为止，全球的连锁门店已经超过 2 万家。

1. “7-11”便利店的经营状况

“7-11”便利店的店铺营业面积按总部统一规定，一般约为 100 平方米。商店的商品构成比例为：食品 75%，杂志、日用品 25%。商店商圈的直径一般为 3000 米，经营品种达 3000 多种，都是比较畅销的商品。另外，总部每月向分店推荐 80 个新品种，使经营的品种经常更换，给顾客以新鲜感。商店内部的陈列布局，由总部统一规定、设计。

2. 为分店着想的特许制度

1) 培训特许经营受许人及其员工

“7-11”公司为了使受许人店主适应最初的经营，消除他们的不安和疑虑，在新的特许分店开业前，对受许人实行课堂训练和商店训练。掌握 MS 系统的使用方法，为提高员工、临时工的业务经营能力，围绕商店运营、商品管理和接待顾客等内容，集中进行短期的基础训练。

2) 合理进行利润分配

毛利分配的原则是：总部将毛利额的 57%分给 24 小时营业的分支店(16 小时的为 55%)，其余为总部所得。商店开业 5 年后，根据经营的实际情况还可按成绩增加 1%～3%，对分支店实行奖励。在毛利达不到预定计划的情况下，分支店可以被保证得到一个最低限度的毛利额，保证其收入。

3) 总部对分支店的支持体制

总部协助各分支店进行开业前的市场调查工作，从经营技巧培训、人才的招募与选拔、设备采购、配货等方面对分支店给予支持。总部还向分支店提供商品陈列柜、货架、陈列台等设备。总部指派专人负责分支店的日常经营指导、财会事务处理等工作。总部还负责向分支店提供各种现代化信息设备及材料。

4) 加入“7-11”特许体系的程序

(1) 公司接待希望加入的潜在受许人。负责招聘的总部人员为了能使来访者成为受许人，向他们仔细介绍公司特许权的情况，并与之认真协商。

(2) 介绍“7-11”便利店的详细情况。

(3) 调查店址。为确定能否作为分支营业场所，总部要进行商圈、市场等方面的详尽调查，并将搜集的数据和信息认真加以分析、研究。

(4) 说明特许合同的内容。就特许权的各内容和合同内容，逐条解释说明。

(5) 签订特许合同。在申请人充分研究业务内容和合同内容，并加入以后，正式签订合同。

(6) 商店计划、设计。特许人的建筑、设计部门在详细研究了顾客的活动线路、经营对策以后，设计商店装修方案。

(7) 签订建筑承包合同。商店设计完成后，总部负责介绍建筑施工公司，并负责签订建筑承包合同，同时协助进行融资。

(8) 准备开业。在施工的同时，订购各种设备和柜台，并进行店内布局设计，发放操作手册和促销准备工作。

(9) 店主培训。就开业所必需的准备事项，计算机系统的操作管理，商店运营技巧等，对店主进行培训指导，达到真正掌握的程度。

(10) 开业前的商品进货和陈列。此时，总部有关人员亲临商店，选择供应商，提供进货信息，传授陈列技巧。

(11) 交钥匙。在开业前一天，将商店的钥匙与竣工证书一同交给店主。

(12) 开业。将开业的广告宣传品通过各种途径发放。

(13) 开启信息系统。连通商店的计算机终端与总部的主机，指导和支持商店的运营。

(14) 现场支持人员对各分支店进行巡回，及时发现分支店经营中可能出现的问题并协助店主解决。

(资料来源：https://wenku.baidu.com/view/004a74bb58fb770bf78a55a1.html)

思考题：日本“7-11”公司的特许经营制度的主要内容是什么？对我国连锁企业经营管理有何启示？

1.2.3 自由连锁

1. 自由连锁的含义

所谓自由连锁，是指由分属于不同资本的独立的零售商自愿组成的，实行共同进货、统一配送、共同促销等的契约型联合体。1997 年，原国内贸易部发布的《连锁店经营管理规范意见》将自由连锁定义为：“自由连锁公司的门店均为独立法人，各自的资产所有权关系不变，在总部指导下共同经营。”

2. 自由连锁的特点

自由连锁的特点主要包括：自由连锁中各连锁公司的店铺均为独立法人，各加盟店在保留单个资本所有权的基础上实行联合，总部同加盟店之间是协商、服务关系；总部行使加盟店委托的职能，尽最大的努力促进加盟店的繁荣与发展，同时向加盟店返还依靠规模经营所得的利益；总部同加盟店之间实行集中订货和统一送货，统一制定销售战略，统一使用物流及信息设施；各加盟店不仅独立核算、自负盈亏、人事自主，而且在经营品种、经营方式、经营策略上也有很大的自主权。

3. 自由连锁的优势

自由连锁的优势体现在以下几个方面。

1) 灵活性

在自由连锁的经营方式下，各分店有较大的独立性，因此灵活度较高，能充分调动经营者的积极性，迅速跟踪市场行情做出及时有效的调整。

2) 学习性

自由连锁的各分店具有横向联系，有利于相互学习、共同发展。

3) 流通性

自由连锁将两个以上流通环节的职能互相结合，能够实现流通的“纵向组合”并发挥出更高的效能。例如，自由连锁可以在批发和零售职能相结合的基础上，引入设计、加工的职能，从而提高商品的附加值。

4) 获利性

自由连锁总部是由加盟店集资组成的，所以加盟店可以得到总部利润中作为战略性投资的、持续性的利润返还。

4. 自由连锁的适应条件

自由连锁适合于中小型零售业，美国以批发企业为主导，日本以零售企业为主导。

【同步阅读 1-5】

SPAR 的自由连锁

奥地利SPAR的前身是奥地利的11家批发商，在20世纪50年代分别加入SPAR国际，经过20年的发展与合作，这11家批发商建立了充分合作和信任的关系，统一品牌、统一理念、统一规则，并最终合为一体，组建了一家股份制公司。目前，奥地利SPAR拥有1000多家独立的零售商，占到了该国30%以上的市场份额，牢牢占据了第一的份额。

国际SPAR于2004年正式进入中国，在中国以省区为基本单位接纳成员。拥有70多年成功经验的SPAR将为中国企业带来全球最成功的店铺营运经验、物流配送体系和先进的店铺设计，为中国中小零售企业带来的将是一个在全世界享有盛誉并将持续发展的自由连锁品牌。

山东家家悦、河南思达、湖北雅斯、广东嘉荣和国际SPAR通过股份合资形式签约。目前，SPAR在中国的4家合作伙伴的合并销售额超过7.5亿欧元，所有合作伙伴在过去3年中的年平均增长率接近50%。中国SPAR的成立，在未来3年时间内，将在山东、河南、湖北和广东4省发展150家SPAR大卖场和超市。

(资料来源：SPAR中国，http://www.spar.cn/aboutus2.php 资料整理)

1.2.4 三种连锁经营模式的比较

三种连锁经营模式的比较如表1-1所示。

表 1-1　直营连锁、特许连锁和自由连锁比较表

项　目	直营连锁	特许连锁	自由连锁
资金	总部投资	双方投资	加盟者
决策	总部	总部为主	加盟者为主
所有权	总部	加盟者	加盟者
经营权	总部	总部	加盟者
商品进货	总部统一	总部为主	总部、分店都进货
营业利润	总部	总部加盟者分享	加盟者
价格	统一价格	统一价格为主	售价弹性空间大
经营技术	总部全套供应	总部全套供应	自由利用
教育技术	总部全套供应	总部全套供应	自由利用
促销	统一实施	统一实施	自由加入
店铺经营者	由总经理任免经理	加盟者(店长)	加盟者(店长)
市场	因新店开发而扩大	因新店开发和既存店加盟而扩大	因既存店加盟而扩大
开店速度	资金受限，最慢	合作开店，较快	可以迅速开店
契约范围	没有	有	有
价格管制	总部	由特许总部规定或推荐	自由
援助	依据运营手册指导	依据运营手册指导	因产品多样，仅要点式接受总公司指导与援助
营业终止	总公司确定	依据合同内容	依据合同内容
督导	总部派驻人员	专门人员巡回指导	自由利用

1.3　连锁经营 3S 原则

连锁经营之所以能在激烈的竞争中迅速发展，其内因是它适应了社会化大生产的要求，实现了商业活动的简单化、专业化和标准化，从而获得其他商业形式无可比拟的经济效益。

1.3.1　简单化(Simplification)

简单化即将作业流程尽可能地“化繁为简”，减少经验因素对经营的影响。连锁经营扩张讲究的是全盘复制，不能因为门店数量的增加而出现紊乱。连锁系统整体庞大而复杂，必须将财务、货源供求、物流、信息管理等各个子系统简明化，去掉不必要的环节和内容，以提高效率，使“人人会做、人人能做”。为此，要制定出简明扼要的操作手册，职工按手册操作，各司其职，各尽其责。

麦当劳公司的第一本操作手册长度有 15 页，不久之后扩展到 38 页，1958 年后多达 75 页。在作业手册中可以查到麦当劳所有的工作细节。在第三本手册中，麦当劳开始教加盟

者进行公式化作业：如何追踪存货，如何准备现金报表，如何准备其他财务报告，如何预测营业额及如何制定工作进度表等。甚至可以在手册中查到如何判断盈亏情况，了解营业额中有多大比例用于雇用人员、有多少用于进货、又有多少是办公费用。每个加盟者在根据手册计算出自己的结果后，可以与其他加盟店的结果比较，这样就便于立即发现问题。麦当劳手册的撰写者不厌其烦，尽可能对每一个细节加以规定，这正是手册的精华所在。也正因如此，麦当劳经营原理能够快速全盘复制，全世界上万家分店，多而不乱。

【课堂思考 1-3】

阿尔迪为何能开火 1300 多家店？

阿尔迪连锁商店(ALDI)是德国最大的连锁集团，1948 年开始经营廉价食品，在全球已有 8000 余家门店。阿尔迪曾在德国市场与沃尔玛正面交锋，结果沃尔玛一败涂地，在亏损数亿美元后于 2006 年彻底退出德国市场。不仅如此，这家企业还杀向沃尔玛的老巢——美国，到 2014 年已拓展了 1300 余家门店。在美国一项名为“超市在消费者中受欢迎程度”的调查中，阿尔迪斩获第一名，得票数远远超过沃尔玛。那么它的经营之道是什么？

1. 少即是多——精品经营造就低价

从 20 世纪 20 年代初起，阿尔迪的企业精神便诞生了——坚持简单。这不仅仅是喊口号而已，而是从商品、卖场、陈列、促销等经营层面，到组织、人力、流程等管理层面，所有的环节都依照简单原则运作，尽可能简单，而且要一直坚持。

在商品选择上，阿尔迪舍弃了多样化的风格，相比其他超市动辄上万种商品，它们只专注在 700 种最常被购买的商品上，货物种类虽少，但基本能满足生活必需品的供应。而且阿尔迪只出售同一品类中的一款明星产品。在一般的超市里，顾客会发现 16 个品牌的番茄酱，而在阿尔迪只有一种品牌，每种商品只提供一种选择，即同类商品之中最好的品牌。

这样做的好处是，单一种类货品的销售量巨大，对于这种货品的采购数量也就比普通超市大很多。阿尔迪是世界上最大的批发采购商，它每年购买的单件商品的总价值超过 5000 万欧元。供货商无法抗拒阿尔迪为他们提供的没有竞争品牌的销售渠道，以及规模效应，所以能够给予阿尔迪最低的进货价格，进而让阿尔迪保持商品的最低售价。

由于保证了绝对最低价，少了纷繁复杂的品牌选择，消费者也省去了对比，能干脆利落地选择产品而不是品牌，因此单项商品的销量很高。货物品种少的另一个好处就是，运输和仓储方便、高效，极大简化了卖场管理。

阿尔迪从不在繁华地段开店，选址均位于居民区附近，大学校区附近或城区边缘，这些地段房租便宜，却客流充足。同时，阿尔迪的店面也极为朴素，店铺面积仅有 300～1100 平方米，各店样式统一。这样可以保证开设分店时简单快速，费用可降到最低。

2. 大而化简——管理抠门服务“偷懒”

在营运管理上，阿尔迪也尽可能简化。比如，经过测试后，阿尔迪发现找零钱的时间会影响销售效率，所以价格尾数全部规整。消费者称阿尔迪是“从不提供不必要的服务”，如顾客需自带购物袋或另付钱购买塑料袋，使用购物车要付押金等，而在低价吸引下，顾客也不计较这些“不完善”。

在另一些方面的管理则是让许多经营者都无法理解，更不敢效仿。比如说，阿尔迪向消费者提供无条件退货，哪怕是一瓶喝了一半的酒也可以退。因为阿尔迪认为，这样可以省掉与客户纠缠的客服人员人工费、律师费、电话费。

阿尔迪没有母公司，也没有行政管理部门，只有一个由曾担任过分店经理的经理人所组成的“管理委员会”，各分公司被充分授权。由于取消了指挥部门，组织“被迫”让从事基础工作的员工也参与到管理之中，给员工更大的授权及更有创新性的任务——在别的公司，这些任务都是下达给指挥部门的。

在人力资源管理方面，阿尔迪店内一般只有 4 至 5 名员工。这意味着阿尔迪可以支付员工很高的薪水，聘请精干和年轻化的员工，但是从整体上又做到了节约劳动力成本。

(资料来源：联商网，http://www.linkshop.com.cn)

思考题：阿尔迪怎样把简单化做到了极致？

1.3.2　专业化(Specialization)

专业化即将一切工作都尽可能地细分专业，在商品方面突出差异化。这种专业化既表现为总部与各成员店及配送中心的专业分工，也表现为各个环节、岗位、人员的专业分工，使得采购、销售、送货、仓储、商品陈列、橱窗装潢、财务、促销、公共关系、经营决策等各个领域都有专人负责。具体体现在以下几个方面。

(1) 采购的专业化。通过聘用或培训专业采购人员来采购商品可使连锁店享有下列好处：对供应商的情况较熟悉，能够选择质优价廉、服务好的供应商作为供货伙伴；了解所采购商品的特点，有很强的采购议价能力。

(2) 库存的专业化。专业人员负责库存，他们善于合理分配仓库面积，有效地控制仓储条件，如温度、湿度，善于操作有关仓储的软硬件设备，按照“先进先出”等原则收货发货，防止商品库存过久变质，减少商品占库时间。

(3) 收银的专业化。经过培训的收银员可以迅速地操作收银机，根据商品价格和购买数量完成结算，减少顾客的等待时间。

(4) 商品陈列的专业化。由经过培训的理货员来陈列商品，善于利用商品的特点与货架位置进行布置，能及时调整商品位置，防止缺货或商品在店内积压过久。

(5) 门店经理在店铺管理上的专业化。门店经理负责每天店铺营业的正常维持，把握销售情况，向配送中心订进货，监督管理各类作业人员，处理店内突发事件。

(6) 公关法律事务的专业化。连锁总部通过聘用公关专家，可以以公众认可的方式与媒体和大众建立良好关系，树立优秀的企业形象；而通过专职律师来处理涉及公司的合同、诉讼等法律事务能确保公司少出法律问题，始终合法经营。

(7) 店铺建筑与装饰的专业化。通过专业的房地产专家、建筑师、商店装饰专家的工作，把店铺建在合适的地点，采取与消费者购物行为相一致的装饰方式，使购物环境在色彩、亮度、宽敞度、高度方面维持在一个较高的水准。

(8) 经营决策的专业化。通过资深经理的任用，连锁店在店铺形态选择、发展区域、扩张速度等方面均可实现决策专业化，保证决策的高水平。

(9) 信息管理的专业化。通过建立或采用配送中心物流管理系统，商品、人事管理系统，条形码系统，财务系统，店铺开发系统，连锁集团数据库系统等信息系统，及时评价营业状况，准确预测销售动态。

(10) 财务管理的专业化。任用财务专家实现连锁店在融资、资金流通、成本控制方面的高水平营运。

(11) 教育培训的专门化。设立培训基地，任用专职培训人员，持续地为连锁店培养高素质的员工。

【同步阅读 1-6】

星巴克公司的服务策略

1. 星巴克服务的技巧化

星巴克在这一系列的服务工作中，将每一个步骤都标准化，严格要求它的产品和员工，在这个过程中又同时将贴心的服务体现在咖啡的品质、器械的质量、店面的装潢和员工的行为上，让顾客真实地体会到每一个细节的用心与服务的到位。

2. 星巴克服务的有形化

星巴克对员工有严格的要求，它要求员工要了解基本的和更加精细的咖啡知识，要热情地与人分享有关咖啡的知识，要知道如何确定咖啡在何时味道最好，等等。当然，还有员工脸上的微笑。除此之外，星巴克的装潢也有标准。虽然在同一个城市，不同的星巴克店的装潢风格是不一样的，但其总是要求装潢要达到自然与人的和谐。

3. 星巴克服务的标准化

除了咖啡饮料以外，星巴克还在店内出售一切与咖啡有关的东西，譬如各种口味的高原咖啡豆和综合咖啡豆，新鲜烤制的各种咖啡蛋糕以及制作咖啡的器具。星巴克注重产品的质量，无论是原料豆的采购和运输、烘焙、配制、配料的掺加、水垢滤除，还是最后把咖啡端给顾客的那一刻，一切都必须达到最严格的要求，都要恰到好处；同时，星巴克出售的任何咖啡制作的设备都要经过测试和评估，任何新设备在上市前都会经过严格的检测。

4. 星巴克服务的关系化

星巴克在广告上的支出平均每年只有 100 万美元，与同类行业相比很少。在广告上节省出的费用用在对员工的照顾上。而星巴克宣传自己的方式，则是通过媒体、咖啡讲座、各种市场活动宣传和介绍咖啡文化，在让顾客了解咖啡的同时了解星巴克，并且通过这种与顾客交流的方式使顾客体会到他们的诚意。星巴克真诚贴心地对待员工和顾客，将关系营销运用得非常好，同时也体现出了星巴克服务的人性化。

5. 星巴克服务的人性化

星巴克一直在各方面追求完美，对顾客，它以最真诚的心和高质量的产品来对待；对员工，它创造相互尊重、相互信任的工作氛围；对合作伙伴，它认真挑选，建立良好的合作关系。独特而成功的关系营销，使得星巴克取得了现在的成功。

(资料来源：星巴克官网，资料整理)

1.3.3　标准化(Standardization)

标准化即将一切工作都按规定的标准去做。连锁经营的标准化表现在以下两个方面。

一是作业标准化。总部、分店及配送中心对商品的订货、采购、配送、销售等各司其职，并且制定规范化规章制度，整个程序严格按照总公司所拟定的流程来完成。

二是企业整体形象标准化。商店的开发、设计、设备购置、商品的陈列、广告设计、技术管理等都集中在总部。总部提供连锁店选址、开办前的培训、经营过程中的监督指导和交流等服务，从而保证了各连锁店整体形象的一致性。

例如，人们熟知的麦当劳，其全世界的餐厅都有一个金黄色“M”形的双拱门，都以红色和黄色为主；根据统计，最适合人们从口袋里掏出钱来的高度是 92cm，因此，麦当劳柜台设计以 92cm 为标准；店铺内的布局也基本一致：壁柜全部离地，装有屋顶空调系统；其厨房用具全部是标准化的，如用来装袋用的“V”形薯条铲，可以大大加快薯条的装袋速度；用来煎肉的贝壳式双面煎炉可以将煎肉时间减少一半；所有薯条采用“芝加哥式”炸法，即预先炸 3 分钟，临时再炸 2 分钟，从而令薯条更香更脆；在麦当劳与汉堡包一起卖出的可口可乐，据测在 4℃时味道最甜美，于是全世界麦当劳的可口可乐温度，统一规定保持在 4℃；面包厚度在 17mm 时，入口味道最美，于是所有的面包都做成 17mm 厚；面包中的气孔在 5mm 时最佳，于是所有面包中的气孔都为 5mm。

【课堂思考 1-4】

真功夫标准化运作

经过十年的发展，目前真功夫已成为中式快餐的代表。真功夫成功的关键是不断学习洋快餐的标准化，从前线到后台各个操作流程的标准化。曾经有一个难题摆在创始人蔡达标面前：传统的蒸饭与炖盅，只能用传统的高温炉、大锅和蒸笼。使用这些陈旧的厨具，一方面后台的员工高温难挡，另一方面拿取产品十分不便，需要不断上搬下卸。另外，燃气灶火也忽大忽小，很难控制火候，对菜品质量稳定性也存在一定影响。

一个偶然的机会，蔡达标在参观朋友的制衣厂时，从给熨斗提供蒸汽的蒸汽发生器上找到灵感，一套完整的电脑程控蒸汽设备终于浮出水面，新设备保证了同一炖品蒸制时的同温、同压，因而几乎是绝对的同一口味。从此，真功夫的餐厅里不再需要厨师，不再需要任何一把菜刀，服务员只要将一盅盅饭菜半成品放进蒸汽柜里，设定好时间和温度，时间一到就能拿出香喷喷的饭菜，真正实现“千份快餐同一口味”。同时，真功夫在管理上全面学习麦当劳的流程和店面管理经验。把餐厅经营的各个流程、工序全部细化成为具体的标准，形成九本手册，贯彻到员工日常的培训和考核中去。而真功夫标准化是后勤生产、烹制设备、餐厅员工操作三位一体的标准化体系，这正是真功夫企业核心竞争力的重要因素。后勤生产标准化：真功夫以采购、加工、配送三大中心组成的后勤中心，保证了从选料、加工、配送等各道工序的标准化。烹制设备标准化：真功夫独创的“电脑程控蒸汽设备”是其产品品质和营养的最强有力的保证。员工操作标准化：独创的营运手册和经营理念对员工工作和服务都进行了人性化的标准规范。凭借“标准化”，真功夫引起了全国餐饮业的关注。众多外地的快餐同行或餐饮业界人士纷纷慕名前往真功夫餐厅考察。

(资料来源：真功夫官网，http://www.zkungfu.com)

思考题：餐饮连锁企业的标准化与商品零售连锁企业的标准化有什么不同？

【项目小结】

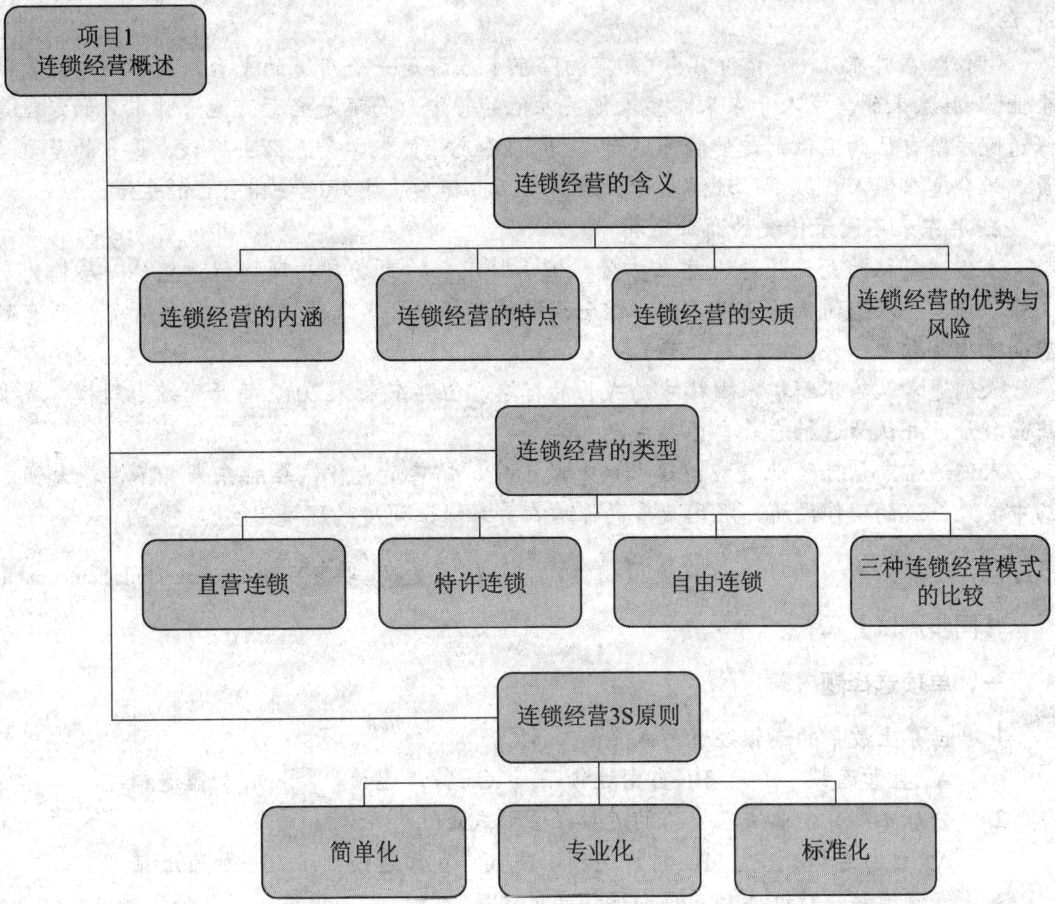

- 项目1 连锁经营概述
  - 连锁经营的含义
    - 连锁经营的内涵
    - 连锁经营的特点
    - 连锁经营的实质
    - 连锁经营的优势与风险
  - 连锁经营的类型
    - 直营连锁
    - 特许连锁
    - 自由连锁
    - 三种连锁经营模式的比较
  - 连锁经营3S原则
    - 简单化
    - 专业化
    - 标准化

【扩展阅读】

胖东来为何成为零售行业的奇迹？

1995 年成立的河南胖东来从最初只有 40 平方米、4 名员工的烟酒小店，到如今拥有十几家店面、12 000 名员工、年营业额超过 50 亿元的区域性零售龙头企业。在河南许昌，胖东来几乎垄断了当地的零售商业，“买东西不到别处，就到胖东来”——这是许昌老百姓的口头禅!

1. 胖东来独特的经营理念

“爱”在胖东来——员工篇：胖东来舍得“高投入”，给员工的薪水是当地同行业的两倍水平，让员工过上体面的生活；胖东来对员工的健康体贴入微，上班时间允许员工坐着休息以避免静脉曲张的职业病，每周二闭店让员工充分获得休息。

“舍”在胖东来——顾客篇：胖东来把顾客看成一家人，宁可自己吃亏，也要让每一位顾客都满意。胖东来规定自己没有的商品可以代顾客订购，顾客不满意的商品可以无条件退货，而且顾客可以享受在胖东来的各种免费服务：免费修理电器，免费修鞋，免费熨烫等。

“美”在胖东来——文化篇：在零售行业里，胖东来恐怕是第一家把商业当作文化来经营，把商品当作展品来看待的企业。它不仅仅在销售商品，同时也在传播商品知识和商业文化。它希望把商店做成商品的博物馆和商业的卢浮宫，让顾客享受商业之美和艺术之美。

“信”在胖东来——信仰篇：“真实的胖东来应该是一个布道的平台，而非一个经商的企业。”胖东来的当家人于东来希望人们关注他的哲学，而不是经营。他给胖东来的定位是修道院，给自己的定位则是爱的布道者：“我们不光让员工学会怎么去挣钱，更多的是要让员工学会怎么做人、做事，理解生命，理解生活，然后去更好地安排自己的生活。”

2. 胖东来不同于传统的商业逻辑

人们通常认为商业用地，寸土寸金，但是胖东来的商场却在顶楼留出整整一层作为员工娱乐中心。人们通常认为服务业应该全天候响应，但胖东来从 2012 年 4 月开始，所有的店面每周都歇业一天。

人们通常认为不断扩张规模才是成长的标志，但胖东来从 2012 年开始缩小规模、减少店面数量，并认为这标志着自己的成熟。

人们通常都认为商业就应该追求成本最小化、销售最大化，但胖东来却不惜花大钱在店中安装一流的硬件设施，雇用更多的保洁人员来保证商厦的环境卫生。

(资料来源：联商网，http://www.linkshop.com.cn)

【同步测试】

一、单项选择题

1. 世界上最早的连锁经营形式是(　　)。

A. 直营连锁　　B. 自由连锁　　C. 特许连锁　　D. 加盟连锁

2. 分店不具有企业法人资格的连锁经营形式是(　　)。

A. 自由连锁　　B. 特许连锁　　C. 直营连锁　　D. 加盟连锁

3. 直营连锁、特许连锁、自由连锁的员工执行标准化、规范化操作的方法是(　　)。

A. 协议书　　B. 经济合同　　C. 3S 原则　　D. 操作手册

4. (　　)是指连锁公司的门店均由公司总部全资或控股开设，在总部的直接领导下统一经营。总部对各门店的人、财、物及商流、物流、信息流等方面实施统一管理。

A. 自由连锁　　B. 特许连锁　　C. 直营连锁　　D. 加盟连锁

5. (　　)是当今世界上发展最快的连锁形式，曾被美国学者誉为 21 世纪最主要的商业经营模式。

A. 自由连锁　　B. 特许连锁　　C. 直营连锁　　D. 自愿连锁

二、多项选择题

1. 连锁经营管理严格执行的 3S 原则是(　　)。

A. 标准化　　B. 专业化　　C. 简单化　　D. 规范化

2. 特许经营不可缺少的三个方面是(　　)。

A. 法定证明人　　B. 特许人　　C. 被特许人　　D. 行业协会

3. 特许连锁适用的行业为(　　)。

A. 制造业　　B. 服务业　　C. 餐饮业　　D. 公共事业部门

4. 直营连锁的主要特征表现在(　　)。

A. 分级管理　　B. 同一资本　　C. 统一核算　　D. 集中进货

5. 自由连锁的优点是(　　)。

A. 成员店自主权大　　B. 组织稳定

C. 总部系统投资少，布点快　　D. 联结纽带紧密

三、简答题

1. 连锁经营的基本特征有哪些？
2. 连锁经营的3S原则是什么？
3. 直营连锁、特许连锁、自由连锁之间有什么区别？
4. 直营连锁的优势是什么？
5. 连锁经营有哪些风险？

四、案例分析题

全聚德特许店各有各的“味”

中国连锁经营协会会长日前向著名餐饮老字号全聚德集团颁发中国特许经营行业最高奖——“中国特许经营奖”，以表彰全聚德集团成立12年来为推动我国连锁经营发展所做出的杰出贡献。据介绍，中国特许经营奖为我国特许经营行业永久性奖项，企业必须连续三届获得年度中国特许品牌才有资格参评。

全聚德共有400多个品种的菜肴，与“麦当劳”和“肯德基”相比，它显得太复杂了。但是既然消费者能在不同的“麦当劳”吃到相同味道的汉堡包，就必须要在不同的全聚德里吃到同一味道的烤鸭。这既是市场的要求，也是实行特许经营的关键步骤。于是集团投巨资建成全聚德食品厂，也就是自己的“中心加工厨房”，对鸭坯、饼、酱实行统一加工、统一配方、统一销售及统一配送。经过8个多月的定标工作，全聚德终于推出了除烤鸭外的22种“标志性菜品”，要求所有特许店必须经营。为贯彻制作标准，集团组织了严格的培训工作，不合格者，先下灶，再下岗，以确保全聚德的菜品品质能够统一。除了“标志性菜品”外，各加盟店可以八仙过海，各显神通。比如，四川全聚德可以经营川菜、广东全聚德可以经营海鲜。让消费者既有目标性，又有选择性，将全聚德的共性与各加盟店的个性有机地结合起来。

品牌名称	全聚德——不到长城非好汉，不吃全聚德烤鸭真遗憾	所属行业	餐饮食品——>中餐，小吃，食品
服务描述	在百余年里，全聚德菜品经过不断创新发展，形成了以独具特色的全聚德烤鸭为龙头，集“全鸭席”和400多道特色菜品于一体的全聚德菜系，备受各国元首、政府官员、社会各界人士及国内外游客喜爱，被誉为“中华第一吃”。敬爱的周恩来总理曾多次把全聚德“全鸭席”选为国宴		
连锁经营模式	特许	加盟店发展模式	单店特许
开店基本投资额	10万至100万元	加盟费	300 000 元
特许权使用费	0 元	保证金额	100 000 元

续表

合同期限	0	店铺面积	2000～3000 平方米
连锁店选址要求	目标城市应具备一定的消费规模和水平，城市总人口不低于 50 万人，位于直辖市、省会城市、地级市及经济发达的县级市。提供的经营场所须在较繁华的市区街道，交通便利，具有一定的客流量或潜在消费对象，具备相应数量停车位		
加盟店铺数(家)	50	店铺总数	50
开始特许经营时间	1993-05-01	是否多品牌经营	是

(资料来源：百度文库，http://wenku.baidu.com 资料整理)

思考题：

1. 查阅相关资料，思考全聚德特许经营的特色是什么？
2. 全聚德特许经营的好处体现在什么地方？

【项目实训】

实训项目：连锁企业认识实训

实训目的：

了解连锁经营管理的基本原理、运作方式和工作流程，对连锁专业学科和实践工作有一定的感性认识，提高学生的学习热情和实践积极性，为后续课程的开展和学生的顺利就业打下基础。

实训内容：

(1) 认识连锁经营企业的经营思想和经营方针。
(2) 认识连锁经营企业的经营特色。
(3) 认识连锁经营企业的商品分类和商品管理。
(4) 认识连锁经营企业的促销管理。
(5) 认识连锁经营企业的店铺设计和店铺管理。
(6) 认识连锁超市的现有设备。

实训要求：

1) 实训组织安排

四人为一个实训小组，到不同类型的连锁经营企业进行参观调查。

2) 参观与调查

学生到不同类型的连锁经营企业，如超市、百货商店、餐饮店、专业店、购物中心等参观考察，收集相关资料和信息。对连锁经营企业的战略思想和经营目标、经营特点，连锁经营企业的商品管理、促销管理和店铺管理等知识有初步的认识和了解。(购物中心、大卖场、餐饮店、百货商店、便利店、专营店至少各一个。)

3) 实训总结

每人完成 1000 字左右的认识实训报告一份。

4) 实训成绩

实训成绩由实训期间的表现和实训报告两部分综合评定，平时表现占 30%，实训报告占 70%。实训成绩综合评定分为五个等级：优、良、中、及格、不及格。

项目 2　连锁企业经营业态的识别

【学习目标与要求】

- 掌握业态的含义、分类和发展趋势。
- 掌握超级市场、百货商店、便利店、专业店、专卖店的主要内容。
- 掌握酒店、餐饮业、洗衣店的主要内容。

【引导案例】

我国连锁经营市场的发展

连锁经营是把现代化工业大生产的原理应用于商业流通领域。连锁经营最早兴起于商业发达的美国，这种先进的经营业态后来不断扩散。现在，连锁经营正风靡全球，在欧、美、日等经济发达国家商业领域占据了主导地位。

2012 年我国连锁百强销售规模达到 1.87 万亿元，连锁百强企业门店总数达到 9.4 万个，同比增长 8.0%，百强企业销售额占社会消费品零售总额的 9.3%。2013 年连锁百强企业销售规模达到 2.04 万亿元，比上年增长 9.9%，新增门店 6600 余个，总数达到 9.5 万个。

随着我国经济体制改革的持续深入，连锁经营主体多元化特征明显，多种经济成分共同发展。各种所有制主体共同竞争、共同发展，形成了多元化发展格局。一批国内知名连锁企业迅速成长，外资连锁经营企业进入中国市场的速度也在加快，经营品牌化、竞争国际化、管理专业化的趋势日趋明显。

据中国产业调研网发布的 2015—2020 年中国连锁经营市场现状调研分析及发展前景报告显示，"十三五"期间，国内整体经济环境将进一步带动消费市场的繁荣，包括工资水平的提高、社会保障机制的改善；同时，拉动内需、促进消费的政策导向将促使更多流通业扶持政策的出台，必将有力推动连锁经营行业的发展。随着城市化进程的快速推进及居民可支配收入的日益增多，连锁经营行业将迎来难得的发展机遇。

(资料来源：https://wenku.baidu.com/view/2a15e065f90f76c660371a53.html)

思考题：

结合案例谈谈我国连锁企业经营业态发展的特点和趋势。

2.1　业态的认知

2.1.1　业态的含义

业态一词来源于日本，大约出现在 20 世纪 60 年代。现在理论界和商业部门都接受了用"业态"来分析和研究中国的零售组织。零售是指把商品或随商品而提供的服务直接出售给最终消费者的销售活动。从事零售活动的基本单位和具体场所是商店，而商店依据销

售形式不同又区分出不同的经营形态，即零售业态。近年来，受国际商业发展趋势的影响，零售商店的业态形式发生了很大的变革，并且出现多样化和细分化趋势，尽管当前世界各国对零售业态的定义由于侧重点不同而有所区别，但通常认为，业态是零售店向确定的顾客群提供确定的商品和服务的具体形态，是零售活动的具体形式。通俗理解，业态就是指零售店卖给谁、卖什么和如何卖的具体经营形式。零售业态是指零售企业为满足不同的消费需求进行相应的要素组合而形成的不同经营形态。

2.1.2　业态的分类

商务部根据我国零售业发展趋势，并借鉴发达国家对零售业态划分方式，组织有关单位对国家标准《零售业态分类》(GB/T18106—2000)进行了修订。国家质检总局、国家标准委已联合发布新国家标准《零售业态分类》(GB/T18106—2004)，该标准为推荐标准，适用于在中华人民共和国境内从事零售业的企业和店铺。

新标准按照零售店铺的结构特点，根据其经营方式、商品结构、服务功能，以及选址、商圈、规模、店堂设施、目标顾客和有无固定经营场所等因素，将零售业分为 17 种业态。从总体上可以分为有店铺零售业态和无店铺零售业态两类。有店铺零售业态包括食杂店、便利店、折扣店、超市、大型超市、仓储式会员店、百货店、专业店、专卖店、家居建材商店、购物中心、厂家直销中心；无店铺零售业态包括电视购物、电话购物、邮购、自动售货机、网购。

1. 有店铺零售业态

有店铺零售业态(Store-based Retailing)是指有固定的进行商品陈列和销售所需要的场所和空间，并且消费者的购买行为主要在这一场所内完成的零售业态。其分类如下。

1) 食杂店

食杂店(Traditional Grocery Store)是以香烟、酒、饮料、休闲食品为主，独立、传统的无明显品牌形象的零售业态。

2) 便利店

便利店(Convenience Store)是以满足顾客便利性需求为主要目的的零售业态。

3) 折扣店

折扣店(Discount Store)是指店铺装修简单，提供有限服务，商品价格低廉的一种小型超市业态，一般拥有不到 2000 个品种，经营一定数量的自有品牌商品。

4) 超市

超市(Supermarket)是开架售货，集中收款，满足社区消费者日常生活需要的零售业态。根据商品结构的不同，超市可以分为食品超市和综合超市。

5) 大型超市

大型超市(Hypermarket)是实际营业面积在 6000 平方米以上，品种齐全，满足顾客一次性购齐的零售业态。根据商品结构，大型超市可以分为以经营食品为主的大型超市和以经营日用品为主的大型超市。

6) 仓储会员店

仓储会员店(Warehouse Club)是以会员制为基础，实行储销一体、批零兼营，以提供有限服务和低价格商品为主要特征的零售业态。

7) 百货店

百货店(Department Store)是在一个建筑物内，经营若干大类商品，实行统一管理，分区销售，满足顾客对时尚商品多样化选择需求的零售业态。

8) 专业店

专业店(Speciality Store)是以专门经营某一大类商品为主的零售业态。例如，办公用品专业店(Office Supply)、玩具专业店(Toy Stores)、家电专业店(Home Appliance)、药品专业店(Drug Store)、服饰店(Apparel Shop)等。

9) 专卖店

专卖店(Exclusive shop)是以专门经营或被授权经营某一主要品牌商品为主的零售业态。

10) 家居建材商店

家居建材商店(Home Center)是以专门销售建材、装饰、家居用品为主的零售业态。

11) 购物中心

购物中心(Shopping Center/Shopping Mall)是指多种零售店铺、服务设施集中在由企业有计划地开发、管理、运营的一个建筑物内或一个区域内，向消费者提供综合性服务的商业集合体。它具体包括以下三种形式。

(1) 社区购物中心(Community Shopping Center)是在城市的区域商业中心建立的，面积在 5 万平方米以内。

(2) 市区购物中心(Regional Shopping Center)是在城市的商业中心建立的，面积在 10 万平方米以内。

(3) 城郊购物中心(Super-regional Shopping Center)是在城市的郊区建立的，面积在 10 万平方米以上。

12) 厂家直销中心

厂家直销中心(Factory Outlets Center)是指由生产商直接设立或委托独立经营者设立，专门经营本企业品牌商品，并且多个企业品牌的营业场所集中在一个区域的零售业态。

有店铺零售业态的分类和基本特点如表 2-1 所示。

表 2-1　有店铺零售业态的分类和基本特点

业　态	基本特点						
	选　址	商圈与目标顾客	规　模	商品(经营)结构	商品销售方式	服务功能	管理信息系统
1.食杂店	位于居民区内或传统商业区内	辐射半径 0.3 千米，目标顾客以固定的居民为主	营业面积一般在100平方米以内	以香烟、饮料、酒、休闲食品为主	柜台式和自选式相结合	营业时间 12 小时以上	初级或不设

续表

业　态	基本特点						
	选　址	商圈与目标顾客	规　模	商品(经营)结构	商品销售方式	服务功能	管理信息系统
2. 便利店	商业中心区，交通要道以及车站、医院、学校、娱乐场所、办公楼、加油站等公共活动区	商圈范围小，顾客步行 5 分钟内到达，目标顾客主要为单身者、年轻人。顾客多为有目的购买	营业面积 100 平方米左右，利用率高	以即食食品、日用百货为主，有即时消费性、小容量、应急性等特点，商品品种 3000 种左右，售价高于市场平均水平	以开架自选为主，结算在收银处统一进行	营业时间 16 小时以上，提供即食性食品的辅助设施，开设多项服务项目	程度较高
3. 折扣店	居民区、交通要道等租金相对便宜的地区	辐射半径 2 千米左右，目标顾客主要为商圈内的居民	营业面积 300～500 平方米	商品平均价格低于市场平均水平，自有品牌占有较大的比例	开架自选，统一结算	用工精简，为顾客提供有限的服务	一般
4. 超市	市、区商业中心、居民区	辐射半径 2 千米左右，目标顾客以居民为主	营业面积 6000 平方米以下	经营包括食品、生鲜食品和日用品。食品超市与综合超市结构不同	自选销售，出入口分设，在收银台统一结算	营业时间 12 小时以上	程度较高
5. 大型超市	市、区商业中心、城郊接合部、交通要道及大型居民区	辐射半径 2 千米以上，目标顾客以居民、流动顾客为主	营业面积 6000 平方米以上	大众化衣、食、日用品齐全，一次性购齐，注重自有品牌开发	自选销售，出入口分设，在收银台统一结算	设不低于营业面积40%的停车场	程度较高
6. 仓储式会员店	城乡接合部的交通要道	辐射半径 5 千米以上，目标顾客以中小零售店、餐饮店、集团购买和流动顾客为主	营业面积 6000 平方米以上	以大众化衣、食、日用品为主，自有品牌占相当部分，商品在 4000 种左右，实行低价、批量销售	自选销售，出入口分设，在收银台统一结算	设相当于营业面积的停车场	程度较高并对顾客实行会员制管理
7. 百货店	市、区级商业中心，历史形成的商业聚集地	目标顾客以追求时尚和品位的流动顾客为主	营业面积 6000～20000 平方米	综合性，门类齐全，以服饰、鞋类、箱包、化妆品、家庭用品、家用电器为主	采取柜台销售和开架销售相结合方式	注重服务，设餐饮、娱乐等服务项目和设施	程度较高
8. 专业店	市、区级商业中心以及百货店、购物中心内	目标顾客以有目的选购某类商品的流动顾客为主	根据商品特点而定	以销售某类商品为主，体现专业性、深度性，品种丰富，选择余地大	采取柜台销售或开架面售方式	从业人员具有丰富的专业化知识	程度较高

续表

业态	基本特点						
	选址	商圈与目标顾客	规模	商品(经营)结构	商品销售方式	服务功能	管理信息系统
9. 专卖店	市、区级商业中心、专业街以及百货店、购物中心内	目标顾客以中高档消费者和追求时尚的年轻人为主	根据商品特点而定	以销售某一品牌系列商品为主，销售量少、质优、毛利高	采取柜台销售或开架面售方式，商店陈列、照明、包装、广告讲究	注重品牌声誉，从业人员具备丰富的专业知识，提供专业性服务	一般
10. 家具建材商店	城乡接合部、交通要道或消费者自有房产比较高的地区	目标顾客以拥有自有房产的顾客为主	营业面积6000平方米以上	商品以改善、建设家庭居住环境有关的装饰、装修等用品、日用杂品、技术及服务为主	采取开架自选方式	提供一站式购足和一条龙服务，停车位300个以上	较高
11.购物中心①社区购物中心	市、区商业中心	商圈半径为5～10千米	建筑面积为5万平方米以内	20～40个租赁店，包括大型综合超市、专业店、专卖店、饮食服务及其他店	各个租赁店独立开展经营活动	停车位300～500个	各个租赁店使用各自的信息系统
11.购物中心②市区购物中心	市级商业中心	商圈半径为10～20千米	建筑面积10万平方米以内	40～100个租赁店，包括百货店、大型综合超市、各种专业店、专卖店、饮食店、杂品店及娱乐服务设施等	各个租赁店独立开展经营活动	停车位500个以上	各个租赁店使用各自的信息系统
11.购物中心③城郊购物中心	城乡接合部的交通要道	商圈半径为30～50千米	建筑面积10万平方米以上	200个租赁店，包括百货店、大型综合超市、各种专业店、专卖店、饮食店、杂品店及娱乐服务设施等	各个租赁店独立开展经营活动	停车位1000个以上	各个租赁店使用各自的信息系统
12.工厂直销中心	一般远离市区	目标顾客多为重视品牌的、有目的地购买	单个建筑面积100～200平方米	为品牌商品生产商直接设立，商品均为本企业的品牌	采用自选式售货方式	多家店共有500个以上停车位	各个租赁店使用各自的信息系统

2. 无店铺零售业态

无店铺零售业态(Non-store Selling)是指不通过店铺销售，由厂家或商家直接将商品递送给消费者的零售业态。其分类如下。

1) 电视购物

电视购物 (Television Shopping)是以电视作为向消费者进行商品推介展示的渠道，并取得订单的零售业态。

2) 邮购

邮购 (Mail Order)是以邮寄商品目录为主向消费者进行商品推介展示的渠道，并通过邮寄的方式将商品送达给消费者的零售业态。

3) 网上商店

网上商店 (Shop on Network)是通过互联网进行买卖活动的零售业态。

4) 自动售货亭

自动售货亭(Vending Machine)是通过售货机进行商品售卖活动的零售业态。

5) 电话购物

电话购物(Tele-Shopping)主要是通过电话完成销售或购买活动的一种零售业态。

无店铺零售业态的分类和基本特点如表 2-2 所示。

表 2-2　无店铺零售业态的分类和基本特点

业　态	基本特点			
	目标顾客	商品(经营)结构	商品销售方式	服务功能
1.电视购物	以电视观众为主	商品具有某种特点，与市场上同类商品相比，同质性不强	以电视作为向消费者进行商品宣传的渠道	送货到指定地点或自提
2.邮购	以地理上相隔较远的消费者为主	商品包装具有规则性，适宜储存和运输	以邮寄商品目录为主向消费者进行商品宣传的渠道，并取得订单	送货到指定地点
3.网上购物	有上网能力，追求快捷性的消费者	与市场上同类商品相比，同质性强	通过互联网进行买卖活动	送货到指定地点
4.自动售货机	以流动顾客为主	以香烟和碳酸饮料为主，商品品种在 30 种以内	由自动售货机器完成售卖活动	没有服务
5.电话购物	根据不同的产品特点，目标顾客不同	商品单一，以某类品种为主	主要通过电话完成销售或购买活动	送货到指定地点或自提

2.1.3　业态的发展趋势

现代零售业态的表现形式多种多样，总的来看主要具有以下的发展趋势。

1. 连锁化

零售业经过多年的发展与变革，连锁经营方式，特别是跨国连锁经营正以高速增长的

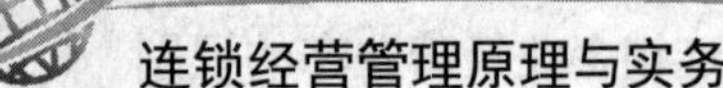

态势成为现代零售业的主导经营方式。当今世界零售业位居前列的零售商，如美国的沃尔玛、法国的家乐福、德国的麦德龙、日本的伊藤洋华堂等，都是靠连锁经营方式发展壮大，成为国际零售业的领头羊的。走连锁经营发展道路的大型零售企业主要依靠自身的品牌优势和先进的管理方式吸引中小型零售企业加盟，实现商业资源的快速整合与重组，增强企业竞争力和抵御风险的能力。在一些发展中国家，连锁店也逐步成为零售业发展的主要业态。同时，随着连锁超市业态的发展并逐步占据主导地位，零售企业由原来分散的、单体的、区域的经营逐步向集中的、集团的、跨区域的规模经营转变。

2. 细分化

随着业态间竞争的日趋激烈，各种业态的目标市场日趋细分，即便是同一业态，其目标市场也显示出差别化的特点。市场的细分，使各种业态能更好地服务于自己的目标市场。不同的业态满足不同的市场需求，吸引不同的消费群，提供不同的价值点，如喜爱高性价比商品的消费者爱去折扣商店；重视时间效益，买了就走的消费者喜欢去便利商店；认为购物就是休闲，强调一次购足的消费者多光顾购物中心或大型百货商店；而强调商品特色，重视优良服务的专门商店则吸引注重品质和个性的消费者。

3. 廉价化

随着商品供应的日益过剩，降价是当今世界商品竞争的一个基本趋势。这一点反映到零售业，就是各种廉价化商店的涌现。无论是折扣商店、仓储超市，还是超级市场、大型综合超市，均以其低价切入市场。廉价虽然不是所有业态的特征，但是尽力降低价格、提高竞争力则是所有业态努力的方向。廉价化的典型表现就是尽量实现顾客自助服务，选择低租金地区，简化商店设施，降低采购成本等。购买质优价廉的商品是每一个消费者的心愿，同样的商品，消费者更愿意去廉价的商店购买，尤其是在服务显得不很重要的情况下。

4. 科技化和智能化

高科技是现代零售业发展的强大支撑力量。国外一些大型零售商借助高科技特别是信息技术手段的支持，建立起了以商用卫星系统、商业电子数据处理系统、管理信息系统、决策支持系统为核心的强大的商业自动化处理系统，彻底改变了传统零售业的运作方式；企业日常经营管理活动，如顾客资料搜集与分析、销售资料整理、进货与补货调整等，都可以通过现代化电子信息技术进行管理。此外，现代零售企业在经营管理中还广泛应用机械化技术、自动化技术、现代生物技术等各种先进技术，如现代物流技术、自动传感技术，食品的保鲜、冷冻、杀菌、干燥技术等。

5. 网络化

近年来，电子商务的快速发展也带动了零售业与互联网的快速“联姻”。随着信息网络技术的发展和消费者网上购物环境的不断改善，这种方便、经济的购物方式受到了越来越多的消费者的欢迎，网络销售的范围不断扩大，网络销售零售额的比重也得到了大幅度提高。目前，越来越多的传统零售企业开始通过互联网开展网络营销业务。传统的经营方式、

竞争格局正随着零售业电子商务的发展而发生巨大的变化。

【案例分析 2-1】

利用管理创新突破重围

在全球经济不景气，尤其是美国经济衰退，购买力持续下降的环境中，沃尔玛不但没有受到丝毫影响，销售收入反而连创新高，这不得不令人叹服其成功经营之道。

沃尔玛成功的核心可以归结为：给予顾客“超过期望”的服务和最低价格这样一种独特的企业文化。不管什么时候，只要走进任何一家沃尔玛连锁店，你肯定会找到价格最低的商品和你希望得到的真正的服务。在每一家连锁店的每一个销售间，你都会产生一种在自己家里的感觉。就是在这种文化价值观念的驱使下，为了实现对顾客的承诺，沃尔玛不断在经营管理手段上进行创新来提供支持，不仅仅在店里提供最佳的服务和最低的价格，还利用全球卫星网络和信息技术，对物流系统进行实时控制的高效率运营，以取得强大的成本控制优势，从而保障了最佳质量和最低价格的双重实现。

分析：沃尔玛的成功再次告诉我们，即使是在恶劣的经营环境之下，只要能够善于创新、灵活应对，就能突破经营恶魔的重重包围。

(资料来源：http://www.uggd.com/article/gl/cxgl/22482.html)

2.2　商品类业态的识别

连锁企业的经营业态多种多样，主要分为商品类业态和服务类业态。商品类业态主要有超级市场、百货商店、便利店、专业店、专卖店等。

2.2.1　超级市场

超级市场是以顾客自选方式经营的大型综合性零售商场，又称自选商场，是许多国家特别是经济发达国家的主要商业零售组织形式。超级市场中最初经营的主要是各种食品，以后经营范围日益广泛，逐渐扩展到销售服装、日用杂品、家用电器、玩具、家具以及医药用品等。超级市场一般在入口处备有手提篮或手推车供顾客使用，顾客将挑选好的商品放在篮或车里，到出口处收款台统一结算。

连锁超市是指经营同一类别的商品和售后服务的若干超市以一定的形式合并成统一的整体，通过企业外表形象的标准化、经营管理活动的专业化、组织人事的规范化以及内部管理手段的现代化，使复杂的商业活动实现相对的简单化，从而达到规模效应。连锁超市在价格体系上实行低价格、低利润、高周转经营；在销售方式上采取开架售货，顾客自选的方式，适应大量消费、大量销售、大量流通的新型零售流通手段。这正是促进零售商业和流通机构现代化、体系化的“流通革命”。超级市场如图 2-1 所示。

图 2-1　超级市场

1. 超级市场的兴起

超级市场最早产生于 1930 年的美国纽约，被称为零售业的第三次革命。1930 年 8 月，美国人迈克尔・库仑(Michael Cullen)在美国纽约州开设了第一家金库仑联合商店。当时，美国正处在经济大危机时期，迈克尔・库仑根据他几十年食品经营经验精确设计了低价策略，并首创商品品种别定价方法。他的平均毛利率只有 9%，这和当时美国一般商店 25%～40%的毛利率相比是令人吃惊的。为了保证售价的低廉，必须做到进货价格的低廉，只有大量进货才能压低进价，迈克尔・库仑就以连锁的方式开设分号，建立起保证大量进货的销售系统，他首创了自助式销售方式，采取一次性集中结算。20 世纪 30 年代中期以后，超级市场这种零售组织形式由美国逐渐传到了日本和欧洲。1978 年，超级市场被引入我国，当时被称作自选商场。

2. 超级市场的特点

(1) 选址在居民区，交通要道，商业区；以居民为主要销售对象，10 分钟左右可到达；商店营业面积在 1000～2000 平方米；商品构成以购买频率高的食品为主；采取自选销售方式，出入口分设，结算由设在出口处的收银机统一进行。

(2) 包装规格统一。商品均事先以机械化的包装方式，分门别类地按一定的重量和规格包装好，并分别摆放在货架上，明码标价，顾客实行自助服务 ，可以随意挑选。

(3) 广泛使用电子计算机和其他现代化设备。便于管理人员迅速了解销售情况，及时保存、整理和包装商品，自动标价、计价等，因而提高了工作效率，扩大了销售数量。

(4) 商品品种齐全，挑选方便。人们可以在一个商场内购买到日常生活所需的绝大部分商品，免除了许多麻烦。自动标价、计价、结算效率高，也节省了顾客的时间。而且，由于商场的经营效益好，降低了成本，因此商品的价格相对也较低廉，受到广大顾客的欢迎。

3. 超级市场的分类

1) 传统食品超市

传统食品超市是从传统食品开始的，并在实现消费者一次性购足商品的需求上迈开了第一步。传统食品超市的营业面积一般为 300～500 平方米，其经营的商品种类一般是食品

和日用品。其中食品占全部商品的 70%左右，但食品中生鲜食品的构成不足 30%。

它的功能集中了食品商店、杂货商店、小百货商店、粮店、南北货商店等传统商店各自的单一功能，使之综合化。传统食品超市的主要目标顾客是家庭主妇，它是传统小商店的取代者，也是最初的原始模式。

由于传统食品超市仅仅是对传统小商店的替代，其商品经营的综合度不高，无法真正满足一次性购足所需商品是它的最大缺陷，而这种缺陷集中地反映在无法综合地经营生鲜食品。当新的业态模式如标准食品和大型综合超市纷纷进入市场时，传统食品超市就因为面临着巨大竞争压力而处于劣势。

此时，传统食品超市具有的唯一优势是距离居民区近，具有购物上的便利性，然而，当便利店的规模发展起来以后，这种便利优势也就让位于便利店了。从世界范围来看，传统食品超市的市场空间缩小是最快的，因此这种超市不可能成为主力业态。

2) 标准食品超市

标准食品超市也称生鲜食品超市，其经营面积一般在 1000 平方米左右，与传统食品超市不同的是，它以经营生鲜食品为主，其营业面积的 50%甚至 70%以上要用来销售生鲜食品，可以说标准食品超市实际是在传统食品超市的基础上，强化了生鲜食品的经营，因此它对传统商店是一个内容和形式上较为完整的现代化替代，为保证消费者基本生活用品的一次性购足创造了最初的、较为完整的条件。

标准食品超市虽然初步满足了对消费者一次性购足生活必需品的需要，但同样面临着被大型综合超市等替代的危险。从中国的情况来看，由于受消费习惯、收入水平、保鲜技术、冷冻技术、农产品加工技术等因素的制约，以标准食品超市为发展模式的连锁企业没有一家取得成功，即使是具有很强的经济实力，并在经营生鲜食品方面具有丰富经验的外国公司，如日本的西友、荷兰的阿霍德在 1999 年也被迫退出了中国的上海市场。但标准食品超市在发展中遇到的这些困难并不影响人们对标准食品超市的认识，要成功发展是不可能超越生鲜食品超市这个阶段的，经营生鲜食品一直是中国超市界追求的目标。

3) 大型综合超市

大型综合超市是标准食品超市与折扣店的结合体，衣、食、用品齐全，可以全方位地满足消费者基本生活需要的一次性购足。

其营业面积可以分为两类：大型综合超市的营业面积为 2500～6000 平方米；超大型综合超市的营业面积为 6000～10 000 平方米或以上。对超大型综合超市来说，还需要配备与营业面积相适应的停车场，一般的比例为 1∶1。

大型综合超市有以下两个最基本的特点。

第一，经营内容的大众化和综合化，适应了消费者购买方式的变革——一次性购足。

第二，经营方式的灵活性和经营内容的组合性，它可以根据营业区域的大小，消费者需求的特点而自由选择门店规模的大小，组合不同的经营内容，实行不同的营业形式。低成本、低毛利、大流量，是大型综合超市的经营特色。它不经营品牌商品和贵重商品，一般经营的都是大众日常的消费品，毛利由市场决定，所以价格不会高。在这种情况下，大型综合超市要想赢利，就只能采用低成本的方式经营。例如，员工数量比百货商店少，服务项目也不应比百货商店多；不设导购员；没有送货上门服务等。

【同步阅读 2-1】

亿佰家连锁超市

亿佰家连锁超市是一家新兴的零售企业，于 2010 年 12 月在广东省东莞市诞生，总部成立于 2011 年 5 月。诞生以来，亿佰家始终保持迅猛的发展势头：2011 年，连续开设 10 家门店，总营业面积超过 10 万平方米；2012 年，再开设 20 家单店面积超过 10 000 平方米的大型商业中心，并开放品牌加盟；2013—2015 年，亿佰家积极进军内地市场，不仅在四川签下了 8 家门店(其中有国内知名开发商龙湖地产开发的亚洲最大商业项目龙湖天街，西昌市地标建筑华美商业广场等)，并启动了四川、重庆、贵州、山东、浙江、陕西、海南、湖南等地的市场调研，持续拓展商业版图。截至 2015 年初，亿佰家门店总数量已超 200 余家，创造了商业史上的速度传奇，成为中国杰出的零售品牌。

除了地面门店，亿佰家同步打造了“管家网”网上购物平台并推出管家网手机 APP 应用，之后逐步扩大试用范围，并在合适的时机正式投入运营。亿佰家还将采用并购与合作的模式，快速积累用户规模，为集团增加新的利润增长点。

经过几年的高速发展，亿佰家已达到了上市规模。2012 年年底亿佰家已经在美国通过反向收购成功上市。目前，亿佰家全体成员正同心协力、全力以赴，力争尽快登陆伦敦证券交易市场。

(资料来源：http://www.e-buy-home.com)

目前，中国的大型综合超级市场具有以下几种不同的营业形式。

(1) 日本式。以北京的华堂和上海的佳世客为代表，是生鲜超级市场和百货商店的结合，主体是百货商店，并采取自助服务和自选商品部相结合的销售方式。

(2) 美国式。以深圳的沃尔玛购物广场和上海的易初莲花中心为代表，是生鲜超级市场和综合百货商店的结合，但其主体是超级市场，采取自助服务方式。

(3) 欧洲式。以法国的家乐福为代表，是生鲜超级市场和折扣店(非食品的廉价商品)的结合。

(4) 中国式。以上海的农工商超级市场 118 店为代表，是家乐福经营模式和传统批发商业模式(当场开单，当场配提货)的结合。

从市场表现来看，美国式和欧洲式的大型综合超级市场要优于日本式，因为欧美式是价格折扣型，而日本是商品选择型。在经济调整时期，价格折扣型当然要大行其道。大型综合超级市场由于其经营内容综合化，能真正满足消费者一次性购足的需要，是超级市场中的主力业态，也是未来中国零售业的第一主力军。

2.2.2 百货商店

百货商店是指经营包括服装、鞋帽、首饰、化妆品、装饰品、家电、家庭用品等众多种类商品的大型零售商店。它是在一个大建筑物内，根据不同商品部门设销售区，采取柜台销售和开架面售方式，注重服务功能，满足目标顾客追求生活时尚和品位需求的零售业态。百货商店如图 2-2 所示。

图2-2　百货商店

百货商店是一种大规模的以经营日用工业品为主的综合性的零售商业企业，经营的商品类别多，同时每类商品的花色、品种、规格齐全，实际上是许多专业商店的综合体。一般百货商店以大、中型居多；从日用品到食品，从工业到土特产品，从低档、中档到高档品都经营，综合性强；又是高度组织化的企业，内部分设商品部或专柜，商品部相对独立，可自己负责商品进货业务，控制库存，安排销售计划。1862年，法国巴黎的“好市场”是世界第一家百货公司，一百多年来，百货公司仍是零售商业的主要形式之一。美、日、法等国的大型百货公司，销售的商品多在25万种以上，最高的达到50万种。

1. 百货商店的特点

(1) 选址在城市繁华区，交通要道；商店规模大，营业面积在5000平方米以上；商品结构以经营男装、女装、儿童服装、服饰、衣料和家庭用品为主，种类齐全，少批量，高毛利；柜台销售与自选(开架)销售相结合方式；采取定价销售，可以退货；服务功能齐全。

(2) 购物环境优美，服务体系完善。百货商店通常处于商业中心地带，坐落在城市最繁华的地段，建筑富丽堂皇，能提供宽敞、亮丽、温馨、舒适的购物环境。服务主要是一种全面细致和以人为本的完善的服务体系，包含售前、售中、售后三个方面的完整服务。

(3) 优良的企业形象。百货商店十分注重形象和声誉，这是由其引领时尚、体现品位的内在特点决定的。其企业形象强调文化内涵，注重品牌和信誉，抒发情感和梦想，传达温馨和欢乐，创造时尚和经典。

2. 百货业态与超市业态的差别

(1) 市场经营定位程度不同。超市的定位界限不是很明显，大众化品位居多，一般性的超市所经营的商品都是维护国计民生的日常必需品，如粮、盐、油、蛋、生鲜等，能适应不同层次市民的需求；而百货商店则注重市场定位，必须根据建店范围及辐射范围内的入住居民的收入、喜好等因素来科学划定市场定位，有针对性地制定经营战略，进行经营。

(2) 所经营商品的品类不同。超市所经营的商品品类繁多、混杂：烟酒、粮油、调味品、保健品、干货、生鲜、日化用品、器皿、塑料品、五金、大小家电，等等，食品类商品占有很大份额；而百货商店多以服装、鞋类、配饰品为主，食品很少介入其领域。

(3) 货品的陈列方式不同。超市的商品陈列多以货架、堆头为主；而百货商店多以专柜展示为主，注重展厅装饰，突出品牌个性和优势。

(4) 服务的客群不同。因其定位原因，超市多服务于大众客群；而百货商店多服务于符合经营定位的客群。

(5) 经营的情调、风格不同。超市经营多给人一种便利、实惠的感观情调；而百货商店多追从一种精品、高雅的消费风格。

(6) 超市多注重单个商品的价格；而百货商店多注重于品牌价值。超市企划是以商品的价格，即低价实惠来吸引顾客；而百货商店注重品牌效应、环境效应，给顾客一种精神上的超值享受。

(7) 建店选址不同。超市的选址比较广泛和灵活，城市商圈或居民小区都可以，只不过超市的形式和规模不同罢了；而百货商店一般要在城市繁华地段或经过科学预测，符合政府规划，短时间内能成为商圈繁荣的地方，要求甚高。

3. 百货商店面临的冲击

随着超级市场、仓储商场、网络购物的迅猛发展，传统的百货商店也受到了巨大的冲击。

(1) 现阶段对百货商店冲击最大的是大型综合超市。这种零售业态以美国的沃尔玛和法国的家乐福为代表，并且带动了一大批国内零售企业的紧紧跟随。这种零售业态以其宽松的购物环境和低廉的商品价格为竞争武器，迅速抢占各个重要的零售市场。大型综合超市以经营生鲜食品为主，兼营服装、鞋帽、百货、家电、日化、杂品等各个门类，突出强调“一站购物、一次购足”的消费理念，在人们生活节奏日益加快的前提下充分迎合了消费者对简洁、自由的生活方式的追求心理，加上其廉价便利的经营宗旨，使大部分家庭将大型综合超市作为生活购物的第一选择。

(2) 逐步分解市场的专业店。比如，以经营服装、家电、百货、日用品等而开设的专业连锁或直营店，它们提供更加专业的产品，更加周到的服务，有自己独立的品牌优势。这些专业店逐步蚕食着百货商店的经营品类，使百货商店的经营之路越走越狭窄。

(3) 网络购物是潜在却巨大的威胁。网络提供了人们及时沟通的平台，消除了空间和地域的限制，虽然正在发展阶段，但是随着网民的迅猛增长，互联网的不断完善，相关法律和金融保障的健全，网上购物将成为21世纪新新人类的一种选择。网络使这种以固定地点、固定面积、经营相对稳定的品牌或品类的百货商店受到了极大的威胁。

【案例分析2-2】

百货行业路在何方

据RET睿意德中国商业地产研究中心最新数据显示，2014年以来，大型连锁百货已经明确将要关店的数量达到38家。其中，外资百货企业占比达到57.89%，成为重灾区。马莎、华堂、百盛……这些在全球市场上响当当的国际百货巨头，如今在华纷纷走到了壮士割腕的关口。而更为尴尬的是，即便是那些没被关店阴霾笼罩的其他外资百货，也鲜有谁是可以称得上日子舒坦的。这些昔日携着“狼来了”的霸气席卷而来的外资百货，显然也不得不在现实面前低头。本土百货企业情况也不乐观，包括广州友谊、天河城百货等在内的九大百货在春节黄金周交出了近三年来首个双位数下跌的答卷，销售业绩同比下降11.26%；天津市场上，有着中华老字号美誉的劝业场于春节后便对曾以1.98亿元收购，并斥资亿元装修后成立的第一家百货连锁店劝业场西南角店做出了“百货业态部分停止经营”的决定。值得一提的是，如今仍旧在劝业场西南角店内坚挺的，是屈臣氏及部分餐饮企业。这或许

恰好给那些正在转型道路上探索的传统百货企业们指出了方向。变身涵盖餐饮、生活服务、体验等业态的综合商业体，已经成了越来越多传统百货企业们的选择，尽管这条出路也未必平坦。

关店，再次成为2015年百货行业的关键词。2012年即出现的这轮中国百货行业关店潮，在2015年有愈演愈烈之势。无论是外资百货还是内资百货，国际巨头还是百年老店，在本轮行业大调整中，都难以做到独善其身。那些曾经代表民族骄傲的内资百货老店们，在现实面前的无力感，令人不胜唏嘘。

“在电商与购物中心的冲击下，目前国内百货业态进入新的调整期。”RET睿意德中国商业地产研究中心高级分析师赵瑞华告诉新金融记者，2013年以来，陆续有百货品牌的关店与开店，这是在商业发展新形势下的业态调整；2014年以来，随着电商的繁荣与购物中心新增供应的加大，传统百货业态的转型与调整更为迫切；而到了2015年，“近七成的百货业态品牌会有选择性的关店计划。”尤其对于早期进入中国市场的百货企业而言，这种趋势也许更为明显。赵瑞华表示，早期进入中国的百盛、伊藤洋华堂等百货企业，在国内商业发展不断升级的背景下，都被逼着通过关店等方式来实现自身的转型升级(即亏损的店面关掉，其他店面继续调整)。例如，华堂进入国内初期，以生鲜产品销售为优势，后期在其他购物场所及电商的冲击下，优势不再；同时，大多数外资百货的决策和管理在海外，其经营策略很难针对区域市场及时调整，这也是在新形势下百货品牌面对的挑战。那么，这些百货企业到底要如何调整？

分析：电商所提供货品的丰富性，是线下百货无论如何也做不到的，这就把百货业原本的优势一扫而空。电商的特点，一是网购可以随时随地，二是省去店面成本价格低廉。从这两点来看百货业无法与之竞争。上海百货行业提出，无线网络要作为未来新建商场的标配来考虑，和互联网结合起来，创造线上线下无缝衔接的商业模式。怎样发挥线下体验的优势，拿出“拳头”产品和服务是百货行业需要考虑的。

即使没有电商，百货业也在走下坡路，这是由商业理念的落后造成的。电商只是一种手段和方式，百货商业理念满足的需求还停留在20年前，而没有跟上时代的脚步。人不会永远宅在家里，有交往的需求，有体验的需求，有家庭感情联络的需求，这些催生了现在的商业形态。单纯满足购物的百货业态，已经无法满足市场的主流需求。未来消费者的购物习惯会决定另一种零售业态的发展，就是综合类的大型休闲中心，除了购物以外，还能满足消费者餐饮、娱乐的需求，电商让很多人成了宅男宅女，未来，周末走出家门去体验二人世界或是亲子时间，将会是很大的潜在需求。这也是大多数百货企业当前正在使用的转型方向。目前，许多百货商场开始效仿购物中心的运作模式，提高餐饮、休闲、娱乐等配套设施比例，打造一站式消费服务，试图借此来吸引客流，提升人气，增加客户黏性。

(资料来源：http://blog.ceconlinebbs.com/BLOG_ARTICLE_227288.HTM)

2.2.3　便利店

便利店是位于居民区附近的实体店或提供网上购物的虚拟店，是指以经营即时性商品或服务为主，以满足便利性需求为第一宗旨，采取自选式购物方式的小型零售店或网上商店。便利店如图2-3所示。

图 2-3　便利店

1. 便利店的兴起

便利店的兴起缘于超市的大型化与郊外化，超市的变化体现在距离、时间、商品、服务等诸多方面：如远离购物者的居住区，需驾车前往；卖场面积巨大，品种繁多的商品消耗了购物者大量的时间和精力；结账时还要忍受“大排长龙”的等候之苦，以上种种使得那些想购买少量商品或满足即刻所需的购物者深感不便。于是人们需要一种能够满足便利店购买需求的小超市来填补空白。

1927 年美国得克萨斯州的南方公司首创便利店原型，1946 年创造了世界上第一家真正意义上的便利店，并将店铺命名为“7-ELEVEN”；20 世纪 70 年代初，日本伊藤洋华堂与美国南方公司签订特许协议并在东京丰洲推出 1 号店。此后传统型便利店作为一种独特的商业零售业态，在日本得到了飞速发展，其特点也被发挥到极致；20 世纪 90 年代末期进入中国，在中国经济相对发达的沿海大中城市发展较快。随着石油巨头的介入，便利店在地域分布上更趋分散，加油站型便利店在欧美地区也显出了强大的生命力。

2. 便利店的分类

从世界便利店的发展历程来看，通常被划分为两种类型：传统型和加油站型。

1) 传统型

传统型便利店通常位于居民住宅区、学校以及客流量大的繁华地区，营业面积在 50～150 平方米不等，营业时间为 15～24 小时，经营服务辐射半径 500 米左右，经营品种多为食品、饮料，以即时消费、小容量、应急性为主，80%的顾客是目的性购买。

2) 加油站型

加油站型便利店通常是指以加油站为主体开设的便利店，在地域广阔且汽车普及的欧美地区发展较为迅猛，2000 年美国加油站型便利店占行业门店总数的 76.1%。

3. 便利店的特点

1) 距离的便利性

便利店与超市相比，在距离上更靠近消费者，一般情况下，步行 5～10 分钟便可到达。

2) 购物的便利性

便利店商品突出的是即时消费、小容量、急需性等特性。超市的品种通常在 2000～3000 种，与超市相比，便利店的卖场面积小(50～200 平方米)，商品种类少，而且商品陈列简单明了，货架比超市的要低，使顾客能在最短的时间内找到所需的商品。实行进出口同一的服务台收款方式，避免了超市结账排队的现象。据统计，顾客从进入便利店到付款结束平均只需 3 分钟的时间。

3) 时间的便利性

一般便利店的营业时间为 16～24 小时，全年无休，所以有时把便利店称作为消费者提供"Any Time"式的购物服务。

4) 服务的便利性

很多便利店将其塑造成社区服务中心，努力为顾客提供多层次的服务，如速递、存取款、发传真、复印、代收公用事业费、代售邮票、代订车票和飞机票，等等，对购物便利的追求是社会发展的大趋势，这就决定了便利店具有强大的生命力和竞争力。

2.2.4　专业店

专业店是经营某一大类商品为主，并且具有丰富专业知识的销售人员和提供适当售后服务的零售业态。专业店一般包括办公用品专业店、玩具专业店、家电专业店、药品专业店、服饰店等形式。

专业店的特点主要有以下几个。

(1) 选址多样化，多数店设在繁华商业区、商店街或百货店、购物中心内。

(2) 营业面积根据主营商品特点而定。

(3) 商品结构体现专业性、深度性、品种丰富，选择余地大，主营商品占经营商品的 90%。

(4) 经营的商品、品牌具有自己的特色。

(5) 采取定价销售和开架面售。

(6) 从业人员须具备丰富的专业知识。

2.2.5　专卖店

专卖店是专门经营或授权经营某一主要品牌商品(制造商品牌和中间商品牌)为主的零售业态。

专卖店是以专业店为基础发展起来的。随着商标的广泛应用，各国相应地制定了保护商标专用权的法律，这就为经营某种特定品牌产品专卖店的诞生奠定了基础。

专卖店的特点主要有以下几个。

(1) 选址在繁华商业区、商店街或百货店、购物中心内。

(2) 营业面积以著名品牌、大众品牌为主；销售体现量小、质优、高毛利。

(3) 商店的陈列、照明、包装、广告讲究；采取定价销售和开架面售。

(4) 营业面积根据经营商品的特点而定；装修要别具一格。

(5) 注重品牌名声，营业员具备丰富的商品知识，并提供专业知识性服务。

2.3 服务类业态的识别

服务类业态多种多样，主要的业态有酒店、餐饮业和洗衣店等。

2.3.1 酒店

酒店又称为宾馆、旅馆、旅店、旅社、商旅、客店、客栈，台湾地区称作饭店，港澳特区、马来西亚、新加坡等称作酒店。它的基本定义是提供安全、舒适，令使用者得到短期的休息或睡眠的空间的商业机构。一般地说，就是为游客提供住宿服务、生活服务、餐饮、游戏、娱乐、购物、商务中心、宴会及会议等设施。如图 2-4 所示为瑞士的 Allalin 酒店。

图 2-4 瑞士 Allalin 酒店

1. 酒店的发展阶段

生产力的发展促进了酒店行业的发展。首先是货币的产生和商品交易及商人的商业活动的产生，这些活动的产生是酒店开端的必备条件。后来随着商品活动使人类扩大活动的范围，从而产生居住等更多的需求，也就使酒店的基本功能日益增加，这从酒店的四个发展阶段不难发现。

1) 客栈时期

客栈时期产生于 18 世纪前，当时名称是客栈，设备简陋，安全性差，仅能提供住、吃，服务质量差。

2) 豪华酒店时期

豪华酒店时期产生于 19 世纪初，当时英国的产业革命促进了生产力的发展，使人类社会进入工业时代。第一家豪华旅馆别墅在法国建成。此时酒店的接待对象主要是王公贵族、达官显贵、商人、上流社会度假者，接待目的为非营利，常建于城市、铁路沿线。同时由于蒸汽机的出现，商品的进一步丰富，交通也开始发达，从而导致酒店的开设位置有所变化。

3) 商业酒店时期

商业酒店时期在 20 世纪初至第二次世界大战期间，第一家商业酒店在美国出现，其位置位于城市中心或公路旁，此时的酒店已能提供舒适、便利、清洁的服务，安全为服务宗旨，价格合理。此时汽车酒店已开始出现。

4) 现代酒店时期

现代酒店时期始于 20 世纪 40 年代，直到现在。此时的酒店具有一些明显的特点，如酒店连锁经营，使用高科技(在客房装上互联网、使用新型的装饰材料等)；同时，宾客要求酒店提供更为个性化的服务。酒店的市场定位更为专业化、各类型酒店充分。

2. 酒店的分类

根据酒店的经营性质可以分为以下几类。

1) 商务型酒店

它主要以接待从事商务活动的客人为主，是为商务活动服务的。这类客人对酒店的地理位置要求较高，要求酒店靠近城区或商业中心区。其客流量一般不受季节的影响而产生大的变化。商务型酒店的设施设备齐全、服务功能较为完善。

2) 度假型酒店

它以接待休假的客人为主，多兴建在海滨、温泉、风景区附近。其经营的季节性较强。度假型酒店要求拥有较完善的娱乐设备。

3) 主题型酒店

它是以某一特定的主题，来体现酒店的建筑风格和装饰艺术，以及特定的文化氛围，一般历史、文化、城市、自然、神话童话故事等都可成为主题。

4) 长住型酒店

它为租居者提供较长时间的食宿服务。此类酒店客房多采取家庭式结构，以套房为主，房间大者可供一个家庭使用，小者有仅供一人使用的单人房间。它既提供一般酒店的服务，又提供一般家庭的服务。

5) 会议型酒店

它是以接待会议旅客为主的酒店，除食宿娱乐外还为会议代表提供接送站、会议资料打印、录像摄像、旅游等服务。要求有较为完善的会议服务设施(大小会议室、同声传译设备、投影仪等)和功能齐全的娱乐设施。

6) 观光型酒店

它主要为观光旅游者服务，多建造在旅游点，经营特点不仅要满足旅游者食住的需要，还要求有公共服务设施，以满足旅游者休息、娱乐、购物的综合需要，使旅游生活丰富多彩、得到精神上和物质上的双重享受。

7) 经济型酒店

经济型酒店多为旅游出差者预备，其价格低廉，服务方便快捷。特点是快来快去，总体节奏较快，实现住宿者和商家互利的模式。

8) 连锁酒店

连锁酒店可以说是经济型酒店的精品，诸如莫泰、如家等知名品牌酒店，占有的市场份额也是越来越大。

9) 公寓式酒店

公寓式酒店最早始于 1994 年的欧洲，意为“酒店式的服务，公寓式的管理”，是当时旅游区内租给游客，供其临时休息的物业，由专门管理公司进行统一上门管理，既有酒店的性质，又相当于个人的“临时住宅”。这些物业就成了公寓式酒店的雏形。在公寓式酒店既能享受酒店提供的殷勤服务，又能享受居家的快乐，住户不仅有独立的卧室、客厅、卫浴间、衣帽间，等等，还可以在厨房里自己烹饪美味的佳肴。早晨可以在酒店餐厅用早餐；房间由公寓的服务员清扫；需要送餐到房间、出差订机票，只需打电话到服务台便可以解决了，很适合又懒又忙的 IT 小两口。公寓式酒店主要集中在市中心的高档住宅区内，集住宅、酒店、会所多功能于一体。

公寓式酒店根据酒店建筑规模分为以下几种类型。

(1) 一星饭店。设备简单，具备食、宿两个最基本功能，能满足客人最简单的旅行需要，提供基本的服务，属于经济等级，符合经济能力较差的旅游者的需要。

(2) 二星饭店。设备一般，除具备客房、餐厅等基本设备外，还有卖品部、邮电、理发等综合服务设施，服务质量较好，属于一般旅行等级，满足旅游者的中下等的需要。以法国波尔多市阿加特二星旅馆为例，共有 7 层楼房 148 个房间，每个房间有两到三张床，面积 13.5 平方米(包括一个 2.5 平方米的卫生间，有抽水马桶、洗澡盆及淋浴喷头)，房内有冷热风设备、地毯、电话，家具较简单，收费低廉，经济实惠。

(3) 三星饭店。设备齐全，不仅提供食宿，还有会议室、游艺厅、酒吧间、咖啡厅、美容室等综合服务设施；每间客房面积约 20 平方米，家具齐全，并有电冰箱、彩色电视机等；服务质量较好，收费标准较高；能满足中产以上旅游者的需要。这种属于中等水平的饭店在国际上最受欢迎，数量较多。

(4) 四星饭店。设备豪华，综合服务设施完善，服务项目多，服务质量优良，讲究室内环境艺术，提供优质服务；客人不仅能够得到高级的物质享受，也能得到很好的精神享受。这种饭店国际上通常称为一流水平的饭店，收费一般很高，主要是满足经济地位较高的上层旅游者和公费旅行者的需要。

(5) 五星(或四星豪华)饭店。这种旅游饭店设备十分豪华，设施更加完善，除了房间设施豪华外，服务设施齐全；各种各样的餐厅，较大规模的宴会厅、会议厅、综合服务比较齐全；是社交、会议、娱乐、购物、消遣、保健等活动中心；环境优美，服务质量要求很高，是一个亲切快意的小社会；收费标准很高；主要是满足上层资产阶级、政府官员、社会名流、大企业公司的管理人员、工程技术人员、参加国际会议的官员、专家、学者的需要。

【案例分析 2-3】

桔子酒店

桔子酒店是国内知名设计师设计的酒店，成立于 2006 年，目前运营近 30 家酒店，覆盖北京、天津、杭州、南京、大连、宁波、扬州、上海等城市，旗下包括桔子水晶酒店、桔子酒店·精选和桔子酒店三个品牌。桔子酒店品牌的灵感来自于美国加州的桔子郡(Orange County)，从洛杉矶城中心南行至海岸，看到一片阳光灿烂、风光旖旎的海滩和街区，即到了著名的桔子郡。桔子郡是富人扎堆的地方，但并不常见比弗利山庄般的奢侈排场，

更多的是简约、自由、随意的情调和时尚、开放的 Party 氛围。这种温暖的橙色风景可在美国热播的电视剧《桔镇男孩》中有所触及，并让人难忘。

桔子酒店品牌面向中端市场，提供一种预算内的小小奢华。酒店设计上强调将现代设计感和东方人外表的含蓄和内心的躁动结合，是一种含蓄的张扬。其特点是高性价比、个性十足，有国外小精品酒店的设计感，但是设施设备达到了三星级水平。北京桔子酒店都有不同的特色，在东北四环边，现代而古老的酒仙桥望京区域，您可以发现有像北京 798 艺术车间一样的桔子酒店(桔子望京酒店)：一个曾经的大大的厂区里，在草坪和绿树中，一个代表这个历史上汽车配件厂的一个重新油漆过的汽车驾驶室；所有酒店客房都是两层楼，客房有榻榻米形式，也有小错层的套房(loft)，屋外的鱼池和竹池，秋天的窗外一片片红叶。而在北京桔子劲松东酒店，又惊奇地发现另一个不一般的北京酒店，当走进大堂时，玻璃顶下是 10 米高四面纯白的墙壁，墙壁上投影着黑白的卓别林的默片。

2008 年，桔子酒店被美国《旅游家》杂志评为“2008 年中国最酷的规模酒店”。2008 年 12 月，携程网 2008 年度“心级”酒店评选中，桔子酒店成为用户心目中最有价值的中国酒店。携程 1000 万忠实用户进行了国内首次不按酒店“星级”而是按“心级”进行评选——即客户认可的价值的评选。共有 7000 家携程签约酒店参加评选，包括上百家五星级豪华酒店，桔子酒店的价值得到了携程用户的认可。北京酒店前五名全部是桔子酒店，前五名之外才是一些高星级酒店，在其他城市，桔子酒店也都是独占鳌头。2009 年 2 月，桔子酒店被《第一财经周刊》提名“炫服务”品牌。《第一财经周刊》对桔子酒店的评语是：“他们正在努力使酒店成为一件艺术品。他们不仅提供干净舒适的下榻酒店服务，并且让旅行生活充满格调和创意。”

分析：桔子酒店在国内的成功在于它的特色创新。

(1) 简约，并不等于简单。桔子酒店定位于时尚、简约的美式全球连锁酒店，自从由 Mandarin Holdings 引入中国以后，就一直坚持自己的时尚路线，以区别于那些简单提供住宿服务的低星级宾馆和一些由招待所直接演变而成的商旅酒店。桔子酒店坚信简约并不等于简单，并由此赋予酒店以新的概念，即除了满足基本住宿需求以外，还有时尚的氛围可给予房客好的心情。因此，桔子酒店特别适合那些在乎住宿品质和住宿心情的商旅客人，而经济合理的价格也不会使大多数人望而却步。

(2) 时尚，但排斥奢侈。桔子酒店追求的时尚并不是奢侈，而是一种建立在便捷和舒适基础上的文化氛围。这包括橙色斑斓的大堂，水彩画与镜子装点的走廊，安静、纯白一体的浴室，弥漫在走廊中的轻音乐，以及原本属于部分星级酒店才配备的液晶电视和无线上网等科技设施。这一切皆为了创造一个充满自由格调的环境，一种尊重创意渴望差异的文化氛围和为商旅生涯体贴至深的人性关怀。

(资料来源：http://baike.baidu.com)

2.3.2 餐饮业

按欧美《标准行业分类法》的定义，餐饮业是指以商业营利为目的的餐饮服务机构。在我国，据《国民经济行业分类注释》的定义，餐饮业是指在一定场所，对食物进行现场烹饪、调制，并出售给顾客主要供现场消费的服务活动。餐饮业主要分为饭店、餐馆、自助餐、快餐、冷饮五大类。

1. 饭店

具体地说，饭店是以它的建筑物为凭证，通过出售客房、餐饮及综合服务设施向客人提供服务，从而获得经济收益的组织。

随着世界旅游业发展及国际交往的增多，饭店业在国民经济中的地位日趋重要，在一些旅游业发达的国家，已成为国民经济中的重要支柱。其对促进国民经济发展的重要作用，主要体现在以下几个方面。

(1) 饭店以一种特殊的商品形式，吸引着人们用较多的钱去享受在家庭和其他地方享受不到的东西，以提供贸易场地、会议场所、住宿、餐饮、健身及娱乐等优良服务来获得营利，促进了国家经济的发展。

(2) 饭店是一种不出口的商品外贸经营方式，它的创汇率在某种程度上比商品出口的创汇率要高。因此，饭店是赚取外汇的一个重要行业，它可以帮助国家平衡外汇支出。

(3) 饭店业是一个综合性的服务行业，它的大力发展必然会促进社会上其他行业的发展，如建筑业、家私业、装修业、纺织业、化工业、食品加工业等。对活跃国民经济能起到极大的促进作用。

(4) 现代化的饭店必须要运用现代化的科学技术设备及现代化的科学管理，本国和本地区未达到的必然要向先进的国家和地区引进，其他行业可以学习、模仿和借鉴，这样就必然会带动其他行业向现代化迈进。

(5) 饭店的客人来自世界各地，他们中有各行业、各阶层的人士，有科学家、艺术家、政治家、企业家，等等，通过他们的来访可以促进科学技术交流、文化艺术交流、经济交流，同时也可以增进各国人民之间的相互了解和友谊。

(6) 饭店业的发展，扩大了就业范围，给社会上的待业人员提供了大量的劳动就业机会。

2. 餐馆

(1) 中餐馆。中餐是指具有中国风味的餐食菜肴。中餐馆是指外食者到具有中国风味的餐馆用餐的场所。中餐有粤菜、川菜、鲁菜、淮扬菜、浙菜、闽菜、湘菜、徽菜“八大菜系”。除“八大菜系”外还有一些在中国较有影响的菜系，如东北菜、冀菜、豫菜、鄂菜、本帮菜、客家菜、赣菜、京菜、清真菜等菜系。

(2) 西餐厅。西餐是对西方餐饮文化的统称。我们所说的“西方”习惯上是指欧洲国家和地区，以及由这些国家和地区为主要移民的北美洲、南美洲和大洋洲的广大区域，因此西餐主要指的便是以上区域的餐饮文化。西餐厅是指外食者到具有西餐风味的餐馆用餐的场所。西餐的主要特点是主料突出，形色美观，口味鲜美，营养丰富，供应方便等。如何品味西餐文化？研究西餐的学者们经过长期的探讨和总结认为：吃西餐应讲究以下六个“M”。第一个是“Menu(菜谱)”，第二个是“Music(音乐)”，第三个是“Mood(气氛)”，第四个是“Meeting(会面)”，第五个是“Manner(礼俗)”，第六个是“Meal(食品)”。

3. 自助餐

自助餐，有时亦称冷餐会，是目前国际上所通行的一种非正式的西式宴会，在大型的商务活动中尤为多见。它的具体做法是，不预备正餐，而由就餐者随意在用餐时自行选择

食物、饮料，然后或立或坐，自由地与他人在一起或是独自一人用餐。自助餐之所以称为自助餐，主要是因其可以在用餐时调动用餐者的主观能动性，而由其自己动手，自己帮助自己，自己在既定的范围之内安排选用菜肴。至于它又被叫作冷餐会，则主要是因其提供的食物以冷食为主。当然，也适量地提供一些热菜，或者提供一些半成品由用餐者自己进行加工。自助餐以其形式多样、菜式丰富、营养全面、价格低廉、用餐简便的特点而深受消费者喜爱。

4. 快餐

快餐是指由商业企业快速供应、即刻食用、价格合理以满足人们日常生活需要的大众化餐饮，如汉堡包、盒饭等。快餐具有快速、方便、标准化、环保等特点，可以充当主食。目前快餐已成为了一种生活方式，并因此出现了“快餐文化”和“速食主义”。快餐按经营方式、工业化程度可分为：传统快餐、现代快餐；按菜品风味可分为：中式快餐、西式快餐、中西合璧式快餐、其他快餐；按品种形式可分为：单一品种快餐、组合品种快餐。目前中国快餐行业发展迅速，总体运行情况良好，市场稳步增长。中外快餐企业竞争升级，不少企业开始进入扩张提速阶段。

5. 冷饮

目前，冷饮业的销售形式有冰激凌店、冷饮店；有以提供牛奶及饮料为主的乳品店；各种咖啡厅(屋、馆)；各类茶馆；各类酒吧、酒馆；其他形式的饮料服务。现在一些冷饮店、咖啡店以高雅的装修格调或是连锁的经营方式，呈现出崭新的经营风貌。

【同步阅读 2-2】

餐饮业连锁经营的选址模式分析

在我国，连锁经营企业正以平均每年 114 %的速度发展，全国已有连锁经营店 1.5 万余家。几乎所有的行业都可以用连锁店的方式来经营，特别是在餐饮行业。餐饮行业发展连锁经营有着很好的前景，其市场潜力非常可观。餐饮行业进行连锁经营，其连锁店的位置对连锁店的经营有着决定性的影响，选址不当，将导致经营的失败。在餐厅连锁店选址的过程中，必须对所选定的潜在地址的相关因素进行详细的分析，影响餐厅连锁企业营业地址选择的因素从宏观上讲包括地理因素、社会因素、文化因素、经济因素和市场因素等，具体来讲包括以下内容。

1. 地区经济。饮食消费是在人们有足够的资金满足日常衣、食、住、行等基本需要之后的可自由支配资金的消费。一个地区人们的收入水平、物价水平都会影响到人们可供消费的金钱数量和他们必须支付的价格。一般地，当人们的收入增加时，人们愿意支付更高价值的产品和服务，尤其在餐饮消费的质量和档次上会有所提高，因此餐厅连锁企业一般应选择在经济繁荣、经济发展速度较快的地区。

2. 区域规划。在确定餐厅连锁店之前，必须要向当地有关部门咨询潜在地点的区域建筑规划，了解和掌握哪些地区被分别规划为商业区、文化区、旅游区、交通中心、居民区、工业区等资料。因为区域规划往往会涉及建筑物的拆迁和重建，如果未经了解，盲目地选定连锁企业，在成本收回之前就遇到拆迁，会使企业蒙受巨大的经济损失，或者失去原有

的地理优势。同时，掌握区域规划后便于我们根据不同的区域类型，确定不同的经营形式和经营规格等。

3. 文化环境。文化教育、民族习惯、宗教信仰、社会风尚、社会价值观念和文化氛围等因素构成了一个地区的社会文化环境。这些因素影响了人们的消费行为和消费方式，决定了人们收入的分配方向。一般而言，文化素质高的人，对餐饮消费的环境、档次的要求比文化素质低的人要高。文化环境的不同，影响连锁经营的规格和规模。

4. 消费时尚。一段时期的流行时尚，往往能在很大程度上影响消费者的消费方式和方向。随着人们消费水平的提高、卫生观念的增强，人们在餐饮消费上越来越注意就餐的环境卫生，这样外表装修美观、舒适、洁净的连锁餐厅就越来越为人们所接受。

5. 竞争状况。一个地区餐饮行业的竞争状况可以分成两个不同的部分来考虑。一是直接竞争的评估，即提供同种经营项目，同样规格、档次的餐饮企业可能会导致的竞争，这对餐饮企业来说，是消极的。二是非直接竞争，包括不同的经营内容和品种，或同样品种、不同规格或档次的餐饮企业，这类竞争有时起互补作用，对餐饮企业是有利的。在选择连锁经营区域时，如果无任何一种形式的竞争，将具有垄断地位；如果有任何一种形式的竞争，都是值得连锁经营集团在投资前认真研究和考虑的。竞争既是一种威胁，又是一种潜在的有利条件，只要把竞争对手作为一面镜子认真分析其优势或劣势，就便于我们在竞争中掌握主动。

6. 地点特征。地点特征是指与餐饮经营活动相关的位置特征。例如，餐饮企业经营所在的区域，如政治中心、购物中心、商业中心、旅游中心以及饮食服务区的距离和方向。连锁餐厅所处的地点直接影响餐厅经营的项目和服务内容。

7. 街道形式。这个因素主要考虑到街道和交通的形式会吸引人们到这个地方来，还是他们因旅游而使人口发生移动。

8. 交通状况。关于目标地点的街道交通状况信息可以从公路系统和当地政府机关获得。如果交通的数据最近还没有被统计出来，那么，可以选取一天中最有意义的样本数据作为参考。交通状况的计算往往在中午、周末的晚上和星期天。在一段时间内统计的数据应去除那些带有偏见的结果。晚餐时间的统计可能会由于靠使用长期车票的人的交通产生很大的影响。交通状况往往意味着客源，获得本地区车辆流动的数据以及行人的分析资料，以保证餐厅建成以后，有充足的客源。

9. 规模和外观。餐厅位置的地面形状以长方形、方形为好，必须有足够大的空间容纳建筑物、停车场和其他必要设施。三角形或多边形的地面除非它非常大，否则是不足取的。同时，在对地点的规模和外观进行评估时也要考虑到未来消费的可能。

10. 餐厅的可见度和形象特征。餐厅的可见度是指餐厅位置的明显程度。也就是说，无论顾客从哪个角度看，都可以获得对餐厅的感知。餐厅可见度是由从各地往来的车辆和徒步旅行的人员的视角来进行评估的，这对于坐落于交通拥挤的高速公路旁的地点是重要的。餐厅的可见度往往会影响到餐厅的吸引力。同时，餐饮企业无论从经营内容、方式、菜品质量、服务、装潢等方面，还是在所选地址上都应具有明显的、突出的形象特征。对坐落在拥挤的商业中心的连锁餐厅尤为重要，形象特征会增加整个连锁企业集团的吸引力。

(资料来源：http://www.docin.com/P-1007359031.html)

2.3.3 洗衣店

洗衣店是指一种专门为大众提供服装洗涤服务的商业形态，洗衣服务商把自己开发的产品系统、服务系统、技术系统、品牌系统(包括商标、商号)，以服务化的形式，转化成干净的能再穿的衣服，延长衣物的使用寿命，保障穿着的美观，让更多的人享受到干净的、整洁的衣服。

洗衣店的服务项目有以下几种。

1. 干洗

(1) 环保全封闭设备，无磷洗涤。
(2) 不同的面料采取不同的洗涤方式，最大化保护面料。
(3) 洗涤更轻松、环保、健康。
(4) 快速洗衣，快速取件。

2. 水洗

(1) 全自动悬浮、变频式精洗设备。
(2) 专业的水洗辅助清洗剂，对织物纤维精心护理。
(3) 深层次去除纤维内部的污渍。
(4) 消毒、杀菌，使人穿着更健康。

3. 专业去渍

(1) 先进的去渍技术。
(2) 四步法去除各种污垢、顽渍。
(3) 色素污渍的去除方法，不损伤衣物面料。

4. 熨烫

(1) 根据最新潮流的衣物整形要求，专业手工精整熨烫。
(2) 人像机定型整烫。

5. 消毒

(1) 洗前消毒，阻止衣物相互交叉感染。
(2) 洗后消毒，紫外线加臭氧双重彻底杀灭有害病菌。

6. 包装

精美、漂亮的折叠，成套包装，层次鲜明、立体美观，妥善保护洗后衣物，防止再污染。

7. 其他服务

(1) 精心织补：高级专家亲手操作，国际流行修整规则，优质、高效、快捷、收费合理。
(2) 佩饰增补：名品佩饰，精心选配，精工增补，力求完美。
(3) 织物染色：专业染整设备；整体拔色、染色处理；局部染色修复。
(4) 皮革清洗护理：美国皮革护理材料和护理技术。光面、绒面/磨砂、皮毛一体，精心手工清洗/专业干洗养护，加脂处理，上色处理，手感处理，增光处理，封闭处理；裂面修复，补伤，改色；疑难皮草处理。

【项目小结】

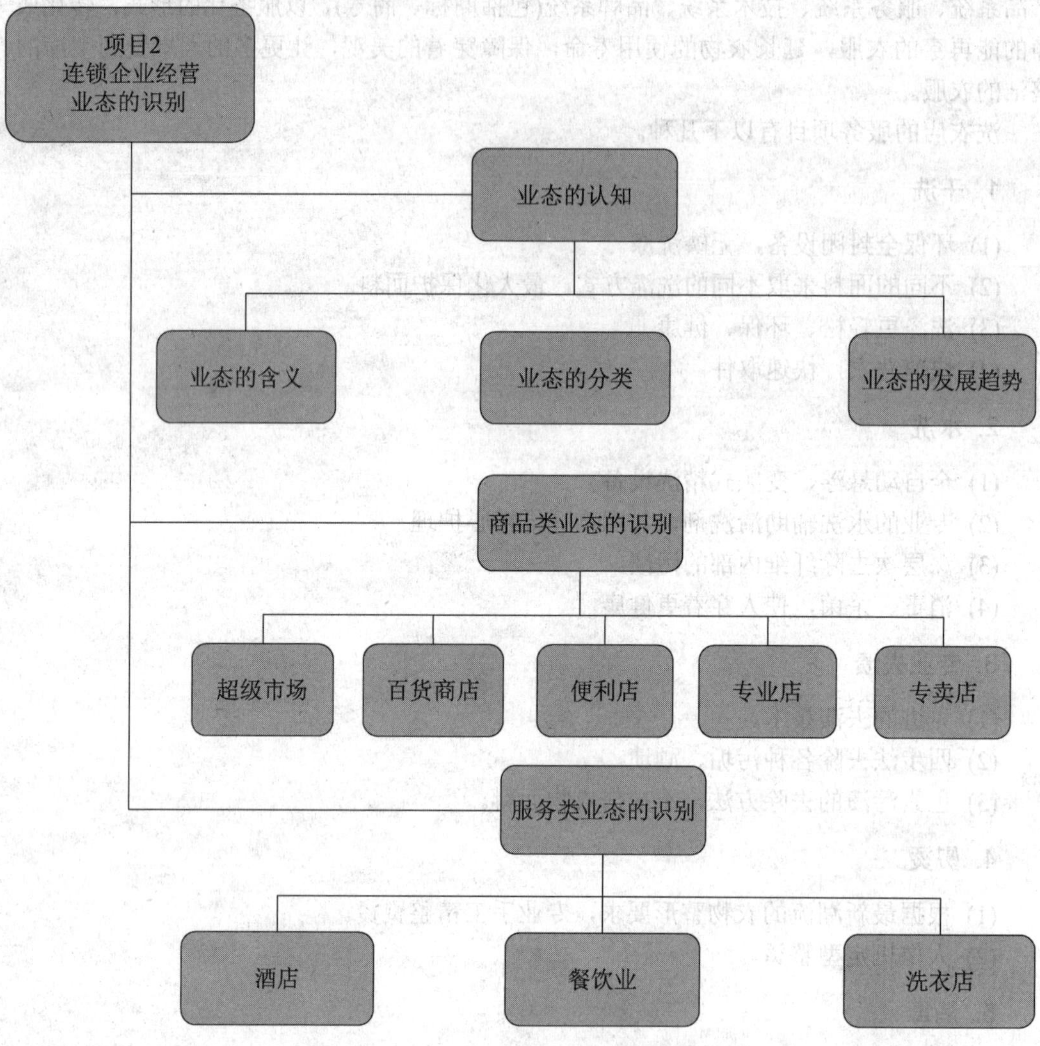

- 项目2 连锁企业经营业态的识别
  - 业态的认知
    - 业态的含义
    - 业态的分类
    - 业态的发展趋势
  - 商品类业态的识别
    - 超级市场
    - 百货商店
    - 便利店
    - 专业店
    - 专卖店
  - 服务类业态的识别
    - 酒店
    - 餐饮业
    - 洗衣店

【扩展阅读】

泰国东方饭店成功的秘诀

泰国的东方饭店堪称亚洲饭店之最，几乎天天客满，不提前一个月预定是很难有入住机会的，而且客人大都来自西方发达国家。泰国在亚洲算不上特别发达，但为什么会有如此诱人的饭店呢？泰国东方饭店靠的是非同寻常的客户服务，也就是现在经常提到的客户关系管理。

东方饭店非同寻常的客户服务可以通过以下这个实例来说明。

一位朋友因公务经常出差泰国，并下榻在东方饭店，第一次入住时良好的饭店环境和服务就给他留下了深刻的印象，当他第二次入住时几个细节更使他对饭店的好感迅速升级。

那天早上，在他走出房门准备去餐厅的时候，楼层服务生恭敬地问道："于先生是要用早餐吗？"于先生很奇怪，反问："你怎么知道我姓于？"服务生说："我们饭店规定，晚上要背熟所有客人的姓名。"这令于先生大吃一惊，因为他频繁往返于世界各地，入住过无数高级酒店，但这种情况还是第一次碰到。

于先生高兴地乘电梯下到餐厅所在的楼层，刚刚走出电梯门，餐厅的服务生就说："于先生，里面请。"于先生更加疑惑，因为服务生并没有看到他的房卡，就问："你知道我姓于？"服务生答："上面的电话刚刚下来，说您已经下楼了。"如此高的效率让于先生再次大吃一惊。

于先生刚走进餐厅，服务小姐微笑着问："于先生还要老位子吗？"于先生的惊讶再次升级，心想："尽管我不是第一次在这里吃饭，但最近的一次也有一年多了，难道这里的服务小姐记忆力那么好？"看到于先生惊讶的目光，服务小姐主动解释说："我刚刚查过电脑记录，您在去年的6月8日在靠近第二个窗口的位子上用过早餐。"于先生听后兴奋地说："老位子！老位子！"小姐接着问："老菜单？一个三明治，一杯咖啡，一个鸡蛋？"现在于先生已经不再惊讶了，"老菜单，就要老菜单！"于先生已经兴奋到了极点。

上餐时餐厅赠送了于先生一碟小菜，由于这种小菜于先生是第一次看到，就问："这是什么？"服务生后退两步说："这是我们特有的某某小菜。"服务生为什么要先后退两步呢，他是怕自己说话时口水不小心落在客人的食品上，这种细致的服务不要说在一般的酒店，就是美国最好的饭店里于先生都没有见过。这一次早餐给于先生留下了终生难忘的印象。

后来，由于业务调整的原因，于先生有三年的时间没有再到泰国去，在于先生生日的时候突然收到了一封东方饭店发来的生日贺卡，里面还附了一封短信，内容是：亲爱的于先生，您已经有三年没有来过我们这里了，我们全体人员都非常想念您，希望能再次见到您。今天是您的生日，祝您生日愉快。于先生当时激动得热泪盈眶，发誓如果再去泰国，绝对不会到任何其他的饭店，一定要住在东方饭店，而且要说服所有的朋友也像他一样选择。于先生看了一下信封，上面贴着一枚六元的邮票。六块钱就这样买到了一颗心，这就是客户关系管理的魔力。

东方饭店非常重视培养忠实的客户，并且建立了一套完善的客户关系管理体系，使客户入住后可以得到无微不至的人性化服务，迄今为止，世界各国的约20万人曾经入住过那里，用他们的话说，只要每年有十分之一的老顾客光顾，饭店就会永远客满。这就是东方饭店成功的秘诀。

(资料来源：https://wenku.baidu.com/view/32232f8471fe910ef12df857.html)

【同步测试】

一、单项选择题

1. 便利店是指(　　)。

A. 以满足顾客便利性需求为主要目的的零售业态

B. 店铺装修简单，提供有限服务，商品价格低廉的一种小型超市业态

C. 开架售货，集中收款，满足社区消费者日常生活需要的零售业态

D. 实际营业面积6000平方米以上，品种齐全，满足顾客一次性购齐的零售业态

2. 网上商店是指(　　)。

A. 以电视作为向消费者进行商品推介展示的渠道，并取得订单的零售业态

B. 以邮寄商品目录为主向消费者进行商品推介展示的渠道，并通过邮寄的方式将商品送达给消费者的零售业态

C. 通过互联网进行买卖活动的零售业态

D. 通过售货机进行商品售卖活动的零售业态

3. (　　)被称为零售业的第三次革命。

A. 百货商店　　B. 超级市场　　C. 便利店　　D. 专业店

4. (　　)是指经营包括服装、鞋帽、首饰、化妆品、装饰品、家电、家庭用品等众多种类商品的大型零售商店。

A. 超级市场　　B. 便利店　　C. 专业店　　D. 百货商店

5. (　　)酒店多为旅游出差者预备，其价格低廉，服务方便快捷。

A. 经济型　　B. 观光型　　C. 会议型　　D. 度假型

二、多项选择题

1. 商品类的业态主要有(　　)。

A. 超级市场　　B. 百货商店　　C. 便利店　　D. 酒店

2. 百货商店的特点有(　　)。

A. 选址在城市繁华区，交通要道

B. 购物环境优美，服务体系完善

C. 经营的商品、品牌具有自己的特色

D. 优良的企业形象

3. 酒店的分类有(　　)。

A. 商务型酒店　　B. 度假型酒店　　C. 主题型酒店　　D. 长住型酒店

4. 现代零售业态的发展趋势有(　　)。

A. 连锁化　　B. 细分化　　C. 科技化　　D. 网络化

5. 便利店的特点有(　　)。

A. 距离的便利性　　B. 购物的便利性　　C. 时间的便利性　　D. 服务的便利性

三、简答题

1. 有店铺零售业态包括哪些种类？
2. 超级市场的特点有哪些？
3. 酒店的分类有哪些？
4. 吃西餐应讲究哪几个“M”？
5. 洗衣店的服务项目有哪些？

四、案例分析题

据中国连锁经营协会此前发布的《中国便利店发展报告(2014)》显示，从 2013 年起，便利店业态开始逆势增长，进入二次扩张时期。报告指出，2013 年，中国零售业继续遭受经济增速放缓影响，百货店整体增速为 9.6%，大型综合超市和超市增速为 7.8%，而便利店行业的主要代表企业的销售额增速则为 18.2%，远高出其他业态。同时，新进业者以二、三线城市为中心开始加速布局。各企业扎堆进入便利店领域是市场需要。重视社区、重视贴近消费者的终端是零售行业的趋势。虽然中国便利店市场在数量和密度上达到了一定的高

度，但便利店市场还没到饱和状态，也远远达不到成熟状态。据中国连锁经营协会发布的“中国城市便利店指数”显示，上海是我国便利店竞争最为激烈的市场，平均每 3000 人拥有一家便利店。但由于我国便利店渠道的区域分布极不平衡，从我国便利店的整体水平来看，饱和度仍旧处于较低水平，大部分城市每 5000 人以上才拥有一家便利店，有的城市则达到 2 万甚至 3 万人才拥有一家便利店。时代在变，商业模式也需要不断变化，便利店从“杂货店”到“杂货+快餐”，再到“杂货+快餐+社区服务”的 O2O 模式，一定会是未来的主流模式。

(资料来源：http://blog.ceconlinebbs.com/BLOG_ARTICLE_228549.HTM)

思考题：

请谈谈便利店的特点和未来发展趋势是什么？

【项目实训】

实训项目：商品类业态连锁企业的实地调研

零售业态是指零售企业为满足不同的消费需求进行相应的要素组合而形成的不同经营形态。请各位同学分组对当地的商品类业态：连锁超市、连锁百货店、连锁便利店、连锁专业店、连锁专卖店多业态连锁企业进行实地调研。

实训目的：

熟悉和了解不同商品类业态连锁企业的基本特征、运营状况和经营特点。

实训内容：

(1) 以小组为单位调查一家商品类业态的连锁企业，并获取企业的相关资料。
(2) 分析并提交一份连锁企业的调研报告。

实训要求：

实训要求具体如表 2-3 所示。

表 2-3　实训要求

训练项目	训练要求	备　注
收集所调查商品类业态连锁企业的相关资料	掌握连锁超市、连锁百货商店、连锁便利店、连锁专业店、连锁专卖店的相关内容。 通过网络、实地调研、访谈等多种方式收集获取资料。 培养收集信息资料的能力	以学生小组为单位，6～8 人组成一个小组实地走访，完成此任务
分析所调查的商品类业态连锁企业的相关资料	结合内外部环境，分析所调研企业的基本特征、运营状况和经营特点。 培养团队合作的能力	学生分组讨论，分析该企业现状
提出所调查的商品类业态连锁企业的调研报告	1. 撰写调研提纲，列出调研重点，完成调研报告。 2. 培养运用理论知识解决实际问题的能力	学生分组讨论，各小组以 PPT 形式提交一份调研报告，教师点评，学生互评

项目 3　连锁企业组织结构与岗位的认知

【学习目标与要求】

- 掌握连锁企业组织结构设计的原则、要求、程序和主要类型。
- 掌握连锁总部、连锁门店、配送中心的主要职能。
- 掌握连锁企业门店主要岗位的职能。

【引导案例】

屈臣氏集团的直营连锁

屈臣氏集团——全球第三大保健及美容产品零售集团，去过的人真切地享受到它舒适的购物体验，没去过的对它“个人护理专家”的大名也是如雷贯耳。屈臣氏是长江和记有限公司旗下屈臣氏集团以保健及美容为主的一个品牌。屈臣氏集团(香港)有限公司(A.S. Watson Group (Hong Kong) Ltd.)创建于 1828 年，是长江和记有限公司旗下的国际零售及食品制造机构，业务遍布 24 个国家/地区，共经营超过 12 000 间零售商店，聘用 117 000 名员工。集团涉及的商品包括保健产品、美容产品、香水、化妆品、日用、食品、饮品、电子产品、洋酒及机场零售业务。屈臣氏在中国 200 多个城市拥有超过 1000 家店铺和 3000 万名会员，是中国目前最大的保健及美容产品零售连锁店。屈臣氏不会开展特许加盟来加快开店速度，无论是集团旗下的屈臣氏个人护理商店还是百佳超市，全部以直营方式拓展市场，因为加盟店的管理容易失控，所以屈臣氏是不会接受个人加盟的，只能是直营方式进入一个城市，而且对于地址的选择有很严格的要求，包括经营场所的面积、人流量，等等。屈臣氏个人护理商店是屈臣氏集团最先设立的零售部门，在 8 个国家和地区拥有 700 间个人护理连锁零售店，成为亚洲最大的保健及美容产品零售连锁集团，其业务范围覆盖中国大陆、香港地区、澳门地区、台湾地区以及新加坡、泰国、马来西亚及菲律宾，为每周平均总数高达 200 万的顾客提供最大的购物乐趣。

所谓直营连锁，是指连锁的门店由连锁公司全资或控股开设，在总部的直接控制下，开展统一经营、利益独享、风险独担的一种高度统一的商业经营形式。屈臣氏集团在多地出资设店，各分店的所有权都由总公司所有。屈臣氏集团总部负责连锁公司在人事、财务、投资、分配、采购、定价、促销、物流、商流、信息等方面的高度集中统一管理经营，而店铺只负责销售业务。屈臣氏集团采取直营形式是因为容易控制各店，统一经营管理有利于发挥整体优势，占有市场；整体实力雄厚，有利于同金融界和生产商打交道；集中采购的方式使集团从整体上获得成本优势；集团的政策也具有较大的自主性、灵活性和方便性。

屈臣氏集团发展迅速，现在已具有庞大的资产，存在较高的经营风险；各分店没有自主权，各分店的积极性、创造性和主动性受到限制；集团管理系统庞大，导致管理成本高；总部远离市场，而处于市场第一线的分店权力受限，不能灵活应对市场变化。

(资料来源：http://www.docin.com/p-1469877560.html)

思考题：

结合案例谈谈屈臣氏集团的组织结构类型是什么？其优点与缺点分别是什么？

3.1 连锁企业组织结构

组织结构是指一个组织内构成要素之间确定的关系形式，或者说是一个组织内各要素的排列组合方式。它主要涉及工作任务如何进行分工、分组和协调合作，具体有部门构成、基本岗位设置、权责关系、业务流程、管理流程以及内控机制等。组织结构设计的出发点与依据是企业目标；组织结构的本质是员工的分工协作关系；组织结构的核心内容是权责关系的划分。

连锁企业组织结构是指连锁企业全体员工为实现企业目标而进行的分工协作，在职务范围、责任、权力方面所形成的结构体系。

无论哪种形式的连锁经营企业，其基本的组织结构都由两个部分组成：连锁总部和连锁门店。另外，根据具体经营模式，有的连锁企业还设有自己的配送中心。

连锁总部是连锁企业的最高层组织，是连锁经营的指挥领导层、经营决策层和后勤服务层。通过总部的标准化、专业化、集中化管理使门店的作业单纯化、简单化和高效化，这是连锁总部管理的最高原则。连锁门店是连锁经营的基础，承担具体的销售功能。配送中心是连锁经营企业的物流机构，是促进连锁经营成功的保证。

如果是直营连锁，总部和门店是上下级关系；如果是加盟连锁，则总部和门店之间是一种经济合同关系，在法律上是平等关系，在业务上是合作关系，在运营上是指导与被指导的关系。

3.1.1　连锁企业组织结构设计的原则

1. 目标化原则

企业组织结构设计的根本目的，是为实现企业的战略任务和经营目标服务的，这是一条最基本的原则。组织结构的全部设计工作必须以此作为出发点和归宿点，即企业任务、目标同组织结构之间是目的同手段的关系。因此，衡量连锁企业组织结构设计的优劣，要以是否有利于实现企业目标、任务作为最终的标准。

2. 职能化原则

职能化原则是现代连锁企业在组织结构设计时需重点考虑的原则，要求是同类职务合并，不相容职务分离，要保证事事有专人管，人人有明确的事做，分工合理、权责明确。同时集权与分权相结合，在专业分工的基础上保障协调配合，并根据不同时期经营业务的发展情况以及组织规模的发展变化对组织结构及时加以修订和调整，使连锁经营组织结构逐步趋向合理和完善。

3. 统一化原则

连锁企业里每个环节的责任人均应明确，一个下级只能接受一个上级的命令和指挥，一个部门不能受到多头指挥。企业应将管理的各个职务形成一个连续的等级链，明确规定链中每个职务之间的责任、权力关系，上下级之间的上报下达，都要按层次进行，禁止越级指挥或越权指挥。

4. 适度化原则

连锁企业的管理层次采取适当的扁平化管理，设计适度的管理层次。管理层次太多，可能会造成沟通不畅；管理层次太少，又可能造成管理幅度过宽，从而影响管理力度。在确定连锁企业不同领导的管理幅度时，应视不同职位有所不同。一般而言，职位越高，管理幅度越窄；职位越低，管理幅度越宽。

5. 规范化原则

连锁企业在设计组织结构时，不仅要确定设置多少机构、各机构的职能和责权范围以及应设置的岗位数，而且还要详细制定每个岗位的规范。岗位规范应明确该岗位的业务范围、职权范围、工作量、上岗条件、工作标准和职业道德等方面的内容，并根据岗位规范的要求实行岗位责任制，以调动员工的积极性和创造性。

6. 信息化原则

连锁企业经营成败在很大程度上取决于信息的采集、处理和利用水平，因此组织结构的设计应充分考虑到其要便于迅速传递真实的信息。通常，连锁经营企业是趋于扁平化的：纵向命令的阶层减少，效率提高，成本降低；横向上部门增加，分工明确，各司其职。

3.1.2　连锁企业组织结构设计的要求

1. 与经营环境相匹配

环境因素对连锁企业组织结构的影响是通过企业经营战略的调整和变化来实现的。处于动荡多变环境中的企业与处于相对稳定环境中的企业相比，其组织结构应具有更强的弹性和适应性；而处于相对稳定环境中的连锁企业通常要求组织较为正规，相对集权。例如，连锁经营百货商店由于各地消费差异较大而不得不采取更大程度的分权组织，而连锁经营便利店、超级市场、快餐店由于地区之间消费差异不大而可以更大程度地集权。此外，环境不确定还会影响企业是否能与其他组织建立战略联盟、控股或参股、业务外包等。

2. 符合企业的战略要求

企业战略描述确定了企业的经营宗旨、市场定位、基本竞争战略和发展战略，企业在进行组织结构设计时，必须考虑到企业战略所决定的企业业务类型是什么。连锁经营企业的发展战略则决定了企业是采取何种连锁模式，是直营连锁、自由连锁，还是特许连锁。不同的连锁模式或混合模式则要求在进行组织结构设计时要有所不同。发展战略还确定了企业是多元化发展还是专业化发展。多元化发展的连锁经营企业组织结构通常采取分权的事业部形式，以利于各业务模块积极性的发挥；专业化发展的连锁经营企业组织结构则通

常应采用集权的直线职能制形式，以加强控制。

3. 与企业规模发展相一致

连锁企业的发展与规模对组织结构的设置有直接影响。当企业规模较小时，所设置的结构不多，管理职能也较单一。企业规模扩大以后，活动内容越来越多，范围越来越大，就有必要调整企业的组织机构设置。一方面要进一步分工细化，增加部门与岗位数量，增大协调与沟通的工作量，在管理层次上也需要相应增加，分权增多。当门店数量发展到一定程度时，管理也要发生根本性变化。例如，当连锁企业发展到 100 家或者 1000 家以上门店时，必须对组织结构进行重新调整。

3.1.3　连锁企业组织结构设计的程序

连锁企业组织系统的设立，一般情况下是先设立总部，再设立分部，配送中心则是连锁企业发展到一定规模时才逐步建立的。对于组织具体的运作部门，一般依照下列 5 个步骤设立。

1. 明确任务

组织战略所描述的组织目标是组织设计的基本出发点，一个连锁经营企业通常要面对包括开店与选址、商品采购、运输配送、库存、标价陈列、门店维护、防损安全、顾客调查、处理顾客投诉、收银财务、退货、销售预测、预算等任务，需要根据组织所需将所有任务都罗列出来。

2. 任务分工并确定对象

工作分类可通过职能、商品类型、地理区域等划分，或者综合采用以上参数。按照职能划分将工作划分为不同业务领域；按产品类型划分则以商品或服务类型为基础划分；按地理区域划分则以不同性质商圈进行划分。工作分类后则要确定任务分工，确定是由企业自己独立完成还是由第三方物流、生产商共同完成；同时，还要对企业内部专业化分工确定具体岗位及应承担的工作。

3. 设立组织机构

根据连锁经营企业的战略目标建立有利于任务完成的且有一定灵活性的组织架构。根据工作职能分别设计连锁总部的职能部门、门店的职能部门、配送中心的职能部门，并建立各个部门的管理层次和管理幅度。

4. 通过组织整合各岗位

进一步梳理各部门的职责范围，并进行相应授权，明确相互的管理与汇报关系，建立畅通的信息沟通渠道，设计业务流程、管理流程，建立与企业使命和愿景相适应的组织文化，以保证组织结构有效运转。

5. 形成组织机构图

连锁企业经过整合、协调，明确管理层次、管理幅度、管理岗位及职责等，使其组织结构得以稳定下来，形成连锁企业组织机构图。然后，企业根据各部门的工作性质，确定任职人员的素质要求，再通过招聘等方式为各个部门配备人员，并明确其职务、职称和职责。

在具体运营过程中，随着企业经营规模不断扩张、技术升级和公司战略的调整，组织不断整合与协调，形成相对较为稳定的组织结构和具有一定稳定性的企业组织结构图。

【同步阅读 3-1】

组织架构变革的主要影响因素

适宜、高效的组织架构能够最大限度地释放企业的能量，使组织更好地发挥协同效应，达到合理的运营状态。相反，组织架构不合理会严重阻碍企业的正常运作，甚至导致企业经营的彻底失败。很多企业正承受着组织架构不合理所带来的损失与困惑。组织内部信息传导效率降低、失真严重；企业做出的决策低效甚至错误；组织部门设置臃肿；部门间责任划分不清，导致工作中互相推诿、互相掣肘；企业内耗严重；等等。要清除这些企业病，只有通过组织架构变革来实现。以下主要阐述影响企业组织架构变革的主要因素。

一、企业战略

企业的组织架构是其实现经营战略的主要工具，不同的战略要求不同的结构。一旦战略形成，组织架构应做出相应的调整，以适应战略实施的要求。著名管理学者艾尔弗雷德·D·钱德勒(Alfred D.Chandler)指出：战略决定结构。

战略选择的不同能在两个层次上影响组织的结构：不同的战略要求开展不同的业务活动，这会影响管理的职能结构；战略重点的改变，会引起组织的工作重点转变以及各部门在组织中重要程度的改变，因此要求对各管理部门之间的关系作相应的调整。

企业实行多元化战略，意味着企业的经营内容涉及多方面业务，高度多元化的战略要求组织架构更加灵活。这就需要分权式的组织架构，这种结构是相对松散的，具有更多的不同步和灵活性。在这种组织架构下，各多元化业务之间联系相对较少，核心流程可以并行管理。这样才能从总体上推进多元化战略的实施，如事业部制。

而单一经营战略或企业推行低成本战略时，就要求组织架构降低运营成本并提高整体运作效率，这时企业可选择集权度较高的组织架构，如直线职能制，这样的组织架构通常具有更多的机械性。

二、业务特点

如果企业业务种类众多，就要求组织有相应的资源和管理手段与之对应，来满足业务的需要，因此部门或岗位设置上就会更多，所需要的人员就更多，组织相对就复杂一些。一般情况下，业务种类越多组织内部部门或岗位设置就要越多。

企业的各个业务联系越紧密，组织机构设计越需要考虑部门及部门内部的业务之间的相互作用，越不能采用分散的组织机构，这种情况下采用直线职能制或矩阵式组织机构更合适。一般而言，业务相关程度越大，越要进行综合管理。

如果企业业务之间联系不紧密，或业务之间的离散度很高，那么组织各部门或岗位之间的联系就越少，部门或岗位的独立性就越强。这种运作状况下，企业宜采用事业部制组织架构，给下属部门更多的权力。业务相关程度较低时，可以分别对每一个业务采用不同的政策、不同的管理要求，进行分散管理。

三、技术水平

组织的活动需要利用一定的技术和反映一定技术水平的特殊手段来进行。技术以及技术设备的水平，不仅影响组织活动的效果和效率，还会作用于组织活动的内容划分、职务设置等方面。

有些企业技术力量较强，他们以技术创新和发展作为企业发展的根本，这时候组织机构关键是考虑技术发展问题，组织设计也以技术及其发展创新为主。当技术能够带来高额利润时，技术管理和利用就显得相当重要，技术管理成为企业组织机构设置的核心问题，成为组织机构设置的主线。生产技术越复杂，组织架构垂直分工越复杂，这将导致组织的部门结构增加，从而也增加了企业横向协调的工作量。

在传统企业中，各个企业的技术都差不多，企业的主要利润点不在技术上，那么技术就不会过多地影响企业组织机构的设置，组织机构的设置更多地考虑诸如渠道管理、成本降低等，并以这些因素作为组织机构设计的主线。因此，这类惯性高的工作可考虑采用标准化协调与控制结构，组织架构具有较高的正式性和集权性。

四、人力资源

人力资源是组织架构顺利实施的基础。在组织架构设计中，对人员素质的影响考虑不够会产生较严重的问题。员工素质包括价值观、智力、理解能力、自控能力和工作能力。当员工素质提高时，其本身的工作能力和需求就会发生变化。对于高素质的员工，管理制度应有较大的灵活性。例如，弹性的工作时间、灵活的工作场所(如家庭办公)、较多的决策参与权以及有吸引力的薪资福利计划等。

人力资源状况会对企业的层级结构产生影响，管理者的专业水平、领导经验、组织能力较强，就可以适当地扩大管理幅度，相应地，就会导致管理层级的减少。

人力资源状况会对企业的部门结构产生影响，如实行事业部制，就需要有比较全面领导能力的人选担任事业部经理；若实行矩阵结构，项目经理人选要求有较高的威信和良好的人际关系，以适应其责多权少的特点。

人力资源状况还会对企业的职权结构产生影响，企业管理人员管理水平高，管理知识全面，经验丰富，有良好的职业道德，管理权力可较多地下放。

五、信息化建设

网络技术的普及和发展使企业组织机构的存在基础发生巨大的变化，电子商务技术的发展使信息处理效率大幅提高，企业网络内每一终端都可以同时获得全面的数据与信息，各种计算机辅助手段的应用使中层管理人员的作用日渐式微，网络技术使企业高层管理人员通过网络系统低成本地及时过滤各个基层机构形成的原始信息。因此，当企业建成高水平的信息系统后，应及时调整其组织架构，采用扁平化的组织架构来适应新兴电子商务经营方式，以减少中层管理人员，提高效率，降低企业内部管理成本。

信息技术使企业的业务流程发生根本性的变化，改革了企业经营所需的资源结构和人们之间劳动组合的关系，信息资源的重要性大大提升。组织架构的设计应该从原来庞大、复杂、刚性的状态中解脱出来，这样的组织更有利于信息的流动并趋于简化。

(资料来源：http://wenku.baidu.com/view/a999cffff705cc175527094d.html)

3.1.4 连锁企业组织结构的主要类型

1. 连锁总部的组织结构设计

连锁总部的组织结构根据规模与发展阶段不同通常有以下 3 种模式。

1) 总部管理模式

连锁总部作为门店的服务与管理机构，直接管理门店，一般适用于初创时期尚未突破地区界限，或卖场规模大但网点数少或分布较为集中的连锁企业，具体包括以下两种管理方式。

(1) 把总部划分为“总经理室”“营业本部”和“管理本部”3 个部分，均直属总经理领导，可设副总经理或总监，下属部门由部门经理负责，其结构如图 3-1 所示。

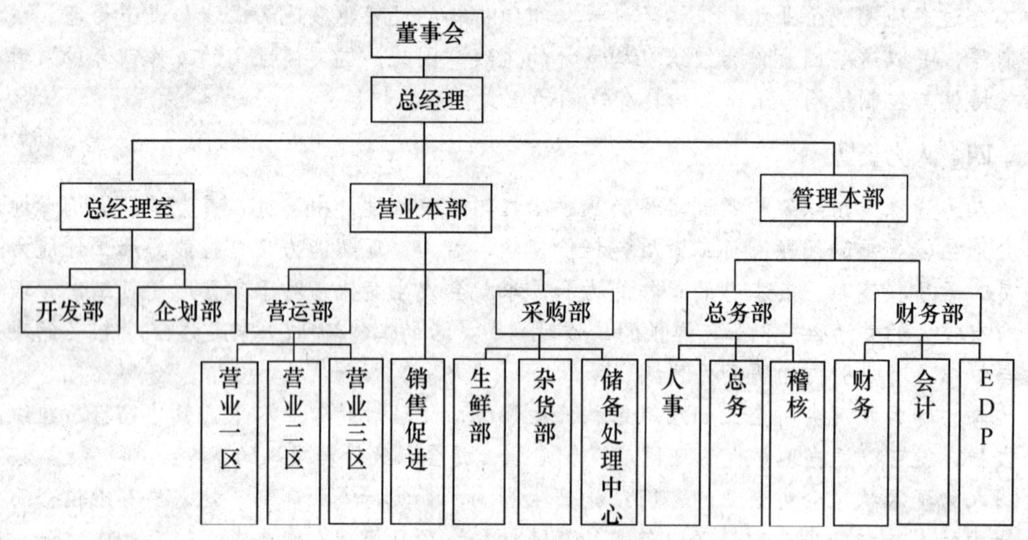

图 3-1 连锁企业总部管理模式 1

(2) 由总经理直接管理各职能部门，设副总经理或总监，部门经理负责管理各部门，其结构如图 3-2 所示。

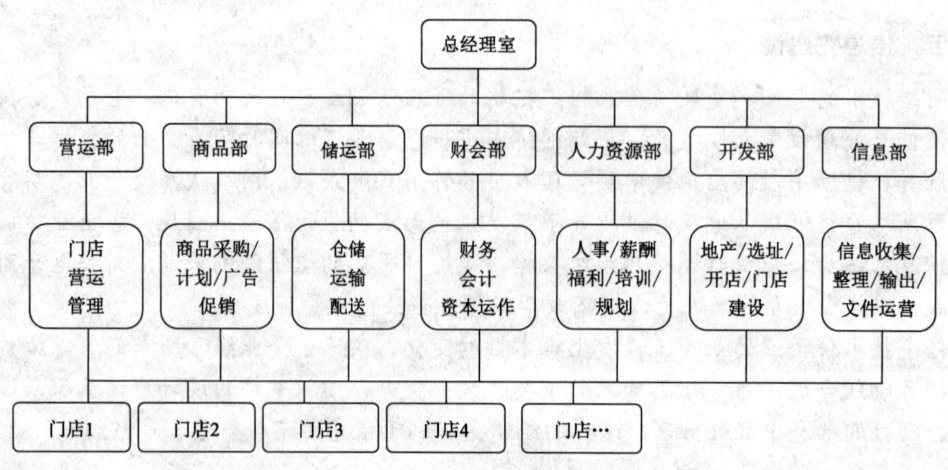

图 3-2 连锁企业总部管理模式 2

2) 地区管理部管理模式

当连锁企业发展至一定规模，门店数量较多，店型小且分布地区广时，通常会通过设置地区管理部来管理门店，总部不直接管理门店，其结构如图 3-3 所示。

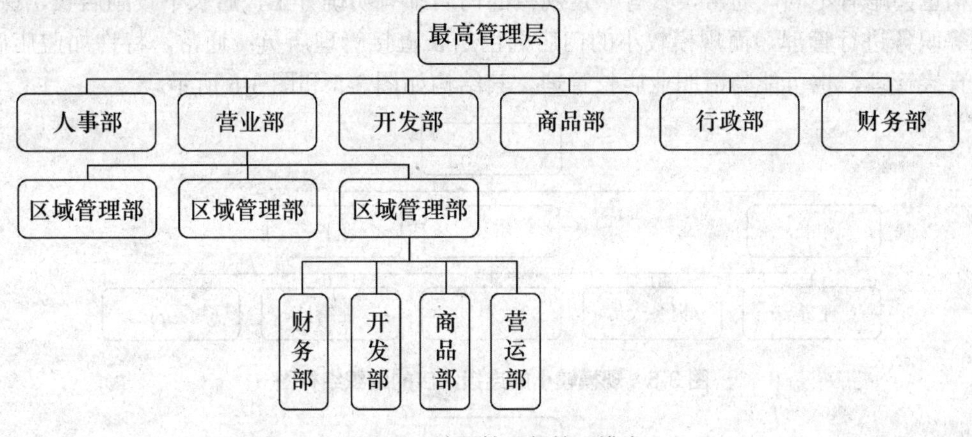

图 3-3　地区管理部管理模式

3) 事业部管理模式

当连锁企业规模扩大到一定程度或者发展至大型多元化时，连锁企业经营管理的范围也会越来越大，内容也会越来越复杂，许多运作已很难由总部进行直接控制。为了适应企业扩张的需要，许多大型连锁企业通常会采用事业部制的组织结构方式来对分店进行管理。

事业部是总部为促成某专项事业的发展而设置的，它拥有一定的经营管理权，并独立核算，具有法人地位。这种模式的主要优点：有利于调动部门积极性，便于事业部内部的协调，适应力和竞争力强，有利于培养综合管理人才，有利于高层领导集中精力研究企业发展的战略问题。但这种模式也存在着易滋生本位主义，资源调动困难，易产生短期行为，机构重复设置，总编制与管理费用增加和控制困难等问题。多元化经营连锁企业的各项事业发展到一定规模时，每个事业部下面还要设区域管理部，来管理门店的运营工作，即形成四级到五级制。事业部形式主要适用于环境变化快、多元化经营和地域分散的大型连锁企业，其结构如图 3-4 所示。

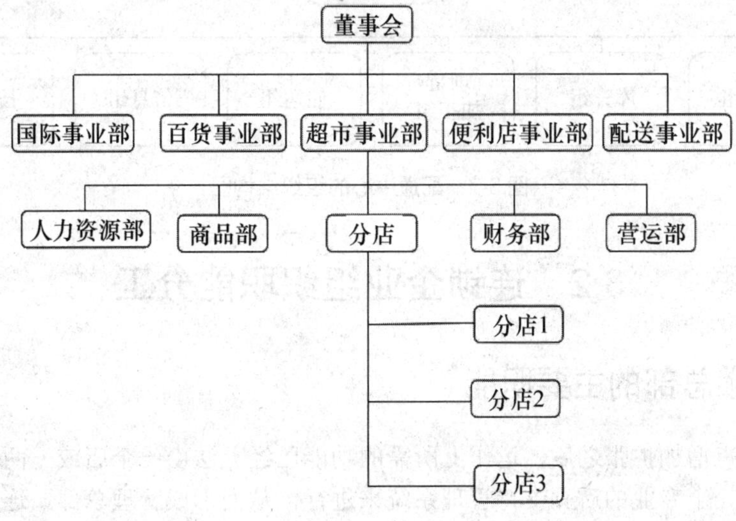

图 3-4　事业部管理模式

2. 连锁门店的组织结构设计

连锁门店的组织结构相对较为简单，门店性质、业态、规模以及商品结构等不同，组织结构也会略有不同。通常，具有一定规模的门店都有明确分工，店长下设副店长、课长、组长等职务进行管理，而规模较小的门店则由店长直接管理店员；通常，特许加盟店店主可能直接管理，也可能聘请职业店长管理。其结构如图 3-5 和图 3-6 所示。

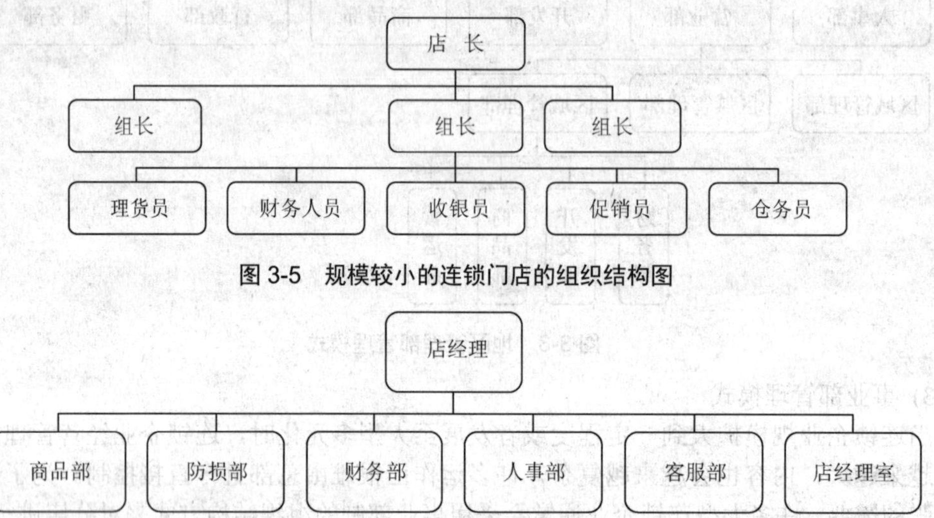

图 3-5 规模较小的连锁门店的组织结构图

图 3-6 规模较大的连锁门店的组织结构图

3. 配送中心的组织结构图

配送中心通常依据所承担的功能分为不同职能组，由配送中心经理直接管理，其结构如图 3-7 所示。

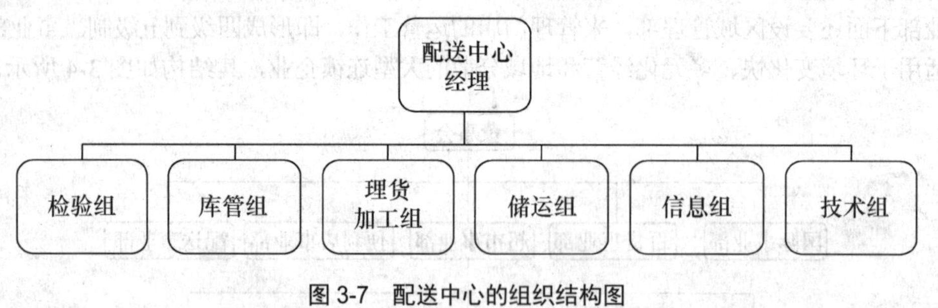

图 3-7 配送中心的组织结构图

3.2 连锁企业组织职能分工

3.2.1 连锁总部的主要职能

当零售网点增加扩张之后，运作上所需的功能已经无法由一个店或一两个人掌握，这时就需要借助一个专业的后勤支持管理系统来进行，从而形成管理总部。连锁总部是对重大问题进行战略决策并为门店提供服务使其顺利运作的后勤支持管理系统，可以通过总部

的标准化、专业化、集中化管理使门店作业单纯化、高效化。

总部的规模和职能取决于连锁店数以及所采用的连锁模式，店数越多，总部的规模越大，职能越齐全，另外，直营店相比特许加盟店而言对总部管理职能齐全程度要求更高。一般而言，总部需承担以下 9 种主要职能。

1. 制定发展战略

总店要确定清晰的发展理念、企业使命与宗旨等终极目标，制定发展战略，明确企业的定位，确定门店的业态。发展战略包括进行企业形象策划、确定组织形态、商品采购政策、配送模式、商品销售政策、劳动人事政策等。

2. 开发连锁门店

连锁经营企业实际上销售的是连锁经营运作体制，如何将其推销成功，使总部与分店双方获利，是总部的首要任务。总部必须设计出自己的开店规范和流程，包括新店拓展计划、市场潜力分析与计算、商圈调查与评估、选址决策、开店流程制定与执行、投资评估、选派管理人员、划分部门责任、制定操作规则及表单等。

3. 教育训练成功经验

在成熟市场中，门店运营成功的经验和标准可以积累下来复制到其他分店去，这就需要总部不断总结经验，分析门店目标顾客的需求，将成熟的管理技巧通过教育训练的方式传递给门店管理者，使所有门店管理水平接近一致。

4. 营运督导管理

当门店执行运作起来时，许多问题就会接踵而来，如果仅靠教育培训的课程，将会应接不暇，因此总部需要指导人员进行必要的辅导；同时，为使连锁经营企业门店的顾客享受到一样的服务，总部必须对门店的运营过程进行指导和监督。总部应建立督导员制度，运用一批经过专门培训的优秀督导人员，对门店进行常规指导和监督，由他们完成总部与门店的信息沟通、门店的常规指导、门店商品管理和门店经营状况的分析等工作。

5. 商品采购管理

作为连锁总部，除了制定采购政策以外，还必须特别注意采购经理及采购部工作人员的选择与配备。商品采购管理工作包括门店选择供应商、商品条件，制定采购作业规范，供应商管理、培养主力商品等，通过控制商品适销率来提高商品周转率，强化门店采购计划的准确性等。

6. 商品促销管理

选择和利用适当的促销手段是增加连锁经营企业销售额的重要方法。促销管理首先需要设定促销目标：提高营业额、提高毛利率、提高来客数、提高客单价等。其次需要拟订促销计划：应充分考虑顾客购买特征、商品、促销主题、促销方式、宣传媒体、预算、法规和预期效益等。最后是计划执行以及评估：依据促销方案告知各有关部门人员配合执行，并于促销活动结束后进行评估。

7. 物流服务管理

物流配送服务一般是以配送中心为核心，集中采购、统一配送，高效率地将各门店所需的商品送达。因规模不同，总部的物流服务功能也有所差异。小型连锁经营企业可以依靠社会配送，或建立单一的配送中心，大型连锁企业则需建立多个配送中心，要考虑配送中心是按区域划分，还是按商品划分，或是两者结合。

8. 资金运作管理

连锁企业在资金管理上采取统一管理政策。连锁总部应时刻安排好进货资金、在途商品资金、库存商品资金、货款结算资金和发展资金的比例，重点保证进货资金的使用；抓好对销售款回笼总部的时间控制；严格履行对供应商货款结算制度，做好准时定额，以树立企业良好资信。

9. 信息管理

信息管理是连锁经营企业技术性工作的重要组成方面。连锁企业要负责总部与门店之间、总部与配送中心之间和各职能部门之间的信息管理；以及企业与外部生产商、批发商、消费者、社区以及金融机构、连锁协会、政府等的信息管理。总部有必要对有用的信息数据进行汇总处理和分析，以便为制定或调整相应的策略提供依据。

3.2.2 连锁总部各部门的职责

连锁总部的主要职能确定之后，可以根据工作性质的不同划分成各个职能部门，并为每个职能部门确定相应的职责范围。连锁总部通常包括开发部、营运部、采购部、财务部、管理部(行政部)、营销部、信息部等职能部门。以下就连锁总部各职能部门的职责作简要介绍。

1. 开发部的主要职责

(1) 开设新店或发展加盟店时进行商圈调查，包括人口户数、消费收入、竞争状况。
(2) 制定选址标准、设备标准和投资标准。
(3) 决定自行建店、买店或租店。
(4) 开店流程安排及进度控制。
(5) 开店工程招标、监督及验收。
(6) 新开分店的设备采购与各分店设备的维修保养。
(7) 新开分店的投资效益评估。

2. 营运部的主要职责

(1) 制定连锁企业总的营业目标和各分店的营业目标，督促营业目标的执行。
(2) 对分店的经营进行监督和指导。
(3) 编制连锁店营业手册，并检查与监督营业手册的执行情况。
(4) 营业人员调配及工作分派。
(5) 门店经营情况及合理化建议的反馈与处理。
(6) 调查、收集、分析竞争对手的信息，制定相应的对策等。

3. 采购部的主要职责

(1) 采购方式的制定。
(2) 商品货源的把握，新商品开发与滞销商品淘汰。
(3) 商品采购谈判与采购价格的谈判及制定，商品销售价格的制定。
(4) 制定与实施不同区域不同产品大类的商品组合策略。
(5) 商品储存、商品配送制度的制定及作业流程与控制。
(6) 供应商的管理。

4. 财务部的主要职责

(1) 融资、用资、资金调度。
(2) 编制各种财务会计报表。
(3) 审核凭证、账务处理及分析。
(4) 每日营业核算。
(5) 发票管理。
(6) 税金申报、缴纳，年度预决算。
(7) 会计电算化及网络管理。

5. 管理部的主要职责

(1) 企业组织制度的确定。
(2) 人事制度的制定及执行。
(3) 员工工资福利制度的制定与执行。
(4) 人力资源规划，人员招聘、培训。
(5) 奖惩办法的制定及执行。
(6) 企业合同管理及公司权益的维护。
(7) 日常对外接待工作，办公用品的采购与管理。

6. 营销部的主要职责

(1) 分店商品配置、陈列设计及改进。
(2) 商品销售分析、利润分析与改进措施。
(3) 促销策略的制定，促销活动的计划与执行。
(4) 企业广告、竞争状况调查分析。
(5) 店铺形象策划及推出。
(6) 公共关系的建立与维护。

7. 信息部的主要职责

(1) 连锁企业信息的收集与处理。
(2) 连锁计算机网络系统的维修与养护。
(3) 商品代码、企业代码、条形码的打印处理。
(4) 各种数据、影像资料的存储与保管。
(5) 数据资料的加密与解密。

3.2.3 连锁门店的主要职能

1. 环境管理

环境管理主要包括店头的外观管理和卖场内部的环境管理。注重门店的外观形象是连锁门店的基本工作，明亮干净的店头会对顾客有较强的吸引力。在内部环境方面主要是创造干净整洁的购物环境，让顾客舒适购物，同时注重安全管理，保障顾客有一个安全的购物环境。麦当劳连锁门店如图 3-8 所示。

图 3-8 麦当劳连锁门店

2. 人员管理

人员管理主要包括员工的管理、供应商的管理和顾客的管理。门店通过对门店员工的出勤情况、服务方式及水平、工作效率、作业守则等方面进行科学管理和培训；门店只有服务好顾客，才能提高客单价和顾客购买频率，提高门店销售收入。为了提高顾客满意度和忠诚度，门店应建立顾客档案，完善顾客管理制度。

3. 商品管理

商品管理主要是管理好有关商品的包装、验收、订货、损耗、盘点等作业以及对商品清洁、缺货等进行监督。门店商品管理的重点是商品质量管理、缺货管理、陈列管理及损耗管理。商品质量管理的重点是做好商品验收与对包装商品在货架上陈列期间的质量变化和保质期的控制；商品陈列是门店促销的利器，门店应根据商品的不同属性、顾客调查的结果，按照不同陈列方式陈列商品；损耗率的高低是门店获利多少的关键之一，门店应非常重视损耗管理。

4. 现金管理

现金管理主要包括收银管理和进货票据管理。现金是连锁企业经营的命脉，收银作业中的每一个步骤以及每一个环节，都是为了让门店在现金管理上能有良好的制度与规范。进货票据是付款的凭证，是门店的支出。在进货接收过程中，票据出现差错可能会给门店带来损失。

5. 信息资料管理

信息资料管理主要包括门店的经营信息管理、顾客投诉与建议信息管理、竞争者信息管理等。门店经营信息管理主要通过各种销售报表、费用明细表、盘点报表来了解，通过对各种报表进行及时统计与分析，了解门店经营效率的高低，及时改进问题，总结经验教训，不断提高门店的整体管理水平。顾客投诉与建议信息则可以很好地提高门店的服务水平，了解顾客需求，吸引更多顾客，提高销售额。

3.2.4　配送中心的主要职能

1. 集中收货

连锁企业各供应商分别将配送中心服务的门店所需货物集中送至配送中心，这样供应商只面对一个送货地点大量送货，减少了运费；同时，也避免了门店同时接收多家供应商货物的拥挤现象。

2. 整理分类

大多数供应商面对多家门店送货时只能小批量装运，而配送中心接收商品时将不同商品按照各门店的订单整理分类成同一批次商品配送至各门店，降低了长途运输的运输成本，从而降低了连锁企业的进货价格。尤其是零售连锁店，通过交叉站台作业快速补充、快速转移门店的存货，通过配载达到车辆的合理容积送至门店，商品不需额外储存，降低了搬运与储存成本。此外，车辆充分装载也提高了运输的效率。

3. 拆装、拣选、加工

配送中心将商品按照门店要求拆箱分包，进行商品组合，大大降低了门店的工作量；还可以根据顾客需要进行额外加工，提高了商品的附加值，从而提高了连锁企业的整体效益。

4. 保管储存

不同的商品有不同的储存要求，如季节性生产的商品。例如，农产品需要特殊专业的保鲜储存。有些季节性销售的商品又需要提前大量备货。这些是门店无法承担或是费用很高的，通过配送中心则可以解决这种矛盾。

【案例分析 3-1】

海尔成都配送中心

海尔成都配送中心集集货、分拣和配送为一体，是一个流通型配送中心，也是海尔全国配送中心中唯一的自管仓储，主要满足四川省各地区客户对海尔产品的需求，有时也存在着各配送中心间的调货。一方面它继承了代管仓储的优点，另一方面它又存在一些不足。

海尔成都配送中心采用公共仓储形式，租用安天仓储基地中的五个仓储。仓储采用铁皮隔热顶棚、钢筋框架式结构，中间设有两个通气孔，四周设有六个 1m × 1m 的玻璃天窗。

海尔成都配送中心的安全设施设备比较齐全。唯一设计不合理的就是仓储外围的安全通道，此通道不足 1m 宽，导致货物不能从外围的安全通道直接出货，影响出货速度、增加搬运强度，甚至影响仓储面积的利用率。

海尔拥有先进的操作系统，对出入库货物的要求也是非常严格的。海尔配送中心要求仓储管理员日事日毕、日清日高，即每天的工作每天完成，每天工作要清理并要每天有所提高。

仓储管理员每天要将所接《运输质量反馈单》和《中心配送单》按要求收、发完毕，不能拖延至第二天，当天的事当天完成。收、发货物均要做到“人单合一，单单相符”，否则仓储管理员可以不予收、发货。

海尔成都配送中心实行“6S”仓储管理，具体内容如下。

整理：将有用的和无用的物品分开；将无用的物品清理走，留下有用的物品。

整顿：将有用的留下后，依规定摆放整齐；定位、归位、标识，保证使用方便。

清扫：打扫、去脏、去乱等保持清洁的过程；对过程要有具体明确的频次及规范要求。

清洁：清扫的必然结果，要有明确的标准，使环境保持干净亮丽，一尘不染；维护成果，根绝一切污染源、质量污点和安全隐患。

素养：每位员工养成良好习惯，自觉进行整理、整顿、清扫、清洁的工作；变成每个岗位的“两书一表”，并能日清日高。

安全：人、机、料、法、环均处安全状态和环境；消灭一切安全事故隐患的机制。

分析：通过对海尔成都配送中心仓储管理及操作的优点和不足的分析，可知一个科学化的仓储系统对于各方面的要求十分严格。

(资料来源：http://www.baoyuntong.com/datum/show-26421.html)

3.3 店面岗位职能

根据门店经营的商品或提供的服务不同，不同业态类型的门店所设置的岗位也不同，岗位职能要求也不同。下面以常见的连锁企业门店岗位为例加以说明。

3.3.1 门店店长的岗位职能

1. 职位特点

(1) 隶属：营运部。

(2) 部门：门店。

(3) 工作地点：门店。

(4) 直属上司：营运副总。

(5) 职位功能：负责门店综合运营管理，管理门店员工达到并超过盈利指标。

2. 职责范围

(1) 传达公司指示，完成公司下达的各项指标。

(2) 执行公司规章制度和纪律规范，若下属员工有严重的过失行为，店长应承担领导责任，接受公司处罚。

(3) 安排店内员工每天的工作项目及工作程序。

(4) 负责完成盘点、账簿制作工作。

(5) 负责所管门店的日常工作正常运行(销售、财务、配送、库存等各项工作)，合理编排班表，做好考勤，写好每周营业汇报，对所属营业员的工作进行考核。

(6) 负责所在门店的突发事件(如火灾、停电、停水、流氓滋事、盗窃及顾客店内受到的伤害等)。

(7) 负责监管和控制门店内所有现金。

(8) 登记提供每天公司所需的经营资料。

(9) 督促营业员做好售货服务及顾客投诉处理。

(10) 负责新进营业员的培训。

(11) 督促营业员完成开店前的准备工作及关店后的安全巡视工作。

(12) 督导营业员做好所属范围内的商品安全、卫生管理及设备维护等工作。

(13) 确保门店各岗位操作在执行上没有偏差。

(14) 按照公司规定，定期向所属执行经理汇报门店内各项工作进度及资讯。

(15) 负责商品采购入库系统输入及核对、往来客户及批发客户销售单系统输入及打印。

(16) 联络业务客户，完善销售网络，维护客户关系。

(17) 接待政府工作人员，如工商局、税务局、卫生局等。

(18) 联系私人机构，如供应商、店铺业主等。

3. 职权范围

(1) 有责任及权力按照公司规定，配合上级招聘店内基本人手。

(2) 有责任及权力执行公司的纪律警告。

(3) 不能私自动用门店的营业金额，违者可作刑事案件，报警处理。

(4) 遇有网络或电话订货情况，未经合作经营者批准，不得私自给予客人低于正常销售价折扣优惠。

(5) 不能假借公司名义或职权，进行私人性质的活动。

(6) 有责任及权力按照公司规定价格，销售公司指定产品，但不能私自更改产品品种及价格。

(7) 不能与外界公司、团体签署任何协议或承诺。

(8) 不能向顾客做出任何书面承诺。

(9) 不能容许任何未经公司批准的个人或团体，在店内进行拍摄活动。

【同步阅读 3-2】

店长应该具备的素质

零售业对店长的选拔一直是个比较困难的事情，空降兵很难服众；从大学生中培养，花的精力大，且几年下来能留下来的又没几个；从内部提拔又不是任何人都可以当店长的。作为店长，应具有的基本素质包括“硬素质”和“软素质”两个方面。

其中“硬素质”有以下3个方面。

1. 诚实的品格。诚实的品格是能力发挥的基础，包括一个人的道德、品行、人格、作风。店长必须具有良好的操守和道德品质，才能以身作则；店长必须多花心思，磨炼自己，才能产生上行下效的效果。

2. 身体素质。"身体是革命的本钱。"零售业一般工作时间都比较长，店铺经常是12小时以上的作业。很多时候还需要干体力活，能承受长期抗疲劳的考验。

3. 阳光心态。一个生机勃勃的卖场的背后一定有一个"阳光"的店长。店长每天都会遇到很多意想不到的问题和难题，加之长时间的工作和业绩的压力，店长在面对这些难题和压力的时候，要积极面对，并带领店员们在轻松的环境中工作。对店员不能放纵但不可过度批评，更需要激发店员的工作热忱、高度的责任感与敬业精神，搞好店铺的氛围，也要对完成销售目标充满信心，要用自己的行动感化及说服店员，所以店长是否具备积极向上的心态非常重要。

"软素质"是指一些技巧和能力，它包括以下几个方面。

1. 优秀的销售技能。店长不仅仅应对店铺销售的商品要熟悉，而且还需要具有深刻的理解能力。例如，对店内的商品具有正确判断的能力，什么是畅销品、滞销品，对于畅销品、滞销品应该怎么处理，采取什么样的方法才能卖出去，畅销品库存的数量、品类等都需要很熟悉。

2. 具有教导培训下属的能力。一方面，店长身为一店之长，应是下属的"老师"，能够给店员提供服务支持，对于店员的能力缺点需要充分地了解，并且在店员不能完成既定任务时，能够帮助店员达成目标；另一方面，对店员销售技巧、商品知识等方面进行不间断地培训，促使店员提升业绩，让店员的能力得到充分的发挥。

3. 具备良好的人际关系处理能力。店长具有承上启下的作用，因此不仅仅需要与上一级经理处理好关系，还要与店员、同级别的店长处理好关系，当然，也要与供应商、顾客等客户处理好关系。标准的店长形象应该是脸笑、嘴甜、腰软、手脚快。

4. 学习总结能力。现在社会是一个信息化的社会，新产品总是层出不穷，那么店长就需要不断学习新的知识，竞争对手的强大，新市场营销技术的变化，这都需要店长不断学习和总结。虽然零售业是个非常注重经验的行业，但也要与时俱进，只有具有一定的经营管理能力和自我学习能力，并具有一定的商业经验或实践经验的店长才不会被淘汰出局。

5. 拥有实干的技能。身为管理者，要让下属心服口服地接受他的指挥，最好是能做到面面俱到。不必凡事亲力亲为，但必须凡事会做，而且做得又好。这样的店长最易获得员工的拥戴。

6. 店铺管理能力。店铺的管理能力包括人事组织能力、沟通能力、经营计划能力、财务管理能力、数据分析能力等，即对人财物的运用管理能力。这些能力必须通过专业学习和培训。

(资料来源：http://www.ceconline.com)

3.3.2 收银员的职责

1. 职位特点

(1) 隶属：营运部。

(2) 部门：门店。

(3) 工作地点：门店。

(4) 直属上司：店长。

(5) 职位功能：负责顾客的购票及银钱找赎；协助推广、宣传公司产品；确保营业额交收程序，记录妥善齐全。

2. 职责范围

(1) 负责 POS 机前台销售及前台往来销售收款及找赎。

(2) 按时将营业额现金交给店长，并加以记录，以确保现金安全，避免不必要的损失。

(3) 主动向顾客推荐公司产品，礼貌待客，树立门店形象。

(4) 经常清洁收银岗位，按系统里的价格销售。

3. 职权范围

(1) 不能私自动用营业金额，违者可作刑事案件处理。

(2) 不能假借公司名义和职权，进行私人性质的活动。

(3) 不能透露公司的营业资料及一切商业秘密信息。有责任及权力按照公司规定的价格，销售公司指定产品，不能私自更改产品品种及价格。

(4) 不能与其他公司、团队签署任何协议或书面承诺。

(5) 不能容许任何未经公司批准的个人或团体，在店内进行拍摄活动。

(6) 所有工作需按照店长或主管的安排及指示执行。

3.3.3　营业员的职责

1. 职位特点

(1) 隶属：营运部。

(2) 部门：门店。

(3) 工作地点：门店。

(4) 直属上司：店长。

(5) 职位功能：确保门店销售顺畅进行，配合每日营业所需。

2. 职责范围

(1) 执行店长指派的日常工作，及时盘点商品，上齐货架缺货商品，缺货及时登记并向店长汇报，保证销售所需。

(2) 清点每天到货数量，做好货品整理工作。

(3) 负责往来客户的货品配置及打包工作。

(4) 礼貌待客，树立门店良好形象，遇到解决不好的问题立即交上司处理。

(5) 保持商品外包装卫生、美观；按时清洁店内各物品、展台、货架，使之保持整齐卫生。

3.3.4　业务员的职责

1. 职位特点

(1) 隶属：营运部。

(2) 部门：门店。

(3) 工作地点：门店。
(4) 直属上司：营运副总。
(5) 职位功能：开发团购客户、批发客户，维护客情，确保应收账款的顺利回收。

2. 职责范围

(1) 按销售目标，制订月度销售计划与周销售计划。
(2) 以开发客户、维护客户及深挖客户资源为首要任务。
(3) 密切关注客户，保证订单顺利、及时地配发。
(4) 协助会计核对客户账务。
(5) 协调客户的各项要求。
(6) 不能私自动用门店订单货款，违者可作刑事案件处理。
(7) 不能假借公司名义和职权，进行私人性质的活动。
(8) 不能随意与其他公司、团队签署任何协议或书面承诺。

3.3.5 库管员的职责

1. 职位特点

(1) 隶属：营运部。
(2) 部门：门店。
(3) 工作地点：门店。
(4) 直属上司：店长。
(5) 职位功能：确保门店物品安全、流通顺畅。

2. 职责范围

(1) 验收、储存、保管、发出、盘存货品。
(2) 货品质量、数量控制。
(3) 残品、旧品的处理。
(4) 员工制服的收发及保管。
(5) 保持与店长的联系。

3.3.6 配送员的职责

1. 职位特点

(1) 隶属：营运部。
(2) 部门：门店。
(3) 工作地点：门店。
(4) 直属上司：店长。
(5) 职位功能：确保门店销售货物的及时配送。

2. 职责范围

(1) 每天及时配送门店与营销员产生的订单。

(2) 当天上交订单配送收到的货款，对未付款的客户，需要求客户当场签收销售单，并将回联当天交回门店。

(3) 及时反馈客户收货时提出的各项意见或建议。

(4) 不能私自动用门店订单货款，违者可作刑事案件处理。

(5) 不能假借公司名义和职权，进行私人性质的活动。

3.3.7　会计的职责

1. 职位特点

(1) 隶属：营运部。

(2) 部门：门店。

(3) 工作地点：门店。

(4) 直属上司：营运副总。

(5) 职位功能：确保门店往来账款及费用账记录的及时性与完善性，各项报表数据的准确性。

2. 职责范围

(1) 实时登记前一个工作日发生的应收应付数据。

(2) 审批费用报销凭证的合理合法性。

(3) 每月汇编完上月的资产负债表和损益表，提交执行经理。

(4) 分析店内库存的合理性、各项预算开支的合理性，并提出合理化建议。

3.3.8　出纳的职责

1. 职位特点

(1) 隶属：营运部。

(2) 部门：门店。

(3) 工作地点：门店。

(4) 直属上司：营运副总。

(5) 职位功能：确保门店各项收入开支的严格审核与真实记录。

2. 职责范围

(1) 每天及时收缴门店的营业额。

(2) 坚持费用开支备用金制，及时将营业额和回收的应收账款存到指定银行。

(3) 支付供应商货款，按约定的账期支付，原则上通过网上转账支付。

(4) 对零星采购的货款支付采用备用金制，一星期报销一次。

【项目小结】

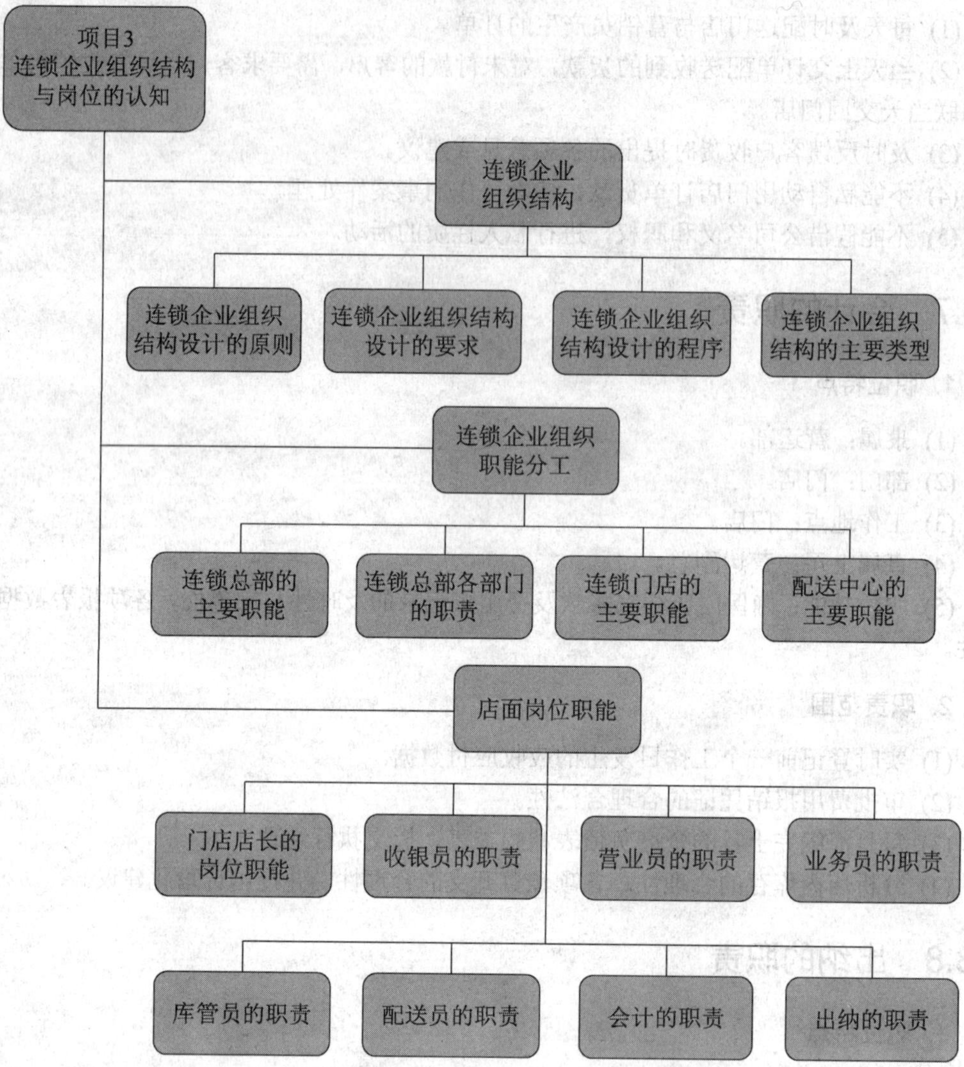

- 项目3 连锁企业组织结构与岗位的认知
  - 连锁企业组织结构
    - 连锁企业组织结构设计的原则
    - 连锁企业组织结构设计的要求
    - 连锁企业组织结构设计的程序
    - 连锁企业组织结构的主要类型
  - 连锁企业组织职能分工
    - 连锁总部的主要职能
    - 连锁总部各部门的职责
    - 连锁门店的主要职能
    - 配送中心的主要职能
  - 店面岗位职能
    - 门店店长的岗位职能
    - 收银员的职责
    - 营业员的职责
    - 业务员的职责
    - 库管员的职责
    - 配送员的职责
    - 会计的职责
    - 出纳的职责

【扩展阅读】

A&P 公司的发展历程

连锁业的开山鼻祖，创办于1859年的A&P公司真是高寿。从1936—1972年，该公司领导超市连锁36载。目前，它仍然是美国五大超市连锁商之一，排名全美零售商前15名，经过了近一个半世纪，如今仍是年壮时。下面我们就来看一看该公司的发展历程。

一、早期发展：不断创新，领导潮流

多少年来，A&P一直被视为美国零售业的创新者。早在19世纪60年代，A&P成为第一家使用商店商标的零售商，其咖啡商品一律以“早晨 8 点咖啡”的牌子售出，其茶叶也是以商店商标出售的。在促销方面，A&P于19世纪70年代首创消费者优待基金以鼓励忠诚的顾客重复购买。该公司于1920年推出包装肉品，这使其成为美国最早的销售包装肉品

的公司。1924 年该公司成为第一个赞助无线电节目的食品零售商。在 21 世纪 30 年代超市刚出现时，A&P 公司的分店竞争力不强，营业额直线下降，之后 A&P 公司迅速改变店铺形态，到 1936 年就拥有 5000 多家超市。从此开始称霸美国超市行业。直到 21 世纪 60 年代，A&P 才开始走下坡路。

二、百岁高龄：老牛拉车，蹒跚不前

A&P 公司在其百岁之后也曾历经了一段举步维艰的日子。20 世纪 60 年代，该公司在美国超市领域的食品销售市场占有率从 10%降至 6%，利润从 5700 万美元降至 5000 万美元。1975 年公司亏损达 1.57 亿美元。在整个 20 世纪六七十年代，A&P 公司的主要竞争对手均快速成长，只有该公司徘徊不前。

20 世纪 50 年代，A&P 投巨款建立了自己的大型食品加工厂，该厂面积 13.9 万平方米，蔚为壮观，可以说是当时美国最大的食品加工厂。公司的目的是实施高度一体化的经营，自己生产食品贴上自己的商标，在自己的超级市场销售。20 世纪 60 年代该厂落成。建成之日，正是 A&P 公司衰落之时，工厂成为 A&P 公司的负担，耗费了公司大量的资金与精力。

1978—1981 年，公司连续亏损 4 年。1979 年在 A&P 公司陷入困境之时，德国最大的零售商腾格曼公司购买了其 50%的股权，实施了对 A&P 公司的改组，以谋求 A&P 的复兴。

三、近期复兴：紧跟时代，返老还童

为了使 A&P 重新振兴，公司重金聘用了美国另一大型超市连锁店的总经理吉姆·伍德。伍德上任后，实行大刀阔斧的改革，甩掉破旧的包袱，轻装上阵。一是实施店铺改造与扩张兼并活动。二是开展多种业态经营。三是实施管理改革，降低工资成本水平。四是在产品策略上，增加适应现代生活方式的商品，以满足顾客一站购齐的需要。五是注重规划。公司制订了明确的销售计划和利润目标，并具体落实到分店经理上，使分店经理承担利润及销售责任，对计划完成好的分店经理，实行奖励。六是采用现代计算机及电信技术，提高营运效率，降低经营成本。

此外，A&P 的店铺形象与广告也独树一帜。其新的店铺以全新势态出现，崭新、明亮、以黑白两色为主的店铺成为主流。新店铺的设计包括规划、建筑设计、灯光照明、装饰设计、图形设计、商品陈列等一系列方面。店铺布置完全可以从店外看得见，顾客透过巨大的海洋食品和鲜肉的图案前所堆积的新鲜蔬菜和水果可看到商店的所有部分。墙壁上的大型图片提供了许多可从店内任何角度看到的模型。这些图片，增加了各部的亮色，并由通道指示牌反复指示。A&P 的广告已成为公司的有力竞争武器。北美洲最大的广告生产机构归 A&P 公司的总部所有，其印刷机构不是最大的，但在技术上是领先的。在美国的 50 家大连锁企业中，A&P 是唯一一家全部自己承担广告印刷的公司。伍德挂帅后，公司开始为所有分店提供广告设计和制作服务。现在该公司的广告设计也由各分店自行完成，并随时变更广告的颜色和内容，整个公司的广告资料、广告设计由电脑网络连接，使广告成为灵活而富有竞争力的武器。

通过一系列重拳出击，A&P 公司终于走出低谷，重新焕发出活力。1985 年公司销售额达 66 亿美元，税后利润 8829 万美元，1990 年销售额高达 113 亿美元，税后利润 1.5 亿美元。

(资料来源：http://wenku.baidu.com/view/9f75869428ea81c759f57837.html)

【同步测试】

一、单项选择题

1. (　　)是连锁经营的经营决策层和后勤服务层。
   A. 连锁总部　B. 连锁门店　C. 配送中心　D. 连锁企业
2. 统一化原则是指(　　)。
   A. 要求是同类职务合并，不相容职务分离，分工合理、权责明确
   B. 一个下级只能接受一个上级的命令和指挥，一个部门不能受到多头指挥
   C. 连锁企业的管理层次要设计适度的管理层次
   D. 连锁企业在设计组织结构时要详细制定每个岗位的规范
3. 属于连锁总部的主要职能是(　　)。
   A. 制定发展战略　B. 商品管理
   C. 信息资料管理　D. 集中收货
4. 属于开发部的主要职责是(　　)。
   A. 采购方式的制定　B. 对分店的经营进行监督和指导
   C. 决定自行建店、买店或租店　D. 融资、用资、资金调度
5. 属于门店店长的岗位职责是(　　)。
   A. 安排店内员工每天的工作项目及工作程序
   B. 清点每天到货数量，做好货品整理工作
   C. 以开发客户、维护客户及深挖客户资源为首要任务
   D. 每天及时配送门店与营销员产生的订单

二、多项选择题

1. 连锁企业组织结构设计的原则有(　　)。
   A. 目标化原则　B. 职能化原则　C. 统一化原则　D. 垂直化原则
2. 连锁企业组织结构设计的程序有(　　)。
   A. 明确任务　B. 任务分工为工作并确定对象
   C. 设立组织机构　D. 形成组织机构图
3. 连锁门店的主要职责有(　　)。
   A. 环境管理　B. 人员管理　C. 商品管理　D. 现金管理
4. 管理部的主要职责有(　　)。
   A. 企业组织制度的确定
   B. 人事制度的制定及执行
   C. 促销策略的制定，促销活动的计划与执行
   D. 日常对外接待工作，办公用品的采购与管理
5. 配送中心的主要职能有(　　)。
   A. 集中收货　B. 整理分类　C. 保管储存　D. 拆装、拣选、加工

三、简答题

1. 连锁企业组织结构设计的原则有哪些？
2. 连锁企业组织结构设计的程序有哪些？

3. 连锁总部的主要职能有哪些？
4. 营运部的主要职责有哪些？
5. 常见的连锁企业门店岗位有哪些？

四、案例分析题

学会把管理看成一门艺术，这意味着门店店长首先要热爱自己的管理工作，其次能够对之保持充沛的热情和激情。如果只将管理当成职业，门店店长往往会产生对管理工作的倦怠，从而失去继续提高工作业绩的勇气和信心。相反，如果门店管理者能够将自己对管理的看法从技术上升到艺术，就能获取更多的进步空间。

下面的五种境界，可以用来衡量领导艺术的不同层次。

第一境界是用职位领导。在这个境界中，员工对你的服从来自于你身上的领导者头衔。由于头衔来自于上级任命，因此员工只会对他明确权限以内的指令表示出注意。可以想象，这个境界的领导模式无法取得最好的管理成效。

第二境界是用认同领导。在这个境界中，员工对你的服从来自于你对整个门店的影响，因此产生了积极的成效。同时，这个境界的领导模式通常都来自于个人的强势权威和人际关系，离开其个人存在，管理效果往往会迅速消失。

第三境界是用成就领导。同上一境界不同，在这个境界中，管理者的影响力已经带来了良好的成果。因此，员工对你的服从来自于你工作的成就。当领导艺术到达这个境界时，积极的效果会不断出现。

第四境界是用培育领导。员工对你领导的服从，来自于对你为他们所付出的一切，包括训练、教导和培养，因此员工能够对领导产生由衷的敬佩和感恩之情，同时愿意为你做出相应的回报。当领导艺术到达这个境界时，你会发现对门店的管理不仅仅是一件工作，很多时候会是一种享受。

第五境界是用做人领导。在这个境界下员工对你的服从，来自于你本人的魅力特点、风度形象。大多数管理者需要花费相当时间的努力，才可能达到这个境界，但在这个境界下的门店管理，将会由于领导者对自身长期的训练和管理变得更为简单，一切管理行为将相当容易地得到实施和回报，同时并不随着领导者本人是否在场而改变。

思考题：

请谈谈门店店长领导的艺术是什么？

【项目实训】

实训项目：某连锁企业组织结构和岗位的调查与分析

连锁企业组织结构是指连锁企业全体员工为实现企业目标而进行的分工协作，在职务范围、责任、权力方面所形成的结构体系。组织结构需要根据企业总目标，把企业管理要素配置在一定的方位上，确定其活动条件，规定其活动范围，形成相对稳定的、科学的管理体系。请各位同学通过网络、文献、实地访谈等多种途径对当地一家连锁企业(商品类或服务类)的组织结构和岗位进行调查与分析，收集相关资料，分析该企业组织结构的特点、组织职能分工、门店的具体岗位职责的内容及存在的不足之处，并提出相应的调研报告。

实训目的：

能够运用连锁企业组织结构和岗位的相关内容分析企业在实际中存在的相关问题。

实训内容：

(1) 以小组为单位调查一家连锁企业，并获取连锁企业组织结构和岗位的相关资料。
(2) 分析并提交一份连锁企业组织结构和岗位的调研报告。

实训要求：

实训要求具体如表 3-1 所示。

表 3-1 实训要求

训练项目	训练要求	备 注
收集所调查连锁企业的组织结构和岗位的相关资料	掌握连锁企业组织结构的特点、组织职能分工、门店的具体岗位职责的相关内容。 通过网络、实地调研、访谈等多种方式收集获取资料。 培养收集信息资料的能力	以学生小组为单位，6～8 人组成一个小组完成此任务
分析所调查连锁企业的组织结构和岗位的现状	结合内外部环境分析，分析其现状和存在的不足之处。 培养团队合作的能力	学生分组讨论，分析该连锁企业的组织结构和岗位现状及不足
提出所调查连锁企业的组织结构和岗位的调研报告	1. 完成相应的调研报告。 2. 培养运用理论知识解决实际问题的能力	学生分组讨论，各小组以 PPT 形式提交一份调研报告，教师点评，学生互评

项目 4　连锁企业店铺选址与卖场布局

【学习目标与要求】

- 熟悉连锁企业店铺选址影响因素。
- 掌握卖场布局中的磁石理论。
- 掌握卖场商品布局方法。
- 了解卖场区位划分。

【引导案例】

哈根达斯的策略分析

哈根达斯(Haagen-Dazs)作为美国冰激凌品牌，1921 年由鲁本•马特斯研制成功，于 1961 年在美国纽约布朗克斯命名并上市。它成立了连锁雪糕专卖店，在世界各国销售其品牌雪糕，在 54 个国家或地区共开设超过 900 家分店。

哈根达斯在中国的策略完全沿袭了欧洲的传统，是极品的冰激凌。产品定位是追求高贵的消费心态的群体。

第一步，建立品牌的旗舰店，在消费者的心目中创造一个品牌知名度和品牌形象。在选址的时候，哈根达斯会特别聘请专业的、熟悉当地生活形态的房产代理来挑选旗舰店的地址。譬如在上海的旗舰店就选在了繁华的南京东路，这里人流量非常大，广告的效果非常明显。将上海的第七家店设在有众多高档楼盘的古北新区，吸引周围的高收入人群。在广州和深圳分店的选址，也都是依据房产代理的建议，选在了当地最繁华的地段。

第二步，所有的旗舰店都不惜重金装修，竭力营造一种轻松、悠闲、舒适、具有浓厚小资情调的氛围。旗舰店的投入高达数百万元，而一家小小甜品屋装修的资金可能也要几十万。在购买力相对旺盛的北京、上海、杭州、广州和深圳等重点城市，富有浓厚时尚气息的哈根达斯专卖店一开张，就会有不少年轻人慕名而来。

第三步，创造口碑，不断保持注意力。为了让消费者觉得物有所值，哈根达斯走的是情感路线。

——“高贵时尚生活方式”代言人。最初在切入上海市场的时候，哈根达斯认真地分析了上海年轻人的心态。当时上海人认为，时尚生活的代言人是那些出入高档办公场所的公司白领、高级主管和金发碧眼的老外。哈根达斯就邀请那些人士参加特别组织的活动，吸引电视台做了一个“流行风景线”的节目，一下子把自己定义成流行的同义词，引起了一场小小的轰动。随着第一批过完“高贵时尚生活方式”的人的口碑宣传，很快会有更多人蜂拥而至。

——“爱她就请她吃哈根达斯！”哈根达斯给自己贴上了永恒的爱情标签，把自己的产品与热恋的甜蜜联系在一起，吸引恋人们频繁光顾自己的旗舰店。其店里店外散发的浓情蜜意，更增加了品牌的形象深度。在情人节的时候，哈根达斯又大大发挥它原有的罗曼蒂克风格，除了特别推出由情人分享的冰激凌产品外，还给情侣们免费拍合影照，让他们对哈根达斯从此“情有独钟”。

(资料来源：http://www.haagendazs.com.cn 官网资料整理)

思考题：

1. 哈根达斯连锁店怎样进行选址，应考虑哪些因素？
2. 该专卖店的经营策略是什么？

4.1 连锁企业店铺选址

连锁企业经营成功的第一要素是选址，第二要素还是选址，第三要素仍然是选址。

连锁企业筹建时，作好商圈分析是必不可少的，但最终目的是为了选定适当的设址地点。在西方国家，店址被视为开业前所需的三大主要资源之一，因为特定开设地点决定了连锁店可以吸引有限距离或地区内潜在顾客的多少，这也就决定了连锁店可以获得销售收入的高低。

4.1.1 连锁企业店铺选址的重要性

连锁企业店铺选址的重要性主要表现在以下几点。

1. 店址选择是一项大的、长期性投资，关系着企业的发展前途

连锁店的店址不管是租借的还是长期性投资，都关系着企业的发展前途。一经确定，就需要投入大量的资金营建店铺。当外部环境发生变化时，人、财、物等经营要素要相应地调整。

2. 店址是连锁店确定经营目标和制定经营策略的重要依据

不同的地区有不同的社会环境、人口状况、地理环境、交通条件、市政规划等特点，它们分别制约着其所在地区的顾客来源及特点和连锁店对经营的商品、价格、促进销售活动的选择。

3. 店址选择是否合适，是影响连锁店经济效益的重要因素

企业的店址选择得当，就意味着其享有地利优势。在同行业店铺之间，如果在规模相当、商品构成、经营服务水平基本相同的情况下，好店址必然享有较好的经济效益。店址选择要坚持方便顾客的原则，以节省顾客的购买时间，并最大限度满足顾客的需要，否则将失去顾客的信赖、支持，企业也就失去生存的基石。

4.1.2 影响连锁店铺选址的因素

连锁企业的地理位置不仅影响企业收益的高低，还反映了连锁企业的市场定位和企业形象，因而店铺选址对连锁企业来说尤为重要。正确的选址策略一定意义上将是企业成功的一半。

1. 商圈

商圈，又称商业圈或商势圈，是指连锁店以其所在地点为中心，沿着一定的方向和距离扩展，吸引顾客的辐射范围，简而言之就是该店铺吸引消费者的地理区域。

商圈与连锁店经营活动有着极其密切的关系。无论是新设或已设的连锁店，都不应该忽视对商圈的分析。所谓商圈分析就是经营者对商圈的构成情况、特点、范围以及影响商圈规模变化的因素进行实地的调查和分析，为选择店址、制定和调整经营方针及策略提供依据。

一般而言，单店的开店较为容易，只要有明确的经营理念与特色，选好一个商圈立即便能成功。至于连锁店的开店策略就复杂得多了，除了考虑单店是否能独立生存外，还要考虑布点位置不可太过密集，也不能太过稀少，此外，后勤补给的配送能力、效率、管理绩效等也是要考虑的实际问题。而且，在企业开业以前还需对企业进行适当的定位，做到有的放矢。

【同步阅读 4-1】

家电连锁选址的 8 大原则

原则 1：商业地产项目面积，至少要在 3000 平方米以上，这样才能容纳至少 200 个主流的家电品牌入驻，家电卖场才能成规模；

原则 2：商业地产所处地段的人流量，至少要求每天在 2 万人次以上，这个人流量是支撑一个家电卖场的基本市场基础；

原则 3：商业地产所处地段的商圈，其周边居民一般要在 10 万户以上，也就是 30 万人以上，消费力至少中等偏上；

原则 4：商业地产房屋内部结构，要求是大空间的结构，适合于作卖场，其承重量要达到一定的要求；

原则 5：物业的停车位要充足，交通要便利，公交路线要方便顾客来往；

原则 6：物业外观形象要好，广告位要充足，门口有广场最好，可以方便开业后搞促销等活动；

原则 7：家电卖场最好避开快速通道，快速通道留不住人气，可能形成假口岸；

原则 8：要选择中心商圈，或主流商圈，或环线商圈，家电连锁大多选择中心和主流商圈入驻。

(资料来源：新浪网，http://finance.sina.com.cn，资料整理)

2. 连锁企业选址考虑因素

1) 城市商业条件

(1) 城市类型。先看地形、气候等自然条件，继而调查行政、经济、历史、文化等社会条件。

(2) 城市设施。学校、图书馆、医院、公园、体育馆、旅游景点、政府机关等公共设施能起到吸引消费者的作用。因此了解城市设施的种类、数目、规模、分布状况等，对选址是很有意义的。

(3) 交通条件。包括城市区域间的交通条件、区域内的交通条件等。

(4) 城市规划。如街道开发计划、道路拓宽计划、高速公路建设计划、区域开发规划等。

(5) 消费者因素。包括人口、户数、收入、消费水平及消费习俗等。

(6) 城市的商业属性。包括店铺数、职工数、营业面积销售额等绝对值，以及由这些绝对数值除以人口所获得的数值。

2) 店铺位置条件

(1) 商业性质。规定开店的主要区域以及哪些区域应避免开店。

(2) 人口数及住户数。了解一定的商圈范围(例如1000米)内现有的住户人数。

(3) 竞争店数。了解一定的商圈范围内竞争店的数量。

(4) 客流状况。调查估计通过店前的行人最少流量。

(5) 道路状况。包括行人道、街道是否有区分，过往车辆的数量及类型，道路宽窄等。

(6) 场地条件。包括店铺面积、形状、地基、倾斜度、高低、方位、日照条件、道路衔接状况、必要的停车条件、顾客停车场地及厂商用进货空间等。

(7) 法律条件。在新建分店或改建旧店时要查明是否符合城市规划及建筑方面的法规，特别要了解各种限制性的规定。

(8) 投资的最高限额。以预估的营业额或卖场面积为基准来规定。

(9) 员工配置。以卖场面积为基准来规定。

【同步阅读 4-2】

揭秘星巴克选址的四大要点

一些有关小资生活方式的文章中都会提到这样一个现象：高级写字楼里的高级白领们一般都遵循这样一个日程表，上午在办公室工作，下午则在星巴克泡着。随之有这样一句很经典的话：我不在办公室，就在星巴克，我不在星巴克，就在去星巴克的路上。一杯名叫星巴克的咖啡，是小资的标志之一。仅仅几年，星巴克从一个无名小卒成长为一位耀眼的明星，并迅速演变为一种标志流行时尚的符号。在都市的地铁沿线、闹市区、写字楼大堂、大商场或饭店的一隅，在人潮汹涌的地方，那墨绿色商标上的神秘女子总是静静地对你展开笑颜。

星巴克前任副总裁亚瑟•鲁宾菲尔，在自己任内将星巴克由 100 多家扩展到全球 4000 多家分店的经验，为每个想成功开店的人指引完美选址四大要点。

第一步：挑地方，确定人流及流量。

首先，你必须清楚人们要往哪里去，而不只是在哪里，像早餐店要开在上班族会走过的地方。你可以花点时间，在感兴趣的目标地区计算上午、下午、晚上各时段的人流，统计进入附近店面的人数，看看经过的人当中，上班族、学生、家庭主妇的比例，而且至少要在平日和周末各算一次，才能知道人流真实的分布状况。

除了人们往哪里去，你还要考虑人们得花多久才会到达你的店面。越便宜的产品，顾客越不愿花时间，例如便利店铺是以 3 分钟来定义主要商圈，咖啡店大约是 5 分钟，除非你打算卖汽车这种高单价商品，否则一般而言，顾客最远只能忍受 7 分钟的交通时间。

第二步：找地点，访查周遭环境。

首先是从商人的角度：什么迹象显示该地点可以创造业绩？其次，从顾客的角度：你

会不会到这个地点逛街？黄金地段有冷门的角落，次级商圈也有热门据点，找地点最忌讳只看到别人成功，就想在隔壁复制一家店，除非你有把握做出自己的差异化。

此外，留意坐落在对角或不远处的竞争对手是否会抢走你的生意？你是否能在顾客行动路线上，抢先别人一步拦截顾客？随时注意对手的位置，寻找足以抗衡的地点，你一定要保持领先地位，不然位于同性质店铺的下风处，生意也会一直处于下风。

第三步：看店面，建筑等于活广告。

请抱着初次约会的心情看店面，要关心，也要抱着怀疑。先远看，再近看，想象你的店面在这个空间里的感觉，一旦店名放在招牌上，会很显眼吗？开车经过的人看得到吗？行人能从人行道上就注意到吗？好的店面就像活广告，不只是让人方便找到你，也能向路上经过的潜在客户展示自己。此外，建筑设计也是一个重点，这个地点适合零售业吗？吸引人吗？即使在外观设计上相似的购物街，质量方面也可能相当悬殊。该大楼的质量是否跟你的产品一样好？记住，一定要从品牌打造的角度来思考建筑物。

第四步：选邻居，好邻居让你少奋斗。

顾客会认为，彼此相邻的店面，其商品质量也相当类似，所以，跟类似的品牌坐落在同一地点十分重要，因为有些选址策略就是要“寄生”。在大百货公司旁开服饰店、在高级超市旁开饮食店，被大品牌所吸引的顾客，也会被你所吸引。另外，如果能碰到一些干洗店之类的优质邻居那更好，因为这些店面都有着“两次到访”的机会，人们把衣服送去洗，隔几天必定会再回来拿；邮局、超市也是这种好用的人潮回力标，若能沾到它们的光，那对你的生意绝对是大大加分。

(资料来源：迈利开店网 http://www.kaidian5.com/article/8905.shtml)

4.1.3　连锁企业店铺选址策略

1. 地理位置细分策略

地理位置细分的策略是指对气候、地势、用地形式及道路关联程度等地理条件进行细微分析后，对店铺位置做出选择的策略。主要可从以下几个方面进行细分。

1) 店铺选址与路面、地势的关系

一般情况下，店铺选址都要考虑所选位置的道路及路面地势情况，因为这会直接影响店铺的建筑结构和客流量。通常，店铺地面应与道路处在一个水平面上，这样有利于顾客出入店堂，是比较理想的选择。但在实际过程中，路面地势较好的地段地价都比较高，商家在选择位置时竞争也很激烈，所以，在有些情况下，商家不得不将店铺位置选择在坡路上或路面与店铺地面的高度相差很多的地段上。这种情况，最重要的就是必须考虑店铺的入口、门面、阶梯、招牌的设计等，一定要方便顾客，并引人注目。

2) 店铺选址与地形的关系

(1) 方位情况。方位是指店铺坐落的方向位置，以正门的朝向为标志。方位的选择与店铺所处地区气候条件直接相关。以我国北方城市为例，通常以北为上，所以一般商业建筑物坐北朝南作为最理想的地理方位。

(2) 走向情况。走向是指店铺所选位置顾客流动的方向。比如，我国的交通管理制度规定人流、车流均靠右行驶，所以人们普遍养成右行的习惯，这样，店铺在选择地理位置进口时就应以右为上。例如，店铺所在地的道路如果是东西走向的，而客流又主要从东边来

时，则以东北路口为最佳方位；如果道路是南北走向，客流主要是从南向北流动时，则以东南路口为最佳。

(3) 交叉路口情况。交叉路口一般是指十字路口和三岔路口。一般来说在这种交接地，店铺建筑的能见度大，但在选择十字路口的哪一侧时，则要认真考察道路两侧，通常要对每侧的交通流向及流量进行较准确的调查，应选择流量最大的街面作为店铺的最佳位置和店面的朝向。如果是三岔路口，最好将店铺设在三岔路口的正面，这样店面最显眼；但如果是丁字路口，则将店铺设在路口的转角处，效果更佳。

(4) 拐角情况。拐角的位置往往是很理想的，它们在两条街的交叉处，可以产生拐角效应。拐角位置的优点是可以增加橱窗陈列的面积。两条街道的往来人流汇集于此，有较多的过路行人光顾；可以通过两个以上的入口以缓和人流的拥挤。由于店铺位置面临两条街，选择哪一面作为自己店铺的正门，则成为一个十分重要的问题。一般的做法是，选择交通流量大的街道的一面作为店铺的正门，即店面；而交通流量小的街道的一面则作为侧门。

2. 潜在商业价值评估策略

潜在商业价值评估是指对拟选开业的店铺位置的未来商业发展潜力的分析与评价。评价店铺位置的优劣时，既要分析现在的情况，又要对未来的商业价值进行评估，这是因为一些现在看好的店铺位置，随着城市建设的发展可能会由热变冷，而一些以往不引人注目的地段，也可能在不久的将来变成繁华闹市。

具体策略为：所选的店铺地址在城区规划中的位置及其商业价值；是否靠近大型机关、单位、厂矿企业；未来人口增加的速度、规模及其购买力提高度；是否有集约效应，即店铺建设如果选在商业中心区，虽然使店铺面对多个竞争对手，但因众多商家云集在一条街上，可以满足消费者多方面的需求，因而能够吸引更多的顾客前来购物，从而产生商业集约效应，所以成形成市的商业街，也是店铺选择位置需重点考虑的目标。

3. 出奇制胜策略

店铺选址时，既需要进行科学的考察分析，同时又应该将它看成一种艺术。经营者有敏锐的洞察力，善于捕捉市场商机，用出奇制胜的策略、与众不同的眼光来选择店铺位置，常常会得到意想不到的收获。如全美洲最大的零售企业沃尔玛联合店铺就是采用人弃我取的反向操作策略，把大型折价店铺迁到不被一般商家重视的乡村和小城镇去。因为那里的市场尚未被开发，有很大潜力，同时又可回避城区商业日益激烈的竞争。

4. 配合所选行业

营业地点的选择与营业内容及潜在客户群息息相关，各行各业都有不同的特点和消费对象，黄金地段并不就是唯一的选择，有的店铺开在闹市区时生意还不如开在相对偏僻一些的特定区域，例如卖油盐酱醋的小店，开在居民区内生意肯定要比开在闹市区好；又如文具用品店，开在黄金地段也显然不如开在文教区理想。所以，一定要根据不同的经营行业和项目来确定最佳的地点。下面这些地点可供参考，在实际运用中可触类旁通。

(1) 车站附近：小吃店、副食品店、特产商品店、旅馆、饰品店、共享电话亭、物品寄存处等；

(2) 文教区：书店、文具用品店、鲜花礼品店、饰品店、洗衣房、照相馆等；

(3) 居民住宅小区：米店、杂货店、发廊、报刊亭、裁缝店、托儿所、送水站、水果铺、饰品店等；

(4) 城郊地段店面：洗车行、摩托车修理行、汽配店铺、废品回收站、化工建材商行等。

从上面我们可以看出，要选择合适的店面，并不是越热闹的地方越好，关键是根据行业来选择。

5. 专家咨询策略

对于较大型商业的投资来说，店铺位置的选择是重要战略决策。为避免重大损失，经营者应咨询有关专家，对所选择的店铺位置进行调查研究和系统分析，如对交通流量、人口与消费状况、竞争对手等情况逐一摸底分析，综合评价优劣，再做出选择，使店铺地址的选择具有科学性。

评估店址好坏，周围情况也是必须加以考虑的。有的店铺虽然开在区域干道旁边，但干道两边有栅栏，使生意大受影响。因此在选择临街铺面时，对有车道和人行道的街道，要注意街道宽度为 25 米左右(或人行道宽度在 5～10 米)最易形成人气。这样的宽度，车辆行驶时视线很自然能扫到街两边的铺面，行人在街道边行走，也能很自然地进入店铺，如果街道过宽有时反而聚不起人气。

还有一种街道是车道、自行车和人行道分别被隔开，这种方式形成了一种封闭交通，对开设店面不太有利。一般来讲，凡居民较集中的地方都可以建立店铺。选择店址还必须观察行人来店的目的，是匆匆过路，还是溜达消遣，同一地点很可能白天人如潮涌，晚间却空无一人，所以要日夜观察，如果只看到人多却不深究行人的目的(比如有很多人经过此地只是换车而已)就贸然选址，很可能会导致失败。

【同步阅读 4-3】

麦当劳的选址“心经”

麦当劳在我国的发展步伐无疑是飞速的，如今几乎没有孩子不知道麦当劳叔叔。麦当劳最成功的地方在于选址，它只选择在适合汉堡包生存的地方开店，所以它的每个店都非常成功。

以“先标准后本土”的思想建立的麦当劳，首先寻找适合自己定位的目标市场作为店址，再根据当地情况适当调整。他们不惜重金、不怕浪费更多的时间在选址上。但他们一般不会花巨资去开发新的市场，而是去寻找适合自己的市场；不会认为哪里都有其发展的空间，而是选择尽可能实现完全拷贝母店的店址。用一个形象的比喻来说，他们不会给每个人量体裁衣，他们需要做的只是寻找能够穿上他们衣服的人。

麦当劳的选址步骤如下。

首先，进行市场调查和资料信息的收集。包括人口、经济水平、消费能力、发展规模和潜力、收入水平，以及前期研究商圈的等级、发展机会及成长空间。

其次，对不同商圈中的物业进行评估。包括人流测试、顾客能力对比、可见度和方便性的考量等，以得到最佳的位置和合理选择。在了解市场价格、面积划分、工程物业配套条件及权属性质等方面的基础上进行营业额预估和财务分析，最终确定该位置是否有能力开设一家麦当劳餐厅。

最后，商铺的投资是一个既有风险，又能够带来较高回报的决策，所以还要更多地关注市场定位和价格水平，既考虑投资回报的水平，也注重中长期的稳定收入，这样才能较好地控制风险，达到投资收益的目的。

(资料来源：理财周刊)

4.2 卖场布局概述

【同步阅读 4-4】

家乐福的卖场布局

家乐福门店分为上下两层，进入卖场后先是随扶梯上二楼，然后才能下一楼交款，不能直接在一层购物，这样设计的目的在于将顾客在卖场内的逗留时间延长，以便有更多的机会向顾客展示商品。

二楼主要是展示一些非食品的商品。二楼卖场入口的最右边主要是家电(如电视机、空调、电扇等)和手机售卖区。卖场中部主要划分为四部分：音像制品(书籍、VCD 等)、家居用品(睡衣、拖鞋等)、日常用品(电池、水杯、饭盒等)、衣物(有品牌和无牌子的成衣、内衣)。在卖场最靠后的左手位置主要是卫生洗化用品等，如皂类、卫生纸、牙刷等；中间位置主要是 10 排左右的落地货架，主要放置化工品(如洗发水、洗面奶等)；最右边主要是雅芳、美宝莲等化妆品，有醒目的品牌标志。

接下去是一楼食品类的布局。熟食、生鲜、速冻等最吸引顾客的区域被设置在门店的最内部，一方面靠近后场的作业区，另一方面可以吸引顾客走遍全场。果蔬区一般被认为是高利润部门，通常的布局是为满足顾客的相关购物需求，安排在肉食品的旁边。由于奶制品和冷冻品具有易融化、易变质的特点，所以一般被安排在顾客购买流程的最后，临近出口，同时奶制品和冷冻品通常在一起，这样有利于设备的利用。烘焙品的主力商品是面包，销量大，毛利高，大多被安排在第一货架和靠近入口的地方，这样不仅会刺激高价位面包的出售，而且还会避免顾客遗忘。杂品部分主要在超市卖场的中央，采取落地货架的形式，布局为纵向陈列，这样顾客就可以透视纵深。

连锁企业是一个以顾客为主角的舞台，而顾客对哪些最为关心呢？日本的连锁超市做过一次市场调查，得出的结论是：消费者对商品价格的重视程度只占 5%，而分别占前三位的是，开放式易进入占 25%，商品丰富、选择方便占 15%，明亮清洁占 14%。

卖场是店铺内陈列商品供顾客选购的营业场所。卖场布局最终应达到两个效果：第一，顾客与店员行动路线的有机结合。对顾客来说，应使其感到商品非常齐全并容易选择，激发其购买欲望；对店员来说，应充分考虑到工作效率的提高。第二，创造舒适的购物环境。所以卖场布局是否科学合理、是否形成特色，不仅关系到超市的商品销售，同时也是超市整体品牌形象在店面和卖场内部的直接表现。

(资料来源：房天下，http://fdc.fang.com/wenku/215207.html)

4.2.1 连锁企业卖场合理布局带来的好处

所谓卖场布局，是指为了达到刺激顾客需求的目的，对包括商品、设备、用具、通道等在内的卖场整体，根据明确的计划进行合理的配置。

卖场布局的目的是让顾客进入卖场之后，充分浏览卖场中的商品，便利地选购商品，从而提高卖场的销售业绩。因此，卖场布局具有十分重要的意义。

1. 促进商品销售

卖场的终极目的就是销售商品，布局的终极功能同样也是为商品的销售服务。布局除了成就连锁企业卖场的整体形象和人文气氛以外，最关键的就是形成对商品的销售力。

2. 培养顾客忠诚

顾客的忠诚是超市培养出来的，而非一开业就能够拥有的。顾客忠诚是一种资源，特色的、人文的、能够为消费者所接受和偏好的布局将会助企业培养顾客忠诚一臂之力。

3. 现场广告宣传

商品的本身就是广告，卖场的布局陈列同样是一种广告。中国有一句商业谚语：货卖堆山。为什么要堆山？就是要通过商品的极大丰富、极大丰满招徕顾客、吸引顾客、刺激顾客的购买欲。在实施布局的过程中，中小连锁企业要把布局当作企业对外宣传的一种理想途径，进而结合周边商业环境，有计划、有步骤地进行。

4. 提高工作效率

布局的合理科学，不仅能作用于顾客，同样会给店员一种便利和享受。繁杂凌乱的通道布局和商品摆放，只能降低店员在卖场内的工作效率。

4.2.2　连锁企业卖场布局的原则

连锁企业卖场布局是科学与艺术的有机结合，是一个比较复杂的问题，涉及光学、声学、心理学、美学等多门学科的综合运用，要合理统筹考虑商品种类、数量、经营者的管理理念、顾客的消费心理、购买习惯，以及卖场本身的形状大小等因素。例如，根据顾客的购物习惯、消费心理和格调品位来安排货位，根据人流物流的大小方向、人体力学等来确定通道的走向和宽度，根据经营商品的品种、档次、关联性和磁石点理论来划分售货区等。所以，必须对其进行认真深入的研究。卖场布局的基本原则有以下几点。

1. 让消费者很容易进入

这是消费者最关心的，卖场的设计必须时时思考如何让消费者很“容易”“自然”地进入店中。

因为一个卖场虽然产品丰富、价格便宜、服务亲切，但如果客人不愿进来或不知道如何进来，那一切等于白费。所以如何让消费者“很容易地进来”是一切的根本。只有顾客愿意进来，我们才有做生意的机会，谚语“人的脚最肥”应该是最好的注解。客人进入了我的店，才是做生意的开始，消费者才会发现我们的优点，我们才有赚钱的机会。

2. 让消费者停留得更久

据权威部门调查：为买特定的某些商品而到超级市场去的只占 30%；换句话说，在消费者所采购的商品中，有 70%是属于冲动性的购买，亦即消费者本来不想购买这样的商品，却在闲逛中，受商品的内容、店员推销、包装，或正在举办特卖等因素的影响而购买。所以消费者进入了卖场，卖场便已展开销售的行为，如何让消费者在店里面停留得更久，如何让消费者冲动性购买得越来越多，是卖场布局的目的。

为达到此目的，要从以下两方面来着手。

1) 创造“优势”

就是要创造消费者愿意留下来的优势。此时连锁企业的设计人员就必须思考，如何做才会让消费者愿意留下来。当然，“明亮的空间环境”与“商品陈列易看易选”是一定要考虑的。此外，如良好的空调、音响，亲切的服务态度，也是消费者愿意久留的原因。

曾经有一家店，在夜间晚餐过后，卖场都精挑细选一些极为优美的音乐，并在音响效果上加强改进，经过观察，有些消费者会在晚餐后，信步往店铺走来，一方面聆听音乐，一方面选购商品。此时对该消费者而言，是在“享受购物的乐趣”。为此该店获得不少消费者的肯定。

2) 排除“不适”

就是要排除让消费者在卖场感觉到不舒适感的地方。例如通路太窄，消费者在选购商品时常会受到他人挤、撞的影响；又如音响太过嘈杂、粗俗，服务人员的态度不佳等，都无法让消费者久留，当然消费者冲动购买的概率自然会减少，也就减少了销售机会。

3. 最有效的空间

“啊!真累”以及“啊!真舒服”这两句话虽然文辞简单，但意义截然不同，如何让顾客感受购物的乐趣，而且会继续想再来，这是卖场配置与布局所最需思考的。

店铺中包含了“前方设施”“中央设施”“后方设施”及“建筑设施”。简单而言，可划分为“前场”和“后场”。布局之初，应将前场与后场的面积做一个合理的分配，通常所采用的标准是 8∶2，但目前土地的成本越来越高，以用卖场租金标准租来的场地充当仓库或处理场，成本会提高。在物流系统逐渐发达之际，连锁企业可努力改进创设自己的物流系统，或与其他物流系统结合，尽量将有效的空间都作为卖场，以增加营业额，降低成本。

4. 营造最佳的销售气氛

在消费意识高涨的时代，消费者的认同，已从单独商品转移到对店铺的整体形象上。一般而言，销售气氛的创造，要从店铺的陈列展示、色彩、灯光着手。卖场的灯光、色彩，应列入一家企业的整体识别体系内，如此才能创造出自己独特的风格。

卖场的布局除上述原则外，应充分运用开店前对消费者所做的调查资料，如此才能更好地了解消费者，满足消费者的需求。

【同步阅读 4-5】

苏宁人性化设计家电卖场

在欧美国家，大型家电卖场成为很多市民休闲的场所，因为那里更多扮演的是一个敞开式的家电 shopping mall，而非一个单纯的销售场所。随着生活节奏的不断加快，持币待购的消费者要的是一个能够方便、快捷、全面找到所需产品的全新理念卖场。

在苏宁年度连锁发展规划发布会上，苏宁电器华北地区管理总部执行总裁范志军称将引进新的家电卖场设计理念，以后的门店全部走豪华、时尚、人性化路线，摆脱同质化、拼价格、拼资源的竞争模式。苏宁北京三元西桥、刘家窑 3C+旗舰店，将率先采用新的人性化站台布局设计，引用先进的卖场经营理念，更加注重细节设计。比如新的卖场人性化曲线站台布局方便消费者寻找产品，减少消费者无意义的重复行走路线；同时根据消费者的需求，创新提供了大量的休闲式个性化服务。以后在苏宁的卖场里面可以享受到上网冲浪、自由下载、游戏、模拟影院等超前时尚服务。

为了提升商场整体服务的水平，全方位满足消费者的需求，各大家电品牌将在展区内重点突出体验化的理念，使消费者充分感受到家电不仅仅是一种商品，更是一种生活方案。

如在生活电器品类上，将会出现集油烟机、灶具、厨具、热水器、精品小家电为一体的家庭式体验厅；在彩电展区的设置上，则有全真模拟影院的杰作，进入展区消费者将会感受到魔幻般的视觉享受；而在 3C 品类的展台设计上，全部采用敞开式以及更适合于消费者视觉习惯的流线型设计，最终实现销售员、消费者、产品的三位一体的全面互动，无线上网冲浪、自由下载、PS2、PS3、XBOX 等游戏体验将成主打。

另外，苏宁电器针对整个商场的采光、环境色彩设计、中央空调控制系统、休闲区设计、残疾人障碍通道乃至商场洗手间等基础设施进行全新设计，并且采用智能化、人性化设计，充分考虑到了消费者的个性化需求。苏宁电器将在商场各个区域设置休闲座椅、手机加油站、多媒体触摸式电子导购系统等一些自助设施，为消费者提供更为便捷的服务。

(资料来源：新浪网)

4.2.3　卖场的布局技巧——磁石点理论的运用

在连锁企业商品陈列布局和经营中，存在一种磁石点理论，该理论的应用对企业经营业绩有很大的促进作用。连锁企业在商品布局、陈列和经营中可以借鉴。

磁石点理论认为，在企业的陈列空间中，顾客对该空间各个位置的注意程度是不同的，其中必然存在一些最能够吸引和相对比较吸引顾客注意力的磁石点。这些磁石点之所以会吸引消费者的眼光，一方面是基于人们的视觉习惯；另一方面是连锁企业运用了商品配置技巧以及促销技巧，以吸引消费者的注意。

根据磁石点理论，连锁企业在陈列商品时必须要依靠商品配置和陈列技巧，在陈列空间中最能吸引顾客注意力的地方，配置和陈列顾客感兴趣的商品，并且这种配置能够引导顾客逛完整个商品陈列空间，增加顾客冲动性购买率。

连锁企业卖场磁石点可分为 5 个部分(如图 4-1 所示)，企业商品一般都是按不同磁石点来配置相应的商品。

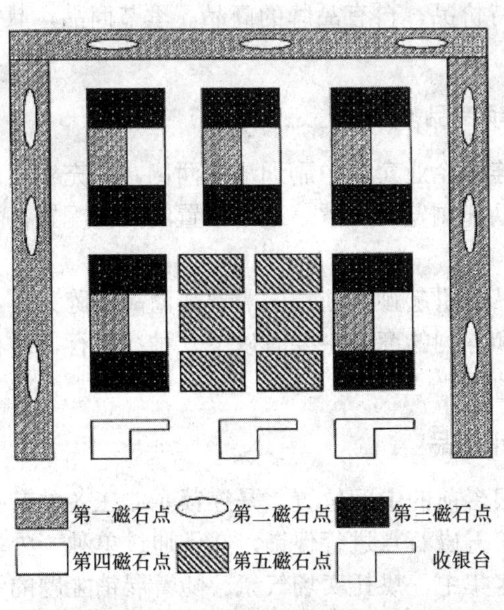

图 4-1　卖场磁石点分布图

1. 第一磁石点：主力商品

第一磁石点位于主通道的两侧，是消费者必经之地，也是最容易刺激商品销售的位置。此处应配置的商品为以下几种。

(1) 消费量大的商品。

(2) 消费频率高的商品。消费量大、消费频率高的商品是大多数消费者随时要使用的，也是时常购买的，可将其配置在第一磁石点的位置，以增加销售量。

(3) 主力商品。第一磁石点的贩卖固然以主力商品为主，但同业间也大多有这些商品，消费者很容易比较，因此如何创造价格优势，对该超市的经营非常重要。

2. 第二磁石点：重点展示的商品

第二磁石点位于次通道的末端，通常是在连锁企业的最深处。第二磁石点商品负有诱导消费者走入卖场最深处的任务。

(1) 最新的商品。消费者总是不断追求新奇。长期不变的商品，就算品质再好，价格再便宜，也很难引起消费者的购买兴趣。新商品的引进固然会面临经营的风险，但经营者必须要有勇气周期性地引入新商品，以增加卖场对顾客的吸引力。将新商品配置在第二磁石点的位置，必然会驱使消费者走入卖场的最深处。

(2) 具有季节感的商品。具有季节感的商品必定是最富有变化的，经营者可借助季节的变化对商品陈列进行重新布置，以此吸引消费者的注意。

(3) 明亮、华丽的商品。明亮、华丽的商品通常也是流行、时髦的商品。

3. 第三磁石点：端架商品

第三磁石点指的是端架的位置。端架通常面对着出口，其基本目标是要离开的消费者。第三磁石点的商品要能够刺激消费者，留住消费者，增加消费者的购买量。第三磁石点位置可配置如下的商品：特价品，自有品牌的商品，季节商品，具有第一磁石点商品的条件且购买频率高的商品。

4. 第四磁石点：单项商品

第四磁石点通常指连锁企业卖场中副通道的两侧，是充实卖场各个有效空间，并让顾客在长长的陈列线中移动和浏览的位置。这个位置的商品配置，不能以商品群来规划，而必须以单品来规划。

为了使这些单项商品能引起顾客注意，需要在商品的陈列方法和促销方法上对顾客作刻意表达。在这里配置和陈列的商品主要有以下几种：流行、时尚商品，有意大量陈列的商品，广告效应强的商品。

5. 第五磁石点：促销商品

第五磁石点位于收银台前的中间位置，是连锁企业在各种节日组织大型展销、特卖活动的非固定场所。利用第五磁石点进行促销，在于通过单独一处多品种商品大量陈列的方式，造成一定程度的顾客集中，烘托卖场气氛。随着展销主题的不断变化，第五磁石点的商品陈列可给消费者带来新鲜感，从而达到促销的目的。第五磁石点主要陈列以下商品：低价展销品，大量陈列多品种商品，非主流商品。

磁石点理论能够帮助商家运用科学的手段，在最能吸引消费者注意力的地方，配置好消费者最有可能购买的商品。在卖场的不同角落，布置好有针对性的磁石点，让消费者一旦走进超市，便牢牢地被“磁石”吸住，那么商家自然也就赚得盆满钵满了。

4.3　连锁企业卖场的外观布局

连锁企业外观布局主要是店面和店铺周围环境的布局，它主要起到了吸引顾客的注意、方便顾客和广告促销的作用，也是影响连锁企业销售业绩的主要因素之一。好的店面设计不仅体现了一定的艺术美，而且反映了连锁企业独特的经营理念和风格。连锁企业的外观布局主要包括店面的建筑、门面、招牌、出口/入口、橱窗、停车场等的设计。

4.3.1　卖场建筑设计

顾客与卖场的第一次接触便是卖场的建筑造型及装饰。在不熟悉的情况下，消费者通常根据建筑的外观来判断连锁企业的好坏。艺术美与外观美的建筑物不仅能给消费者带来视觉的冲击与美的享受，而且能刺激他们的消费欲望。建筑设计是顾客对卖场的第一印象，因此卖场的建筑造型及装饰必须具有行业特点。

同时还要注意与周围的建筑物相协调，并符合城市规划的要求。加拿大多伦多的VELOTIQUE 自行车店，是在整个卖场房屋基础上搭建一个巨大的自行车，使顾客能够在很远的地方就能够判断出这是一家自行车店；日本 PradaBouique 青山店，总体建筑物采用欧洲街道的开放式建筑风格，建筑物的正面是菱形的玻璃格子，格子由凹状、凸状、平面和不同形状的玻璃镶嵌而成，犹如一块晶莹剔透的水晶，当光线从不同的角度折射进内部，商品、街道、街上匆匆忙忙的行人三者巧妙地融合在一起，具有强烈的视觉效果；湖南著名的金谷仓家具配饰店，则采用现代工艺把整个卖场建筑设计成吊脚楼形式，使传统与时尚得到高度的融合。

总体来说，卖场建筑设计要讲求安全、实用、先进、新颖、独特等特性。卖场建筑临街的一面应配置绚丽多姿、变幻闪动的彩灯、射灯装饰；每逢重大节日，有经济条件的卖场还可在临街的整个墙面用彩灯勾画出巨幅、美丽、生动的画面。

4.3.2　卖场门面设计

卖场门面体现了卖场的形象，良好的门面设计能够有效起到促销商品、顺利获得利润、提升店铺形象的作用。因此卖场门面设计十分重要。在进行店面设计之前，经营者应该全面了解本店销售商品的种类、规模、特点等，尽量使店面外观与这些因素相结合；同时还应该了解周围环境、交通状况、建筑风格，使卖场造型与周围环境协调一致；了解国内外店铺外观的发展趋势，设计形式新颖、实用、结构合理的零售店门面，做到既有精神上的美感，又能符合消费者的购物需要。

1. 门面类型

(1) 开放型。开放型门面设计主要适用于出售蔬菜水果、食品、日杂品等低档日用品的店铺。店铺正对大街的一面全部开放，由于购买这类商品的顾客只希望看到商品及价格，所以不必设置陈列橱窗，这样也方便顾客出入。

(2) 半封闭型。半封闭型门面设计主要用于经营化妆品、服装等中高档商品的店铺。店铺入口适中，玻璃明亮，顾客能够从外面看到卖场内部，通过配置橱窗对顾客产生吸引力。购买这类商品的顾客预先都有购买计划，目标是买到与自己兴趣爱好一致的商品。顾客从外边看到橱窗，对卖场所经营的商品产生兴趣，才会进入店内，因此开放度不要求很高。

(3) 封闭型。封闭型门面设计主要用于经营高档商品的店铺，如照相机、宝石、金银器等贵重商品。这种设计入口尽可能小，且面向大街的一面用橱窗或有色玻璃遮蔽起来，设计别致，用料精细、豪华，能突出经营贵重商品的特点，给消费者以优越感。

2. 门面设计的要点

设计门面时，应从整体效果出发，力求与卖场整体建筑浑然一体、协调一致。

(1) 要与周围环境相协调。店面设计虽然应有不同特色以显示其独特风格，同时也要注意造型与色彩的整体效果，不宜与周围商业环境的气氛相差过大。在消费者心中，对不同店铺类型已有概括的印象，如果店面设计过于风格迥异，反而会使消费者难以接受。

(2) 开放感强。卖场门面设计要有较强的开放感，也就是从卖场外能够直接透视卖场内，一般采用玻璃门来提高透视性，这样顾客从卖场外能看到卖场内的一切或大部分，能够舒心地进入卖场，反之顾客会产生不安情绪，降低购买欲望，这也是增强卖场开放感的原因。此外，独特的建筑外形、鲜明的招牌、光彩夺目的照明装置、宽敞的店铺入口、诱人的橱窗等，均能吸引路人的视线，形成深刻印象。

(3) 尽可能方便顾客。卖场除了要求外部结构美观、引人注目外，还要注意顾客的方便性，要便于顾客行进或停车。因为即使夺目的门面成功吸引了顾客的眼光，而一旦店面前有障碍物或没有足够的空间，那么顾客也无法到达或进店。

(4) 力求形成独特风格。卖场的门面必须与周围商业设施环境相区别，向顾客展示一种特殊形象以区别于竞争者。那种一味追求富丽堂皇的做法是文化格调不高的表现，容易流于俗气。一些卖场十分注重自己的品味与形象，如出售古董、玉器、字画的店铺有意识地将中国古老的民族建筑风格糅合到现代建筑形式中去，体现出悠久的历史风貌，与其所售商品相映生辉；有些儿童店面用米老鼠、唐老鸭和各种卡通形象来装饰，以吸引小朋友的注意力。

4.3.3 卖场招牌设计

“金字招牌、价值连城”，招牌是展示卖场名称的载体，是吸引消费者注意力的第一焦点。招牌的设计应突出并能吸引注意力，只有能引起人的注意，才有可能吸引消费者走入店内。招牌可以是华丽的、俗气的、典雅的和精致的，它将影响卖场的氛围与形象。招牌通常由招牌面、招牌字或图案所组成。

1. 招牌的功能

招牌对于商家来说有非常重要的作用，主要有以下几个方面。

(1) 招牌能体现出经营特色、服务传统和企业文化。某些有着悠久历史的中华老字号因为赢得了良好的社会声誉，直到今天仍然受到广大消费者的青睐，如同仁堂、六必居、稻香村等。

(2) 招牌能引导消费者，方便购物。随着招牌广告化发展，使其附带行业属性，标示了主要的商品供应范围和服务项目，极大地方便了消费者选购，如光明眼镜店。

(3) 招牌能吸引消费者，愉悦顾客。有的招牌利用灯光装饰、名人题字或是富于想象的词来命名，使得顾客很容易产生共鸣，并爱屋及乌地对店铺产生某种好感，如亨得利眼镜店、李宁体育用品店铺等。

(4) 招牌能使消费者增强对店铺的记忆和传播。一般来说，这是设计招牌时的基本点。招牌设计倾向于简便易读、朗朗上口，使消费者一见就明，并易于传播。

2. 招牌面类型

(1) 水泥细石面。包括水泥面、石子面、卵石面等，具有简朴粗犷、自然原始等风格。

(2) 油漆或涂料面。以木板、墙面、铁皮作为底衬并涂上鲜艳的油漆或涂料制成，色彩多样活泼，且经济易行，但要定期刷新油漆或喷漆涂料，另外，也可采用喷涂塑料形式。

(3) 大理石、马赛克、贴砖、墙砖等招牌面。这种装饰效果较好，或沉稳庄重，或豪华气派，或纯洁清新。

(4) 金属板材面。如银色或古铜色的铝合金面，给人以大方、俊美、高雅之感。

(5) 有机玻璃面。加工方便，成品色泽鲜艳，装饰效果好，但强度弱，加工易受损。

(6) 拼接玻璃面、镜面。茶色玻璃面是广为流行的招牌衬面。明亮整洁、色泽对比强的招牌字或图案在其衬托下，格外醒目，空间感强烈。

4.3.4 出口与入口设计

在卖场设计中，第一关便是出入口的设置。招牌漂亮只能吸引顾客的目光，而入口开阔，才能吸引顾客进店。入口选择的好坏是决定店铺客流量大小的关键。不管什么样的店铺，出入口都要易于出入。店铺的出入口设计应考虑店铺规模、客流量大小、经营商品的特点、所处地理位置及安全管理等因素，既要便于顾客出入，又要便于店铺管理。好的出入口设计能够使消费者从入口到出口，有序地浏览全场，不留死角；如果设计不合理，就会造成人流拥挤或货品没有被消费者看完便到了出口，从而影响销售。一般来讲，如果卖场形状规则，出入口一般在同侧为好，以防太宽使顾客不能走完，留下死角；如果不规则，那么卖场要考虑内部的许多条件，设计难度相对较大。进行卖场出入口设计时应解决以下三个问题。

1. 出入口的数量

小型卖场可以只有一个出入口，但大型卖场就需要有多个出入口。一般大型卖场的出入口至少应该有两个，其中一个在正面，吸引步行的顾客；另一个在后面或侧面，临近停车场。由于正面和侧面出入口服务的目的不同，因此要单独设计。对出入口数量的决策要考虑安全的因素，过多的出入口会对安全管理形成较大的压力。

2. 出入口的类型

出入口的类型多种多样，如旋转式、电动式、自动开启式、推拉式，还有气温控制式等。不管采用哪一种形式，目的都是要吸引顾客进店，减少顾客的拥挤，保持进出畅通，并使顾客能够看到内景。出入口的地面可以选择水泥、瓷砖或铺上地毯，灯光可以从白炽光、荧光、白色光、彩色灯光、闪烁的霓虹灯光或持续的灯光中选择。

常见的连锁企业出入口设计如图 4-2 所示。

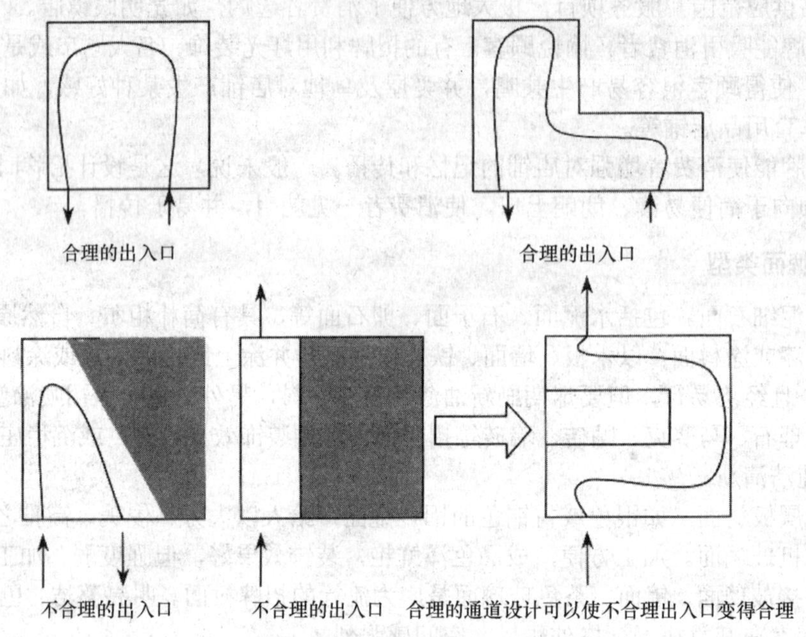

图 4-2　卖场出入口设计图

3. 出入口的通道

一个宽敞的通道和一个狭窄的通道创造的形象和气氛是相当不同的，卖场应该提供足够的出入口通道面积。出入口宽敞的卖场容易吸引顾客，这是因为宽敞的通道具有开放感，顾客心情亦会随购物而感到畅快。所以设计时应当考虑到不要让顾客产生“幽闭”“阴暗”等不良心理，从而拒客于门外。明快、通畅、具有呼应效果的通道才是最佳设计。

例如，超市入口一般设在顾客流量大、交通方便的一边。通常入口较宽，出口相对较窄，入口比出口约宽 1/3。在入口处为顾客配置购物提篮和手推车，一般按 1～3 辆(个)/10人的标准配置。超市的出口必须与入口分开，出口通道应大于 5 米。出口处的收银台，按每小时通过 500～600 人为标准来设置，出口附近可以设置一些单位价格不高的商品，如口香糖、图书报刊、饼干、饮料等，供排队付款的顾客选购。

4.3.5　橱窗的设计

在现代商业活动中，橱窗既是商品陈列宣传的重要手段，也是装饰店面的重要手段。一个构思新颖、主题鲜明、风格独特、手法脱俗、装饰美观、色调和谐的店铺橱窗，与整

个店铺建筑结构和内外环境构成立体画面，能起到美化店铺和市容的作用。卖场通过橱窗布置的艺术形式诱导顾客、刺激消费者的购买欲望。

一般来说，橱窗设计应注意以下几个方面。

(1) 橱窗横向中心线最好与顾客的视平行线高度相等，整个橱窗内所陈列的商品都在顾客视野中。

(2) 在橱窗设计中，必须考虑防尘、防热、防淋、防晒、防风、防盗等，并采取相关的措施。

(3) 橱窗设计不能影响店面外观造型，橱窗建筑设计应与店铺整体规模相适应；橱窗陈列的商品必须是店中出售的，而且是最畅销的商品。

(4) 陈列商品时，应先确定主题，无论是同种同类或是同种不同类的商品，均应系统地分种分类依主题陈列，使人一眼就看到所宣传介绍的商品内容，千万不可乱堆乱摆，分散消费者视线。

(5) 橱窗布置应尽量少用商品作衬托、装潢或铺底，除根据橱窗面积注意色彩调和、高低疏密均匀外，商品数量不宜过多或过少，要做到使顾客从远处近处、正面侧面都能看到商品全貌。富有经营特色的商品应陈列在最引人注目的橱窗里。

(6) 橱窗应经常打扫，保持清洁。陈列商品需勤加更换，尤其是有时间性的宣传以及容易变质的商品应特别注意。每个橱窗在更换或布置时，应停止对外宣传，一般必须在当天内完成。

4.3.6　停车场设计

停车困难是有车阶层最困扰的问题，“停车方便”已成为当今连锁企业吸引顾客最重要的因素之一，它有助于提升企业的竞争力，扩大销售额。但是，修建停车场需要投入相当大的资金，因此，停车场规模必须坚持适当超前的原则。

停车场设计要便于顾客停车后便利地进入卖场，购物后又能轻松地将商品转移到车上，这是对停车场设计的总体要求。卖场停车场通常要邻近路边，易于进出，入口处的通路要与场内通路自然相接，场内主干和支干通路宽度以能让技术不十分熟练的驾驶者安全地开动车辆为宜，步行道要朝向店铺，场院内地面应有停车、行驶方向等指示性标志，主停车场与店铺入口应在 180° 范围内，便于顾客下车后就能看到店铺。

4.4　连锁企业卖场内部布局

消费者对连锁企业的评价，不仅表现在外部的环境上，更主要表现在内部环境上。内部环境又以营业场所的环境最为重要。因此卖场内部的布局合理与否，无论对顾客购物，还是对企业管理、员工现场操作，都是十分重要的。它不仅可以提高连锁企业有效面积的使用率、营业设施的利用率，而且能为顾客提供舒适的购物环境。

4.4.1 卖场内部布局类型

根据卖场占有空间格局的不同，卖场布局的类型各有千秋，它直接关系到顾客的购买率。

1. 格子式布局

这是一种十分规范的布局方式。在格子式布局中，所有的柜台互成直角，构成曲径式通道。这种通道与出入口的合理结合，能产生顾客形成的消费流由入口经过布满商品柜台的曲径通向卖场出口的一种动力效果。超级市场和某些杂货卖场大多采用格子式布局。这种布局使整个卖场结构严谨，给人以整齐规范、井然有序的印象，很容易使顾客对卖场产生信任心理。

格子式布局大都用于敞开售货，顾客可以沿通道两侧的敞开货架自由挑选和浏览商品，而自选式售货恰恰能满足顾客现代的需求。格子式布局使整个卖场整齐划一，从经营管理角度看，格子式布局更便于安全销售和保持卖场卫生，而且整体投入较低。但顾客走在除了商品还是商品的环境中，会产生孤独、乏味的感觉，而且由于布局的规范化，店内装饰形成的购买情趣效果难以显现。此外，由于在通道中自然形成的驱动力，选购中的顾客常常有一种加速购买的心理压力，浏览和休闲的愿望常被大打折扣。格子式布局如图 4-3 所示。

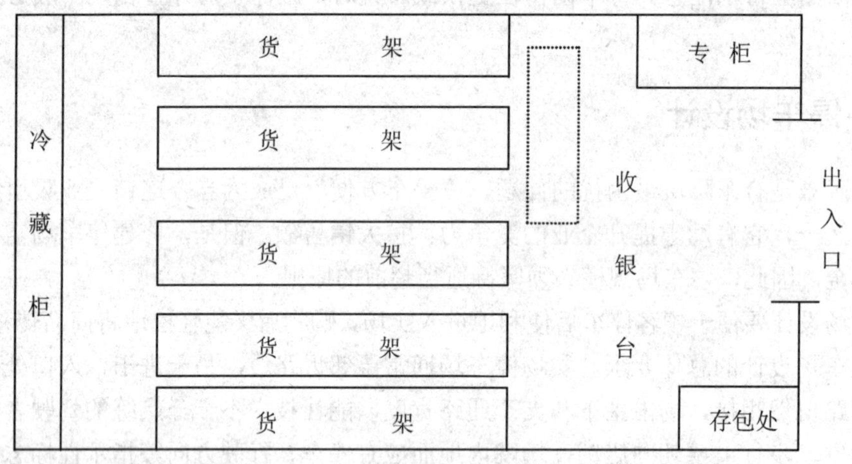

图 4-3 格子式布局基本形式

2. 岛屿式布局

这种布局是将柜台以岛状分布，用柜台围成闭合式，中央设置货架，可布置成正方形、长方形、圆形、三角形等多种形式。这种形式一般用于出售体积较小的商品种类，它可以充分利用营业面积、在保证顾客流动所需占用面积的条件下，布置更多的售货现场，采取不同的岛屿形状、装饰来美化营业场所。岛屿式布局的柜台周边较长，陈列商品较多，便于顾客观赏、选购，顾客流动较灵活，视野开阔。由于岛屿式布局中售货现场与辅助业务场所隔离，不便于在营业时间内临时补充商品，同时存货面积有限，不能储备较多的待售商品，因此会增加续货、补货的劳动量。岛屿式布局如图 4-4 所示。

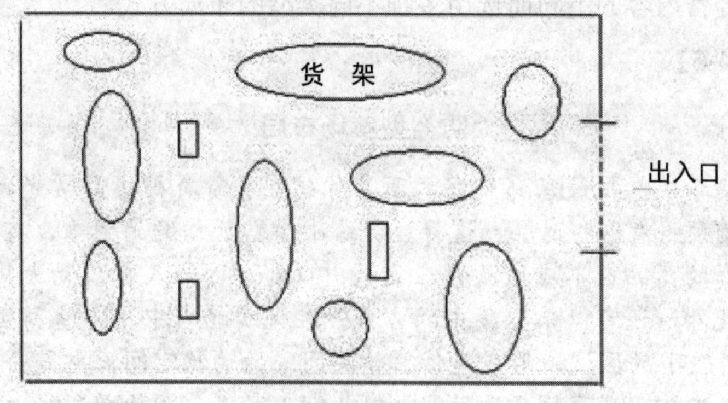

图 4-4　岛屿式布局基本形式

3. 自由流动式布局

自由流动式布局是以方便顾客为着眼点而进行设计的，也是能把商品最大限度地展示在顾客面前的布局方式。这种布局是根据商品和设备特点形成的各种不同的组合，或独立，或聚合，没有固定或专设的布局形式，销售形式也不是固定不变的。它给顾客以宽松的气氛，顾客能自由来往。但从空间利用效果来看，自由流动式布局比格子式布局要差。这类布局中通道一般比较宽敞，或在卖场中央留有较大的空间用于装饰，如喷泉池、休息娱乐场地等。百货商场、专业卖场等多采用自由流动式布局。它能利用装饰布局创造较好的环境气氛，对各种类型的顾客都能产生一定的吸引力，大大刺激顾客的非计划性购买，其利用环境促销的作用十分明显。但是，这类布局如果布置不好，会给人卖场布局混乱不清的感觉；同时，由于费用投入较高，会影响卖场整体价格水平；对经营者而言，卖场的安全管理和清洁卫生的难度也较大。自由流动式布局如图 4-5 所示。

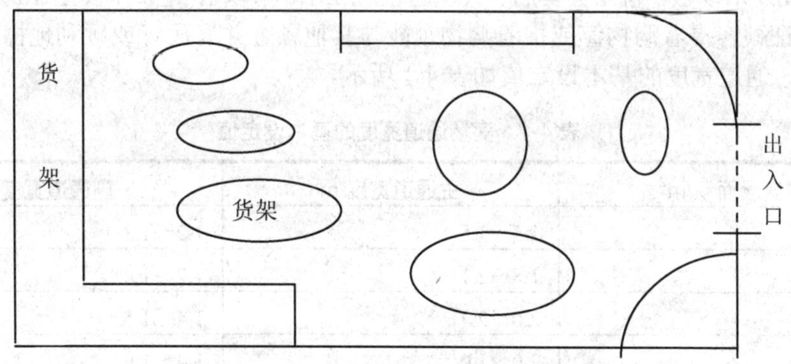

图 4-5　自由流动式布局形式

在实践运用中，卖场采用哪一种形式的布局，要综合考虑方方面面的因素，一旦选用某一种布局，在一段时期内要保持不变，但如遇到经营品类转向、节假日庆典等情况时，则应灵活调整卖场的布局。此外，卖场的布局也要随着销售方式的不同而改变。例如，贵重商品和易污损的商品适合采用隔绝式销售方式，那么卖场就要考虑采用格子布局更为恰当；如果销售的是廉价的日用品，为了方便顾客的自由选购，卖场一般采用敞开式货架，这时应选用自由流动式布局。通常来说，小型卖场采用单一的布局形式即可，大型卖场则可根据各个楼层经营内容的不同而选用多种不同类型的布局方式。

【同步阅读 4-6】

防盗型卖场布局

在开放式的卖场中，把最容易失窃的商品陈列在售货员视线最常光顾的地方，即使售货员很忙，也能兼顾照看这些商品，这样，会给小偷增加作案的困难，有利于商品的防盗；另外，最容易失窃的商品也不应该放置在靠近出口处，因为人员流动大，售货员不易发现或区分偷窃者；此外，还可以采取集中的方式，在大卖场当中把一些易丢失、高价格的商品集中到一个相对较小的区域，形成类似“精品间”的购物空间，也是一种很好的“安全”的商品陈列方式，非常有利于商品的防窃。像北京万客隆，购物面积很大，商品品牌也多，在它的二楼另辟有一个不大的店中店，主要出售 CD、磁带、彩色胶卷、随身听、照相机、电动剃须刀等。

(资料来源：联商网，http://www.linkshop.com.cn)

4.4.2 卖场通道设计

通道设计是在考虑出入口和客流量的基础上进行的，卖场的通道划分为主通道与副通道。良好的通道设置应该能够引导顾客按设计的通道自然走过卖场的每一个角落，以方便顾客接触所有商品，使卖场空间得到最有效的利用，从而有效地提高卖场的营业效益和营业设施的使用率。通道在设置时应注意以下几项原则。

1. 足够的宽度

通道应符合卖场整体动线要求，营业面积小于 200 平方米的折扣店和便利店的通道宽度应保持在 0.9 米以上，仓储会员店、大型超市应在 1.6 米以上(超市不少于 1.5 米)。足够的宽度是要保证顾客提着购物筐或推着购物车能与其他顾客并肩而行或顺利地擦肩而过。不同规模卖场，通道宽度的基本设定值如表 4-1 所示。

表 4-1　卖场通道宽度的基本设定值

单层卖场面积/m^2	主通道宽度/m	副通道宽度/m
300	1.5～1.8	1.2～1.3
1000	1.8～2.1	1.2～1.4
1500	2.0～2.7	1.4～1.5
2000 以上	2.0～3.0	1.4～1.6

通道宽敞可以减慢顾客行走的速度，使顾客有更多的机会浏览通道两侧的商品，但也会减少空间利用率，因此应根据卖场的规模和客流来设计通道，同时设计收银台周围通道的宽度，以保证收银台顾客排队的通畅性。

2. 主通道笔直

主通道要尽可能设计成笔直的单向道且尽量长，途中可拐弯的地方应尽可能少，需要时应借助于不间断连续展开的商品陈列线来调节，以对顾客产生吸引力。在顾客购物过程中，尽可能依货架排列方式，将商品以不重复、顾客不回头走的设计方式布局。

3. 副通道通畅

副通道应与主通道平行或垂直交叉布局，以保持各方向畅通。货架应以商品不重复、顾客不回头走的设计方式布局，以最大限度地展示商品、突出经营特色。

4. 地面平坦

通道地面应保持平坦，不要有台阶，否则会使购物车不能通过，也容易使顾客绊倒。

5. 灯光明亮适度

通常通道上的照明度要比外部照明度强5%，尤其是主通道，由于相对空间比较大、客流量大、利用率最高，灯光明亮便于顾客浏览商品，但应以舒适为度。

6. 无障碍物

通道是用来诱导顾客多走、多看、多买商品的。通道要保持流畅，避免有死角，在通道内不能陈设、摆放一些与陈列商品或促销商品无关的器具或设备，以免阻断卖场的通道，损害购物环境的形象。

4.4.3　卖场的装潢设计

1. 卖场地面设计

卖场内的地面是店堂基本装潢设施中和顾客接触最直接、最频繁的地方。卖场地面的材料和设计是非常重要的，95%的卖场采用大理石或瓷砖做地面，而94%的高级专卖店使用地毯。例如LensCrafters(一家光学仪器连锁店)，它采用枫木做地板并铺上蓝色地毯，营造出一种更加轻柔、温暖的风格，用他们的话来说："就是为了创造友好的购物环境"。

卖场地面在设计时要十分注意其带给顾客的良好触觉印象，还要顾及商品陈列与它的配合效果。地板在图形设计上有刚、柔两种选择。以正方形、矩形、多角形等直线条组合为特征的图案，带有阳刚之气，比较适合经营男性商品的零售卖场使用；而圆形、椭圆形、扇形和几何曲线等曲线形状组合为特征的图案，带有柔和之气，比较适合经营女性商品的零售卖场使用。

2. 墙壁与天花板设计

大型卖场内的墙壁设计装潢的总体要求是坚固、廉价与美观，使用的材质一般为灰泥，再涂上涂料或进行墙面喷塑。这是因为大型卖场的壁面绝大多数被陈列的货架和物品遮挡，相比于高档服装、电器连锁店而言，大型卖场商品陈列与壁面配合的效果要求要低得多，所以在大型卖场壁面装潢上尽可能节约一些，但材料必须坚固，这主要是因为大型卖场经营冷冻食品，产生的水汽对墙壁有侵蚀作用。而对于高档连锁店，则应该在墙面上下一定的功夫，重点考虑装饰材料和色彩。

天花板的作用不仅仅是把卖场的梁、管道和电线等遮蔽起来，更重要的是创造美感，构建良好的购物环境。卖场的天花板力求简洁，在形状的设计上通常采用的是平面天花板，也可以是简便地设计成垂吊型或全面通风型天花板。天花板的高度由卖场的营业面积决定，如果天花板做得太高，顾客就无法在心平气和的气氛下购物；但做得太低，虽然可以使顾客在购物时感到亲切，但也会产生一种压抑感，无法享受视觉上和行动上舒适及自由浏览的乐趣，所以合适的天花板高度对卖场环境是非常重要的。天花板的设计装潢除了考虑到形状和高度之外，还必须将卖场其他相关的设施结合起来考虑。

3. 色彩的运用

色彩在现代商业中起着传达信息、烘托气氛的作用。通过色彩设计，可以创造一个亲切、和谐、鲜明、舒适的购物环境。在卖场内部环境设计中，色彩可以用于创造特定的气氛，它既可以帮助顾客认识店铺形象，也能使顾客产生良好的记忆和深刻的心理感觉。不同的环境色彩能让顾客产生不同的联想和不同的心理感受，激发人们潜在的消费欲望，同时还可以使顾客产生即时的视觉震撼。

不同的颜色会给人不同的感觉，因为颜色本身具有感情色彩。根据季节性变化，可调节卖场环境的色调变化。如春季调配嫩绿等色，给人以春意盎然、万物更新之感；夏季调配淡蓝色等偏冷色，给人以凉爽宜人之感；冬季则可调配浅橘红色等暖色调，给人以温暖舒适之感。

【同步阅读 4-7】

颜色如何影响顾客的购买行为

营销新产品时，要考虑到消费者将视觉外观和色彩作为购物首要因素的特点：1%声音或气味，6%质感，93%视觉外观。

85%的消费者在购买产品时，将色彩作为首要因素。例如，黄色乐观、青春，通常用于吸引那些只逛不买的人。红色有活力，使心跳加速，制造催促感，通常见于清仓甩卖。蓝色创造信任与安全感，通常见于银行与大生意。绿色与健康相联系，是对眼睛最轻松的颜色，通常用于店铺营造放松的氛围。橙色积极进取，创造行动号召力，用于订购、购买或销售商品。粉色浪漫、阴柔，通常用于营销以女性和年轻女孩为消费对象的物品。黑色是有影响的、时髦的，通常用于营销奢侈品。紫色通常用在减轻痛苦和平静心态的产品，常见于化妆品和抗衰老产品。

色彩具有吸引某类特定消费者和改变消费行为的独特力量。红色、橙色、黑色、品蓝色吸引冲动型消费者，适用快餐、名牌特价商品购物中心(Outlet Mall)和清仓甩卖；深蓝色、深青色吸引考虑预算的消费者，适用银行、大型百货商场；粉色、天蓝色、玫瑰吸引传统型购买者，适用服装店铺。对于在线购物者来说，设计、时髦用语和便利程度都会影响他们对店铺的需求。

(资料来源：商友圈，https://club.1688.com/article/29881782.html)

4.4.4 卖场照明设计

灯光照明是对卖场的“软包装”，体现着店铺在一定时期内的经营思想，也可以向顾客传递信息。卖场内明亮柔和的照明，可以准确地传达商品信息，消除陈列商品的阴影，展现商品魅力，美化环境，同时还可引导顾客入店，便于顾客选购商品，缩短选购时间，增进效率，加速周转。所以，照明是营造卖场气氛的一种经济有效的装饰手段。

不管是经营何种商品的连锁企业，照明一定要清晰，要保证让顾客看清楚商品、看清楚店内的通道。现在有一些比较前卫的店铺一味追求个性化色彩，把店铺的光线和色彩搞得昏昏暗暗，以为这样可以与众不同。其实不然，顾客真正感兴趣的是商品，店铺的形象只是为销售商品而服务，店铺的形象虽然能加深顾客的印象，吸引他们进入店铺，但最终决定顾客购买的还是商品。所以，切莫本末倒置以致适得其反。

4.4.5　音响与气味设计

1. 音响

音响是创造卖场气氛的一项有效途径，它也影响着消费者情绪和营业员的工作态度。音响运用适当，可以达到以下效果：第一，吸引顾客对商品的注意，如电视、音响、磁带的播放。第二，指导顾客选购商品，商场向顾客播放商品展销、优惠出售信息，可引导顾客选购。第三，营造特殊氛围，促进商品销售。不同的时间，商场定时播放不同的背景音乐，不仅给顾客以轻松、愉快的感受，还会刺激顾客的购物兴趣。如刚开始营业的早晨播放欢快的迎宾乐曲，临打烊时播放轻缓的送别曲；在气候变化时，播送音乐提示，为顾客提供服务。

卖场内有各种声音，它们不是都对营业环境产生积极影响，有一些噪音，如柜台前的嘈杂声、机械的声响，可能使顾客感到厌烦，有些虽然可以采用消音、隔音设备，但也不能保证消除所有干扰声响。此时，可以采用背景音乐缓解噪声。背景音乐要选择旋律轻柔舒缓的，以营造温馨的气氛；不要播放节奏强烈的如打击乐、迪斯科，以免影响顾客情绪，打乱售货员工作节奏。

【同步阅读 4-8】

某超市卖场一日播音稿

7:55 营业前播报。各位同事：早上好！一年之计在于春，一日之计在于晨，现离开门营业时间还有五分钟，请大家抓紧时间完成手边的工作，准备迎接第一批顾客的到来。祝大家在新的一天里工作愉快。谢谢！

8:30 开门迎宾词——亲爱的顾客朋友：早上好！欢迎光临×××商场。今天是×月×日，星期×，我们今天的营业刚刚开始，同时，对您的支持和关心表示衷心的感谢。我们的营业时间为早上 7:00 至晚上 9:00。商场的营业面积为 3000 平方米，共有两个楼层，内设中央空调、自动扶梯及先进的收银系统。一楼主要经营的有生鲜产品、散装食品、熟食面点、调味品、茶庄、化妆品、手机等。二楼主要经营的有洗涤日用、音像制品、文具、服装、皮具、箱包、床上用品和美容中心等。欢迎顾客朋友前往各区域选购。我们将以最亲切、最真挚的服务来满足您的需求。如果您对我们的商品和服务有任何的意见或者建议，欢迎拨打我们的投诉电话：×××，谢谢！

9:00 早餐——亲爱的顾客朋友：早上好！欢迎光临×××百货商场！本商场面包坊的面包已经新鲜出炉了，希望这浓浓的面包香能给您新的一天带来美好的开始。×××全体员工提醒您别忘了享用这丰盛的早餐。谢谢！

11:00 午餐——亲爱的顾客朋友：中午好！欢迎光临×××百货商场！我们的熟食专柜为您推出了美味的十元快餐，欢迎广大顾客朋友前往选购。×××全体员工祝您购物愉快！谢谢！

15:00 午后致辞——亲爱的顾客朋友：下午好！欢迎光临×××商场！为答谢广大顾客朋友对我商场的支持与厚爱，×××全体员工将为您营造一个良好的购物环境，让您踏着时尚的步伐，伴着优美的乐曲，体验时尚与潮流的脉搏，感受我们真诚的服务。我们始终以优良的商品、优惠的价格和最佳的服务满足您的需求。如果您对我们的商品和服务有任何的意见和建议，欢迎您到服务台咨询。×××全体员工愿您满怀希望而来，满载喜悦而归。谢谢！

20:45 打烊词——亲爱的顾客朋友：晚上好！感谢您光临×××百货商场。您购物辛苦了，我们的营业时间为早上 7:00 至晚上 9:00，现在距离下班时间还有 15 分钟，又到了和您说再见的时候了，请您抓紧时间挑选好您所需的商品，同时不要遗忘随身携带的物品。感谢您对我们工作的支持和鼓励，我们将认真地总结今天，努力地做好明天。欢迎您的再次光临。祝您晚安。谢谢！

20:55 下班致员工词——各位同事：大家辛苦了！我们的营业时间即将结束了，请大家抓紧时间完成手边的工作，准备下班。祝大家度过一个愉快的夜晚。谢谢！

(资料来源：百度文库，https://wenku.baidu.com)

2. 气味

卖场中的气味大多与商品相关，特别是在专业店中更为突出。气味正常，往往会引起顾客购买这些商品的兴趣。人们的嗅觉会对某些气味做出反应，以致可以只凭嗅觉就可能找出某些商品，例如巧克力、新鲜面包、橘子、玉米花和咖啡，等等，而这些气味对增进人们的愉快心情是有帮助的。花店中的花香气味，皮革店中的皮革气味，茶叶店中的清香气味等，均是与这些商品相关的，对促进顾客的购买是有帮助的。

气味同音响一样有正面影响也有负面影响。店铺中，化妆品的香味，蛋糕食品的香味，糖果、巧克力的诱人味道，都能对顾客产生积极的影响。商品与其气味的协调，对刺激顾客购买有积极的促销作用。不良气味会使人反感，有驱除顾客的副作用。令人不快的气味，包括有霉味的地毯，烟味，强烈的染料味，残留的尚未完全熄灭的燃烧物的气味，汽油、油漆和保管不善的清洁用品的气味，洗手间的气味等，这些味道不仅刺鼻而且刺眼，会使顾客感到极不舒服。

4.4.6 服务设施的布局与设计

1. 收银区域的设计

卖场的收银台通常设在出入口处，由收银台在出入口处分隔成出入口通道。结账通道(出口通道)及收银机可根据卖场规模的大小设置，在条件许可的情况下，还可以设置一条无购物顾客的专门通道，以免在出入口处造成拥挤。

收银区要有足够的空间、与卖场规模相匹配的收银台数量、一定宽度的通道才能保证顾客流畅。收银区域设计有下列要求。

(1) 收银台应设有足够的收银通道，每千平方米卖场设有的收银台不少于 5 个。

(2) 收银台中刷卡通道与非刷卡通道的比例不低于 1∶4。

(3) 收银通道间的距离以能够同时过两辆购物车为宜。

(4) 收银通道前的距离以能够同时过 3 辆购物车为宜。

2. 服务台的布置

服务台大多位于卖场入口处，主要具备以下几种功能：受理退货、退款业务，为顾客办理送货服务，替顾客包装商品，投诉、索赔，发行购物券等。根据行业和经营状态的差别，有的卖场没有设置服务台，而是通过收银台代行服务台的部分职能。此时，就需要张贴 POP 广告向顾客宣传服务的具体内容。目前，服务台作为与顾客交流、接触的窗口，其地位变得越来越重要。卖场的服务台具有特色是满足顾客需求、将顾客固定下来的好方法。例如，经营家用电器、家具这种需要送货上门以及提供维修服务的卖场，就必须通过服务台向顾客明确介绍送货的区域范围、送货费用、送货时间、维修内容等售后服务的具体事项；对于经营礼品的卖场来说，包装服务的好坏直接关系到卖场的效益，如果卖场的包装服务能够推陈出新，必然使顾客对其留下深刻的印象。总而言之，服务台的作用就是向顾客宣传除商品以外本卖场在服务方面的特色。

3. 存包处的设计

存包处一般设置在卖场的入口处，配备 2～3 名工作人员。顾客进入卖场时，首先存包领牌，完成购物以后再凭牌取包。现在国内外许多大型零售卖场中，都配有顾客自助式的存包处，顾客在零售卖场内领取存包磁条，自己存包，自己取包，减少了等待时间。

不论采用何种形式的存包方式，都应该是免费的，否则就会引起顾客的反感，直接影响到零售卖场的销售业绩。

4. 洗手间的布置

所有卖场都有一个共同点，那就是洗手间必定非常清洁卫生。卖场的洗手间是为顾客准备的，它给顾客留下的是卖场整体印象的一部分，而且洗手间里微小的瑕疵都特别容易给顾客造成不好的印象。特别是餐饮卖场中的洗手间，由于顾客使用的频率比较高，那里也成为宣传卖场形象的一个重要窗口。

对于洗手间，经营者应该随时检查：洗手间的位置是否有明确标示；是否明亮整洁；卫生纸的补充是否及时；是否为顾客设置了放物品的地方；是否有不干净的地方。另外在使用洗手间的时候，不少顾客都会稍作休息，因此许多卖场会在洗手间中张贴购物指南、宣传单等，向顾客进行宣传，在这里张贴的宣传材料往往都会起到显著的效果。

5. 通风设施配置

卖场内顾客流量大，空气极易污浊，为了保证店内空气清新通畅，冷暖适宜，应采用空气净化措施，加强通风系统的建设。通风来源可以分为自然通风和机械通风。采用自然通风可以节约能源，保证卖场内部适宜的空气，一般小型零售卖场多采用这种通风方式。而有条件的现代化大中型零售卖场，在建造之初就普遍采取紫外线灯光杀菌设施和空气调节设备，以改善零售卖场内部的环境质量，为顾客提供舒适、清洁的购物环境。

卖场的通风设施应遵循舒适性原则，冬季应温暖而不燥热，夏季应凉爽而不骤冷，否则会对顾客和职员产生不利的影响。例如，冬季暖气开得很足，顾客从外面进入零售卖场时都穿着厚厚的羽绒服、棉衣，在店内待不了几分钟都会感到燥热无比，来不及仔细浏览就匆匆离开卖场，这无疑会影响企业销售。夏季冷气习习，顾客从炎热的外部世界进入零售卖场，会有忽冷忽热的不适应感，抵抗力弱的顾客难免出现伤风感冒的症状，因此在使用通风及空调时，维持舒适的温度和湿度是至关重要的。

4.4.7 后方设施的布置

卖场后方设施的主要功能是服务于卖场员工的劳动、生活以及商品的加工处理与进货等事宜。后方设施大部分是员工以及厂商活动的空间，担负着为前场提供支援、补给以及指挥服务的责任。员工大部分的工作时间也都是在后场里，因此其生活所需的设施不可或缺。

1. 办公室

办公室通常是店长或店内主管办公的工作场所。此外，店内的财务、人事以及监视系统、背景音乐播放系统等都应在此管理。

2. 作业场

作业场是卖场从事商品化的场所，也就是将原材料加以分级、加工、包装、标价的场所，常见的有果菜、水产、畜产以及日配品等的加工处理场所。作业场的设置应注意与前方的衔接，以使工作舒适与流畅。

3. 生活设施

有关员工的生活设施主要有卫生间、休息室、浴室、食堂等。优良的生活设施不仅有利于员工的招募，更可提高员工的工作效率。

4. 仓库

这是对一些商品，如干货，进货后暂时存放的场所。需注意的是，商品在仓库只是短暂储存，一般存放周期为1～2天。目前由于物流公司的功能越来越强，可为卖场提供快捷的服务，因此后场的仓库面积有逐渐缩小的趋势。

5. 建筑工程

建筑工程主要包括电气设备、卫生设备、给排水设备、煤气设备以及防灾设备等。设置建筑设备时应考虑：照明是否充足；商品的特征与照明效果是否相得益彰；照明的效果、商品本身的色彩是否有变化；天花板上的日光灯位置是否适当；店内的明亮度是否比邻近场所明亮；整个卖场的色调是否协调统一；照明与色彩是否协调；空调的温度、湿度是否适当；音乐的选择是否大众化；音响效果是否太嘈杂；是否有紧急疏散楼梯；避难用器材是否齐全；是否有紧急求救的警铃设备；灭火器是否齐全，是否在有效期内；紧急出口是否随时可用；是否有卫生消毒的措施等。

6. 器具

后场有关的器具主要有通信器具、搬运用器具、保鲜的设备、计量用器具、商品化的处理设备、包装器材等，其规格及种类繁多，可视实际需要逐次采购和配备。

【项目小结】

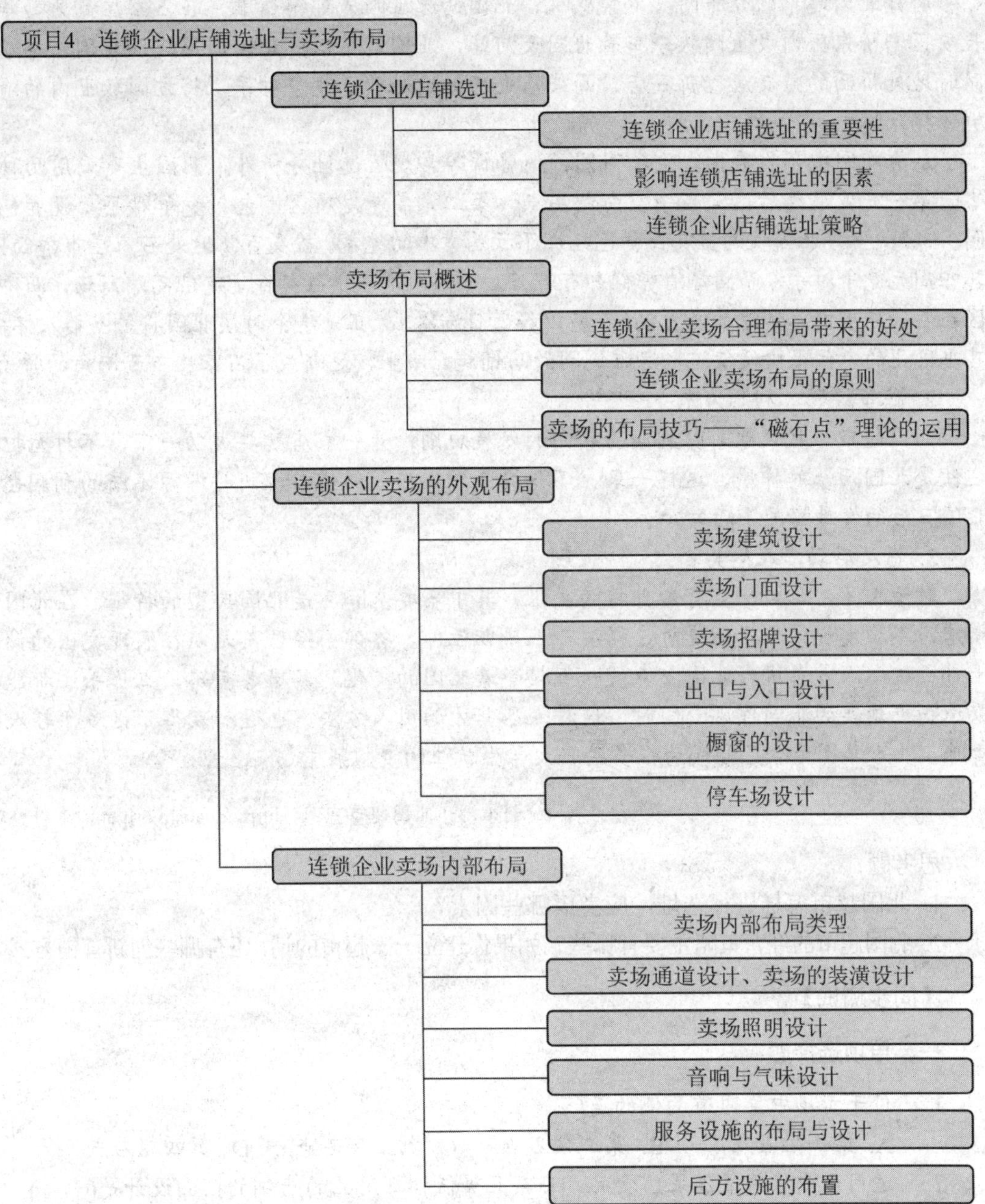

【扩展阅读】

北国超市的成功之道

北国超市成立于 1999 年，是北人集团三大业态之中的重要支柱，其前身为北国商城食品商场。其首家店成立之初，当年销售额就达亿元。北国超市现在已有 22 家门店，其销售覆盖面达石家庄市的 60%，单店客流量甚至百倍于一些超市，当之无愧地坐上了石家庄零售业的头把交椅。那么，是什么让北国超市创造了这样的奇迹呢？

1. 选址有方，策略清晰

打开北国超市的分布图，不禁感叹，北国的选址眼光可谓精准。在石家庄最为繁华的长安区与桥东区内成鱼网状分布着北国天河店、北国地下店、北国谈固店及北国裕华店。同时地处桥西的益友店、新石店、西兴店也巧妙地避开了竞争对手，将方圆数里内的消费群体搂入怀中。

从分布图中不难看出，除了商圈、消费群等常规性选址分析外，北国主要采用两种策略：第一是发展落后区，占领空白制高点；第二是高速发展区，包抄竞争对手，设置包围圈。例如，当年北国收购益友百货已经成了收购案中的绝笔。益友百货地处石家庄市桥西区，其四周无竞争对手，而固定消费群却有百万。可惜的是当年益友百货定位高端商场，而桥西区在石家庄市内总体消费能力偏低，所以经营日渐滑坡。正是这个时候北国将益友搂入怀中，其平民化的定位很快便使这个濒临倒闭的店铺起死回生，逐渐成了石家庄市西南角的骄子。

2. 稳步经营，利润为先

北国超市一直秉承着以利润为导向的发展规则，开一家店就要成功一家，不打无把握之仗是北国历来的作风。这样一来，不仅增强了供应商的信心，同时源源不断的利润也为北国日后的发展攒足了后劲。

3. 攒足后劲，人尽其才

对于人才，北国一直有着独特的主张，其中不要空降兵是北国典型的特征。在北国开新店时不难发现，除了理货员、保安等基础职位外，各部门经理都是以往表现突出的储备干部。这些人员自进入北国以来便一直接受着北国的文化，其思考套路、工作手法都能够秉承稳重踏实的北国作风；同时，这种人尽其才的用人方法，也逐渐获得了很多年轻人的青睐，北人集团至今已经成为很多年轻大学生就业的梦想殿堂。

(资料来源：北国超市官网，http://chaoshi.brjt.cn，资料整理)

思考题：

1. 北国超市怎样进行选址，应考虑哪些因素？
2. 北国超市的经营策略主要有哪些？如果你建立一家超市的话，还有哪些创新营销方式？

【同步测试】

一、单项选择题

1. 位于卖场中主通道两侧的是(　　)。

A. 第一磁石点　　B. 第二磁石点　　C. 第三磁石点　　D. 第四磁石点

2. 适用于出售蔬菜水果、食品、日杂品等低档日用品的店铺的门面设计是(　　)。

A. 随意型　　B. 半封闭型　　C. 封闭型　　D. 开放型

3. 将柜台以岛状分布，用柜台围成闭合式，中央设置货架，可布置成正方形、长方形、圆形、三角形等多种形式。这种布局是(　　)。

A. 格子型布局　　B. 自由型布局　　C. 岛屿型布局　　D. 流动型布局

4. (　　)位于次通道的末端，通常是在连锁企业的最深处，商品负有诱导消费者走入卖场最深处的任务。

A. 第一磁石点　　B. 第二磁石点　　C. 第三磁石点　　D. 第四磁石点

5. (　　)布局是一种十分规范的布局方式，在这种布局中，所有的柜台布置互成直角，构成曲径式通道。

A. 格子型布局　　B. 自由型布局　　C. 岛屿型布局　　D. 流动型布局

二、多项选择题

1. 门店卖场布局方式有(　　)。

A. 方格式(也称矩阵式)　　B. 自由流动式布局

C. 岛屿式布局　　D. 圆形式布局

2. 连锁企业卖场合理布局带来的好处是(　　)。

A. 促进商品销售　　B. 培养顾客忠诚度

C. 现场广告宣传　　D. 提高工作效率

3. 第一磁石点是最容易刺激商品销售的位置，此处应配置的商品为(　　)。

A. 消费量大的商品　　B. 消费频率高的商品

C. 主力商品　　D. 特价商品

4. 连锁企业外观布局起到了吸引顾客的注意、方便顾客和广告促销的作用，其设计主要包括(　　)。

A. 店面的建筑　　B. 门面　　C. 招牌　　D. 出口入口

5. 影响连锁店铺选址的因素有(　　)。

A. 商圈　　B. 地理区域　　C. 交通条件　　D. 消费者的因素

三、简答题

1. 简述连锁门店卖场规划与布局的原则。
2. 店面的门面、招牌、出入口、停车场需注意哪些问题？
3. 设计卖场布局通常采用哪几种类型？
4. 卖场通道在设置时应注意哪些原则？
5. 什么是磁石点理论？如何设置卖场内的磁石点？

四、案例分析题

屈臣氏创造了化妆品零售业的一个奇迹

众所周知，屈臣氏在中国平均的租赁成本是每天 10～20 元/平方米。而现在日益增长的租金成本成为困扰很多专营店店主的难题。如何利用好有限的店铺空间，使之发挥最大能量？

首先是清晰的店铺布局。研究屈臣氏的专家白云虎认为，屈臣氏把店铺划分为四个大的区域，即“想要区域”“服务区域”“必要区域”和“冲动与推动区域”。屈臣氏店铺是敞开式设计，没有门和橱窗，这样能把有限的店铺空间利用至最大。最靠近入口的地方是“想要区域”，陈列的是顾客最想要的商品，当然什么是顾客最想要的商品也是屈臣氏根据科学调查、综合各种因素得出的，并且会不断变化。通过顾客最想要的商品把他们吸引进店，接下来往里走是“冲动和推动区域”，主要通过花样翻新的各式促销活动，如“sale 周年庆”“加 1 元多一件”“全线八折”“买一送一”“免费加量 33%不加价”等，调动顾客的消费情绪。再往里走就是“必要区域”了，即一些生活必需品，如洗护用品等，也就是只要顾客需要就会有高购买率的商品。一般店主认为，必要的商品应当放在橱窗，以吸引顾客入店。而屈臣氏反其道而行之，却取得了很好的战绩。

收银台是顾客付款交易的地方，也是顾客在店铺最后停留的地方，这里给顾客留下的印象好坏，决定顾客是否会第二次光临，对于任何一家零售卖场来说，收银台的重要性都是不言而喻的。很多专卖店习惯于把收银台设置在店铺门口或店铺入口靠墙的地方，事实证明，把收银台设置在店铺门口会给顾客造成压力，不愿意进入店铺；设置在店铺的入口靠墙的地方，虽方便顾客付款，但会对客流形成阻碍。屈臣氏的选择是把收银台放在店铺的中间，这样就避免了以上两种做法的弊端。

其次是独特的货架陈列方式。据了解，为了方便顾客，以女性为目标客户的屈臣氏将货架的高度从 1.65 米降低到 1.40 米，并且主销产品在货架的陈列高度一般为 1.3～1.5 米，同时货架设计也足够人性化。在商品的陈列方面，屈臣氏注重其内在的联系和逻辑性，按化妆品—护肤品—美容用品—护发用品—时尚用品—药品—饰品化妆工具—女性日用品的分类顺序摆放。据统计，在屈臣氏销售的产品中，药品占 15%，化妆品及护肤用品占 35%，个人护理品占 30%，剩余的 20%是食品、美容产品以及衣饰品等。

思考题：

1. 查阅相关资料，思考屈臣氏成功的原因是什么。
2. 屈臣氏店铺怎样进行布局的？

【项目实训】

实训项目：卖场通道与布局分析

实训目的：

(1) 培养分析界定问题的能力；培养解决实际企业管理问题的能力。
(2) 加深对卖场布局有关知识的理解；提高实际工作能力和专业技能。

实训内容：

(1) 人员分组，选择一家超市进行实地考察。
(2) 制作卖场布局图，画出主通道、副通道、商品品类的分布、顾客购物路线。
(3) 对所选卖场布局进行分析与评价，提出改善建议。
(4) 实训结束后，以小组为单位完成对实训的总结。

实训要求：

训练项目	训练要求	备　注
步骤一：主通道设计	采用“凹”字形设计 避免顾客视线受到阻隔 通过所有的陈列区 宽度在 2 米以上，考虑所用的购物车 主通道两边的端架为黄金陈列区	理解卖场通道布置原则，掌握正确方法
步骤二：副通道设计	设计通道使卖场无死区 延长副通道以增加客户滞留时间 网化副通道以增加客户滞留时间 宽度在 1.2～1.5 米，最窄宽度超过 0.9 米 收银台前通道要超过 2 米	理解卖场通道布置原则，掌握正确方法

续表

训练项目	训练要求	备　注
步骤三：研究目标消费群的购物顺序	典型消费者的购物顺序：蔬果→畜产→水产→冷冻→调味品→糖果饼干→饮料→面包牛奶→日用百货	考察顾客购物路线
步骤四：画出布局图，摆放商品	根据上述的卖场布局图摆放商品	卖场布局图得到贯彻执行

项目 5　连锁企业商品管理

【学习目标与要求】

- 了解商品的分类。
- 理解商品定位影响因素。
- 掌握商品采购流程。
- 理解商品采购部门的职责。
- 掌握商品陈列的要求和方法。

【引导案例】

永辉超市的生鲜定位

永辉超市成立于 2001 年，总部位于福州，是一家以经营生鲜产品为特色，以大卖场、卖场及社区超市为核心业态的全国性连锁超市企业。尽管成立时间较晚，但公司凭借以生鲜为特色的差异化竞争策略以及高超的供应链管理能力，成功实现了后来居上，其独特的经营模式被国务院七部委誉为中国“农改超”推广典范。

永辉是国内最具成长潜力的超市领军企业，目前正处于门店快速扩张、规模迅速成长时期，其主打的安全、新鲜、低价、便利的生鲜定位成功抓住了老百姓的“民心”。

以北京鲁谷店为例，其每日的销售均能创下 12 000～15 000 单的火爆情形。目前，北京鲁谷和六里桥的两家门店都已经实现了盈利。而除了数字上的规模效应，北京零售市场或许正因永辉超市的进入在悄悄改变，比如生鲜产品的消费习惯。一个颇为有趣的细节是，永辉超市北京区域总经理会在每个早晨开门时看到近 30 位顾客齐聚门口的等待。按业内的调查，此前农贸市场是北京 80%的普通消费者购买生鲜产品的第一选择。事实上，永辉在北京的两家门店周边都有像家乐福、华普、物美、首航、超市发等众多强劲对手。

消费者对永辉的接受其实很简单。“生鲜品类丰富，价格甚至低于农贸市场。”记者采访，永辉超市生鲜价格一般低于市场价格的 10%～20%，而价格优势向来是超市竞争的最大利器；同时，永辉超市一般门店的生鲜食品多达 2000 多种，主食厨房 200 多种，占据超市一半以上的经营面积，品种优势突出。

为何永辉的生鲜能拥有如此规模的体系？关键还在于其生鲜产品基本与农业产业“挂钩”，直接建立农产基地，直接面向农民采购，没有中间环节，并自己进行食品加工，把往往以联营或代理方式出现的生鲜产品收回自营，超市自身赚得利润，还保证食品安全质量。

值得一提的是，永辉超市在服务经营上细节考虑得周到也为永辉赢得不少顾客。在福建的永辉超市，五点半就开门营业，而一般超市都是七点半甚至九点半才开门营业。“老人锻炼完身体就可以顺道进超市，与群众生活需要很合拍。”

在永辉的每一家超市，生鲜产品经营面积都要占卖场总面积的 50%，销售额的占比一般都会达到 60%，毛利平均达 16%，而通常业界这一指标是 6%，甚至不少超市的生鲜毛利为零。再看整个永辉集团，在销售总额中，果、蔬、禽、肉、蛋、鱼等生鲜农副产品销售

额占总销售额 50%以上。

正是凭借丰富的生鲜产品供应，永辉得以走出福建大本营，迅速在全国各地扎根。

(资料来源：永辉超市官网，http://www.yonghui.com.cn)

思考题：永辉超市成功的原因是什么？

5.1　连锁企业商品分类

连锁行业所涵盖的商品范围非常广泛，如大型综合超市的经营范围从食品类(果菜、肉类、水产类)到日配品、化妆品、洗涤用品，服装鞋帽和针纺产品，饰品，图书，电器，几乎食、衣、住、行、育、乐的商品都可能被贩卖。而这些不同类的商品的特性又不一样，保存条件、贩卖方法、运输方法、处理技术、陈列要领等各不相同，根据某些特性或是用途功能分门别类予以归纳，并利用编号原则，有秩序、有系统地加以整理组合，就变得日益重要起来。

【同步阅读 5-1】

超级市场商品分类

超级市场以满足消费者对基本生活用品一次性购足需要为经营宗旨，是一种经营品项较多的零售业态。在超级市场实际商品管理过程中，商品分类一般采用综合分类标准，将所有商品划分成大分类、中分类、小分类和单品四个层次，目的是为了便于管理，提高管理效率。虽然超市各种业态经营品种存在较大差异，如小的便利店经营品种不到 3000 个，而超大型综合超市有 30 000 多种，但商品分类都包括上述四个层次，且每个层次的分类标准也基本相同。

一、大分类

大分类是超级市场最粗线条的分类。大分类的主要标准是商品特征，如畜产、水产、果菜、日配加工食品、一般食品、日用杂货、日用百货、家用电器等。为了便于管理，超级市场的大分类一般以不超过 10 个为宜。

二、中分类

中分类是大分类中细分出来的类别。其分类标准主要有以下几个。

(1) 按商品功能与用途划分。如日配品这个大分类下，可分出牛奶、豆制品、冰品、冷冻食品等中分类。

(2) 按商品制造方法划分。如畜产品这个大分类下，可细分出熟肉制品的中分类，包括咸肉、熏肉、火腿、香肠等。

(3) 按商品产地划分。如水果蔬菜这个大分类下，可细分出国产水果与进口水果的中分类。

三、小分类

小分类是中分类中进一步细分出来的类别。主要分类标准有以下几个。

(1) 按功能用途划分。如“畜产”大分类中、“猪肉”中分类下，可进一步细分出“排骨”“肉米”“里脊肉”“蹄筋”等小分类。

(2) 按规格包装划分。如“一般食品”大分类中、“饮料”中分类下，可进一步细分出“听装饮料”“瓶装饮料”“盒装饮料”等小分类。

(3) 按商品成分分类。如“日用百货”大分类中、“鞋”中分类下，可进一步细分出“皮鞋”“人造革鞋”“布鞋”“塑料鞋”等小分类。

(4) 按商品口味划分。如“糖果饼干”大分类中、“饼干”中分类下，可进一步细分出“甜味饼干”“咸味饼干”“奶油饼干”“果味饼干”等小分类。

四、单品

单品是商品分类中不能进一步细分的、完整独立的商品品项。如上海申美饮料有限公司生产的“355毫升听装可口可乐”“1.25升瓶装可口可乐”“2升瓶装可口可乐”“2升瓶装雪碧”，就属于四个不同单品。

(资料来源：http://www.360doc.com，资料整理)

5.1.1 按消费者的购物习惯分类

根据消费者的购物习惯，商品(这里主要指消费品)可分为方便性商品、选购品、特殊品和非需品四类。

1. 方便性商品

这类商品大多属于人们日常必需的功能性商品，消费者通常购买频繁，希望一次有需要即可购买的，并且只花最少精力和最少时间去比较品牌、价格的消费品。比如肥皂、糖果和报纸就属于日用品，而一般来说日用品都是非耐用品，而且多为消费者日常生活必需品。消费者在购买前，对日用品的品牌、价格、质量和出售地点等都很熟悉，所以购买大多数日用品时用较少的时间和精力。

2. 选购品

这类商品大多属于能使消费者产生快感或美感的商品，如服装、配件、饰品等商品，通常消费者对于这类商品的选购多属于冲突性购买，往往比较重视其款式、设计、品质等方面的心理效用，通常把商品的属性与自身的欲望综合考虑后，最后做出购买决定。消费者在购买选购品时，会仔细比较其适用性、质量、价格和式样，一般会花大量的时间和精力收集信息进行比较。

3. 特殊品

特殊品指消费者愿意花特殊的精力去购买的有特殊性质或品牌识别的消费品。例如，特殊品牌和型号的汽车、定制西服等。一般来说，消费者只愿意购买特定品牌的某种商品，而不愿意购买其他品牌的某种特殊品，这与日用品不同。

4. 非需品

非需品指消费者要么不知道，或者知道但是通常并不想购买的消费品，绝大多数新产品都是非需品，直到消费者通过广告认识它们为止。非需品的性质决定了企业须加强广告、直销和其他营销努力，使消费者对这些物品有所了解，产生兴趣，千方百计吸引潜在顾客，扩大销售。

5.1.2　按经营商品的构成划分

按经营商品的构成划分，将商品分为主力商品、辅助商品、关联商品和刺激性商品。

1. 主力商品

主力商品是指在经营过程中，在销售数量和销售金额上均占重要比重的商品，它在商品结构中约占 20%～30%的比例，但销售额占整个企业销售额的 80% 或更高。一个企业的主力商品体现企业的经营方针、经营特点及企业的性质。主力商品的经营效果决定企业的经营成败，企业应首先将注意力放在主力商品的经营上。

经营者不仅要掌握所经营主力商品的发展趋势、增长状况和竞争能力，同时还应了解消费者的需求变化和购买习惯，以便企业在选择主力商品时做出正确决策，一旦经营中发现问题可以及时采取措施调整商品结构。

2. 辅助商品

辅助商品是对主力商品的补充。中国有句老话，“不怕不识货，就怕货比货”。辅助商品通常作为陪衬，使消费者通过比较，发现主力商品的优点。同时，服装商品应该能够刺激顾客的购买欲望，使商品更丰满，促进主力商品的销售，一般不要求辅助商品与主力商品有关。

经营者在选择辅助商品时，要考虑商品的季节性和流行性。选择过时商品作为辅助商品会造成商品积压，影响资金周转，而且也起不到良好的陪衬作用。

3. 关联商品

关联商品是指在用途上与主力商品有密切联系的商品，如汽车与汽车内饰，计算机与耗材，西服与领带等都是关联商品。关联商品具有方便顾客购买，增强主力商品的销售量的作用。关联商品的配备要能够迎合顾客购买中图便利的消费倾向。随着市场竞争的加剧，主力商品在销售时往往利润微薄，而关联商品却成为利润的主要来源，企业也日益重视关联商品的管理。

4. 刺激性商品

刺激性商品能推动卖场的整体效果。这类商品可能是新产品，也可能是短期促销产品，在销售过程中，对消费者有各种不同的优惠活动，能刺激消费，引起顾客购买冲动。商品经消费者购买使用后，有可能被其接受认可，成为主力商品。

【课堂思考 5-1】

哪些商品能在大卖场上堆头？

但凡进入大卖场，最先吸引消费者眼球的，便是那些占据“天时”“地利”“人和”的各种堆头了。对于供应商来说，都希望自己的商品能够上堆头销售。由于堆头数有限，迫于竞争的压力，卖场对每个堆头的商品，根据利益最大化角度设制堆头的门槛。作为供应商，要想让自己的商品上堆头，就得从了解卖场对商品的具体要求开始。哪些商品容易上堆头？

1. 付费堆码

对大卖场来说，只要你出得起堆头的钱，管你是什么商品都能上堆码。因此，你只要准备好一笔让采购觉得可观的堆头费用，便可以轻易搞定。而且，这些门店会将各堆头的档期安排好，要想在好的促销时段上堆头，就得提前交定金。与卖场签订特殊陈列的合同。

2. 时尚潮流

任何一个卖场都希望自己卖场的堆头能够具备时尚潮流感。出售的商品新颖，是市场中的潮流商品，还希望堆头的布置也能具备一定的现代感和时尚气息。这一方面是出于竞争考虑，另一方面也是为了更好地体现卖场活跃的气氛。消费者大多是最喜新厌旧的，他们需要不断有新的商品来刺激其眼球。

3. 季节性商品

任何一个卖场都会选择那些时令商品出售。大卖场销售的都是一些大众商品，大众商品最讲求一个时令性。比如，冬天卖场暖手宝的堆头前总会聚满前来选购的人群。夏天，各式各样的凉席、拖鞋也会成为人们的抢手货。东西并不是新东西，而之所以能够吸引消费者的眼球，就是因为这些商品具有强烈的季节特点。有时候，供应商不需要花多少钱，商家也会主动把堆头提供给你。

4. 超低的价格

价格永远是消费者最为关注的一个首要因素。经常会在卖场看到家庭主妇们为了本市最低价的鸡蛋，排着长龙的场面。对于卖场来说，这种特色商品的超低价，很容易让人们对卖场产生低价的印象。所以，对于供应商来说，如果你能够给卖场提供一款绝对超低价商品，卖场不光会把“端头”提供给你，甚至不会收取你任何费用的。

5. 大型活动商品

通常说来，卖场内的一些演示、抽奖活动不能只是单独做的，一定得结合一定的商品一起来做才会有好的效果。活动的目的，一方面是为了推动商品的销售；另一方面也会把商品“堆”出来。在热热闹闹的气氛中讨一个好彩头。所以，对于供应商来说，如果你能结合卖场推出大型商品活动时，把自己的商品推荐给大卖场，只要在价格上有一定优势，商品又与该活动主题相一致，就一定能够借这种联合的形式来达到双赢的目的。

6. 清仓品(临期品)

经常会遇到一些供应商为了淘汰临期商品和一些淘汰品种，而在卖场进行的特价销售。这种临期品价格往往能够便宜到让人不可想象的地步。再加上企业良好的品牌影响力，往往能够在卖场取得不错的销售业绩。但在做该类商品的清仓时，应注意商品的丰富。否则，不光会造成消费者对品牌的不良印象，也不会有好的销售业绩。所以，在操作时，将这些临期商品集中在一个卖场上进行堆头特价销售，是一个不错的出路和选择。

(资料来源：中国时尚品牌网，http://www.chinasspp.com)

思考题：结合卖场的调查，你认为哪些商品能在大卖场上堆头？

5.2 连锁企业商品定位

5.2.1 商品定位概念

商品定位是指连锁企业针对目标消费者和生产商的实际情况，动态地确定商品的经营结构，实现商品配置的最优化状态。商品定位包括对商品品种、档次、价格、服务等方面的定位。商品定位既是企业决策者对市场判断分析的结果，同时又是企业经营理念的体现，也是连锁企业通过商品而设计的企业在消费者心目中的形象。

【课堂思考 5-2】

初创时期佐丹奴连锁的成功市场定位

佐丹奴是香港的一家服装连锁店，由于顾客平均滞店时间仅 10 到 15 分钟，大约相当于吃一个汉堡包的时间，因此，佐丹奴服装连锁店被人们称为是服装界里的快餐店。

香港佐丹奴服装连锁店成立于 1981 年，在香港服装界可谓是后来者居上，创始人黎智英凭借自己的商业天才，把快餐店的经营方式引入服装店，使佐丹奴服装连锁店在短短的十几年中迅速发展、壮大起来。现在，除了香港地区有 36 家分店以外，还在台湾地区设有 114 家分店；新加坡设有 10 家分店；菲律宾设有 8 家分店。

1992 年佐丹奴开始进军大陆市场，并一举成功。香港佐丹奴服装连锁店经营成功首先得益于正确的市场定位。与快餐店一样，佐丹奴为消费者提供的是标准化服务和大众化的商品，在这里，一件普通 T 恤才四五十元钱，一套便装也不过二三百元，价格档次绝对是面向普通大众的。然而，开业初的佐丹奴，可并没有想把普通收入的消费者作为自己的目标市场。

1981 年，以意大利式的名字命名的佐丹奴服装店正式开业，黎智英一度想把佐丹奴塑造成一种高档的名牌。于是，他不惜花费巨额广告费，聘请一些名人 (包括英国前首相撒切尔夫人的公子马克•撒切尔)为其大做广告。然而，广告虽然出了名，但服装却卖得不怎么样，几年下来，生意连连亏损。失败乃成功之母，面对每况愈下的业务，黎智英认识到这种高档名牌的市场定位不适合于佐丹奴，应当迅速改变市场形象。于是，从 1986 年起，佐丹奴开始生产和销售大众化的便装和 T 恤，同时，在客流量大的地点寻觅铺位开设连锁店。与此同时，佐丹奴的广告演员也改用一些普通人，表明佐丹奴的服装是大众的服装。这种市场定位的转变以及相应的营销策略的改变，使佐丹奴起死回生，连锁店发展迅猛。

(资料来源：知音网，http://www.zhiyin.cn/mlhjz/2009/1223/article_150.html，资料整理)

思考题：

1. 佐丹奴重新进行市场定位的主要原因是什么？
2. 为什么说佐丹奴服装连锁店是服装界的快餐店？

5.2.2 影响商品定位的因素

1. 业态

业态是以经营商品重点的不同而划分的营业形态。不同业态有不同的消费群体和不同的商品定位。超市以经营生鲜食品为主；百货商店重视对时尚商品的经营；专业店则经营同一专业的商品；专卖店经营精品品牌。不同业态有不同的商品定位。表 5-1 为主要业态的连锁企业形式及商品结构特点。

表 5-1 主要业态的门店与商品结构特点

零售业态	经营目标	商品结构
百货商店	满足中高档消费者需求	商品多样化、重视商品质量和品牌
超级市场	满足消费者日常生活需求	以食品、日用必需品为主
专业店	满足某一大类商品消费者的需求	体现专业化、深度化，品种丰富

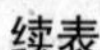
续表

零售业态	经营目标	商品结构
专卖店	经营某一品牌的商品	以企业品牌为主，量少而质优
便利店	满足顾客便利性需求	有即时消费、小容量、应急性等特点

2. 目标顾客

不同连锁企业服务的目标顾客不同，商品定位要根据消费者的需求不同而相应调整，而目标顾客的影响因素很多，有地理因素、人口因素、心理因素等。

1) 地理因素

大城市、乡村和中小城市有差别，而市区与郊区、温带与寒带、多雨地区与干燥地区之间也会有许多不同，这些地理因素都会影响消费者，甚至改变其消费习惯。所以进行商品定位时，必须考虑到地理因素。

2) 人口因素

年龄、性别、家庭规模、生理周期、收入、职业、教育水平、宗教、人种、国籍等因素，都将影响消费者的消费习惯。比如，新社区内大多是新成立的家庭，其年龄层次较低，家庭规模较小，收入与教育水平较高，对商品的要求较偏向品质、新鲜度，但对价格可能不太敏感。这些都必须融入商品观念里，从而形成商品定位。

3) 心理因素

社会阶层(如蓝领阶层、白领阶层)、生活模式(如家庭型、交际型)、个性、价值观等因素也会影响消费者的消费行为。企业经营者必须先了解所在地点附近的消费对象状况，然后随时观察消费对象日常的行动特征、消费倾向、生活态度、对商品及服务的价值观等，从而逐渐形成自己的商品观念。

3. 竞争对手

由于市场的有限性，有效的商品定位是获得稳定的市场占有率的基本要求。知己知彼，方能百战不殆，要充分了解竞争对手的商品定位情况，结合本企业的经营特点和实力通过不同的商品策略来提高市场的竞争力。

5.2.3 商品定位的方式

根据不同的战略思想，商品定位通常有三种方式。

1. 避强定位

避强定位是在目标市场中避开强有力的竞争对手的一种定位方式。企业可以根据自己的资源条件另辟蹊径，将自己的产品定位在另一个市场区域，使自己的产品特色与竞争对手存在明显的差异，以取得相对的优势地位。

2. 对抗性定位

对抗性定位是为了争夺同一细分市场，与市场中占支配地位的竞争者主动对抗的定位方式。虽然从竞争者手中进行“虎口夺食”可能困难重重，但是一旦成功就能取得较大的市场优势和巨大的市场份额。

3. 重新定位

重新定位是一种外界压力造成的危机情况或者出现新的消费趋势或新的消费群体时的选择。企业做出这种选择必须慎重，因为这样可能引起品牌忠诚者的反感，也可能使品牌定位模糊。

【同步阅读 5-2】

优衣库的服装定位

优衣库的定位是“平价时尚”品牌，“平价”是其在时尚品牌中最为突出的优势。在消费者端，优衣库用两种方法来塑造其平价的形象。

第一种是经常性的优惠促销，不仅在节日，平时优衣库也会推出各种“限时特优”来清理库存促进销售，同时不断强化平价定位。

第二种是提高商品性价比，通过面料、做工等消费者看得见的质量提升，隐性地降低消费者对其价格的敏感度，以达成“平价”印象。而无论是哪种情况，都需要配合一段时间的集中展示才能让消费者更充分地感知，换个方式讲，也就是我们常说的推“爆款”。

对于推“爆款”，入口位置是当之无愧的最重要部分，优衣库通常采用两种手段来进行：模特和展柜。在优衣库的大型独立门店，通常会有一个模特矩阵。一群男女模特会身着主推款式，被放置在进门处。在模特附近，会有专门的展柜来进行爆款的展示。和优衣库的商品类型要匹配，展柜上的爆款展示也并非通常服装品牌的一款一种颜色，而是会将所有颜色所有尺码都展示出来，顾客几乎不用走进店内就能先挑到适合自己的主推热款。

(资料来源：中国服装工业网，http://www.fzengine.com，资料整理)

5.3　连锁企业采购管理

商品采购就是单位或个人为了满足某种特定的需求，以购买、租赁、借贷、交换等各种途径，取得商品及劳务的使用权或所有权的活动过程。在日常生活中，我们所讲的商品采购主要是以购买方式为主的商品采购活动。

【同步阅读 5-3】

沃尔玛“一站式”采购模式

沃尔玛是世界上最大的商品零售企业，它销售的熟食、新鲜蔬果、肉类、海鲜冷冻品、服装服饰、图书文具等商品的采购是企业发展的基础，也是带来更大利润的根源。对于这些商品的采购，沃尔玛提供了“一站式”采购这种新型的采购模式。

所谓“一站式”采购是指为客户提供一个全方位、多渠道的采购平台，它集合了众多供应商，客户进入这个平台后无须为采购而费心，对方为客户提供一系列后续服务，满足代购、配送及节约管理等要求，解决客户所需。如果客户采购很多种类数量的话，对方还可提供一个采购整合方案，为客户节约成本，合理搭配资源。因此，沃尔玛把将顾客最需要的商品采购回来，给顾客提供一个一次性购足商品的平台作为采购重点，为顾客提供“一

站式购物”等质优价廉的大众商品，使顾客的购物更加方便快捷。

而且，沃尔玛每周都有对顾客期望和反映的调查，通过信息收集、市场调查等方式，根据顾客的期望，及时更新商品的组合，组织采购，改进商品陈列摆放，从而营造一个舒适的购物环境。

(资料来源：沃尔玛官网，http://www.wal-martchina.com，资料整理)

5.3.1 连锁企业商品采购的类型

1. 单店采购

单店商品的采购形式如表 5-2 所示。

表 5-2 单店商品采购的三种形式

采购负责人	采购形式
店长或经理全权负责	商品采购的权力完全集中在店长或经理手里，由他们选择供应商，决定商品购进时间和购进数量
店长授权采购，部门经理具体负责	超级市场店长将采购商品的工作下放给采购部门的经理，由采购部门经理根据超级市场经营的情况决定商品采购事宜
由超级市场的商品部经理具体采购	超级市场商品部经理是一线管理人员，他们熟悉商品的经销动态，比较了解消费者的偏好，可以根据货架商品陈列情况以及仓储情况灵活地进行商品采购决策

2. 集中采购

集中采购模式是指连锁经营企业设立专门的采购机构和专职采购人员统一负责企业的商品采购工作，统一规划与供应商的接洽、议价、商品的导入、商品的淘汰以及 POP 促销等。各门店只负责商品的陈列以及内部仓库的管理和销售工作。

3. 分散采购

分散采购形式是连锁总部根据自身的情况将采购权完全下放给各分店，由各分店在核定的金额范围内，根据自己的情况直接向供应商实施采购。

4. 混合采购

混合采购又叫分散集中化采购。是指有些零售采购活动在连锁企业总部进行，同时主要的运作部门或分店也进行采购。

5.3.2 采购部门的功能

连锁公司采购部门在连锁体系中拥有哪些功能，对采购组织框架的设计具有重要的意义。

1. 采购部门承担主要工作

(1) 日常采购业务：如选择供应商，发出或征集报价单，分析报价，与供应商进行采购业务谈判，决定供货量、交货期、付款方式、送货方式，核查门店申购单，核查发票，批准付款，负责退货及向供应商索赔等。

(2) 新商品开发与滞销品淘汰：在买方市场条件下，作为流通业主导者的连锁企业，应主动承担起引导消费、引导生产的重任，不断开发出能满足消费者需要的新商品。同时，为了更有效地利用有限的卖场空间，提高销售业绩，企业采购部门在开发新商品的同时，也应认真做好滞销商品的淘汰工作。

(3) 市场调查与分析：包括研究商品的市场价格走势及供求状况分析，价格及成本分析，新商品的开发分析，总代理、总经销业务的可行性分析，竞争对手货源及渠道的调查与分析，商品、门店、供应商的排行榜分析等。

(4) 促销策划：采购部门应根据门店前台系统提供的销售及其他信息资料，制定企业年度(或季度、月度)的促销计划，策划有供应商配合的节日、店庆等大型促销活动，设计与指导门店的商品配置与陈列，决定促销商品的价格优惠幅度等。

2. 连锁企业采购部门的职责

1) 采购经理的职责

采购经理的主要职责有：对公司分配给本部门的业绩及利润指标进行细化并进行考核；负责本部门全体商品的品项合理化、数量合理化及品项选择；负责本部门全体商品价格决定及商品价格形象的维护；制定部门商品促销的政策和每月、每季、每年的促销计划；督导新商品的引入、开发特色商品及供应商督导滞销商品的淘汰；决定与供应商的合作方式、审核与供应商的交易条件是否有利于公司营运；负责审核每期快讯商品的所有内容等。

2) 采购助理的职责

采购助理的主要职责有：协助采购人员与供应商谈判价格、付款方式、交货日期等市场调查供应商的考核；供应商来访的安排与接待；采购费用的统一申请与商品文件及手续的申请；电脑作业与档案管理等。

5.3.3　采购管理的业务流程

为了科学地组织商品采购，连锁企业必须根据自身状况，建立相应的采购机构；根据商品经营范围、品种，形成商品经营目录；确定采购渠道；进行进货洽谈、签订订货合同；完成商品检验与验收活动。

1. 建立相应的商品采购机构

连锁企业的商品采购机构有两种：一种是正式的采购组织，专门负责商品采购工作，人员专职化。设立正式的采购部门，采购工作专业化，可以统一规划商品采购工作，人员职责、权限明确，便于提高工作效率，加强与供货单位的业务联系。另一种是非正式的采购组织，企业不设专职采购部门，由销售部、组负责商品采购工作。非正式采购组织一般不设专门采购人员，而由销售人员兼职从事商品采购。非正式采购组织由销售人员参与采购，便于根据市场商品销售确定采购活动，使购销紧密连接，但不利于对采购工作的统一控制管理。

2. 制定商品经营目录

商品经营目录是连锁企业或商品经营部(组)所经营的全部商品品种目录，是连锁企业组织进货的指导性文件。连锁企业制订商品经营目录，是根据目标市场需求和企业的经营条件，具体列出各类商品经营目录；借以控制商品采购范围，确保主营商品不脱销，辅营商品花色、规格、式样齐全，避免在商品采购上的盲目性。

3. 合理选择采购渠道与供应商

连锁企业的供货渠道可以分为三个方面：一是企业自有供货者；二是原有的外部供货者；三是新的外部供货者。

1) 企业自有供货者

有些连锁企业自己附设加工厂或车间，有些企业集团设有商品配送中心。这些供货者是连锁企业首选的供货渠道。

连锁企业按照市场需要，组织附属加工厂加工或按样生产，自产自销，既是商品货源渠道，又有利于形成企业经营特色。有些商品如时装、针纺织品、鞋帽，市场花色、式样变化快，从外部进货，批量大、时间长，不能完全适应市场变化。而从加工厂或车间加工定做，产销衔接快，批量灵活。有些连锁企业加工定做的时装品牌也有较高的知名度和市场影响，成为吸引客流，扩大销售的有力手段。

2) 原有的外部供货者

连锁企业与经常联系的一些业务伙伴，经过多年的市场交往，对这些单位的商品质量、价格、信誉等比较熟悉了解，对方也愿意与连锁企业合作，遇到困难相互支持。因此，可成为连锁企业稳定的商品供应者。

连锁企业稳定的外部供应者来自各个方面，既有生产商，又有批发商，还有专业公司等。在选择供货渠道时，原有的外部供货者应优先考虑，这一方面可以减少市场风险，又可以减少对商品品牌、质量的担忧，还可以加强协作关系，与供货商共同赢得市场。

3) 新的外部供货者

由于连锁企业业务扩大，市场竞争激烈，新产品不断出现，企业需要增加新的供货者。选择新的供货者是商品采购的重要业务决策，要从以下方面做比较分析。

(1) 货源的可靠程度。主要分析商品供应能力和供货商信誉。包括商品的花色、品种、规格、数量能否按连锁企业的要求按时保证供应，信誉好坏，合同履约率等。

(2) 商品质量和价格。主要是供货商品质量是否符合有关标准，能否满足消费者的需求特点，质量档次等级是否和连锁企业形象相符，进货价格是否合理，毛利率高低，预计销售价格消费者能否接受，销售量能达到什么水平，该商品初次购进有无优惠条件、优惠价格等。

(3) 交货时间。采用何种运输方式，运输费用有什么约定，如何支付，交货时间是否符合销售要求，能否保证按时交货。

(4) 交易条件。供货商能否提供供货服务和质量保证服务，供货商是否同意连锁企业售后付款结算，是否可以提供送货服务和提供现场广告促销资料和费用，供货商是否利用本地传播媒介进行商品品牌广告宣传等。

为了保证货源质量，连锁企业商品采购必须建立供货商资料档案，并随时增补有关信息，以便通过信息资料的比较对比，确定选择供货商。

4. 购货洽谈、签订合同

在对供货商进行评价选择的基础上，采购人员必须就商品采购的具体条件进行洽谈。在采购谈判中，采购人员要就购买条件与对方磋商，提出采购商品的数量、花色、品种、规格要求，商品质量标准和包装条件，商品价格和结算方式，交货方式，交货期限和地点

也要双方协商，达成一致，然后签订购货合同。

5. 商品检验、验收

采购的商品到达连锁企业或指定的仓库，要及时组织商品验收工作，对商品进行认真检验。商品验收应坚持按采购合同办事。要求商品数量准确，质量达标，规格包装符合约定，进货凭证齐全。商品验收中要做好记录，注明商品编号、价格、到货日期。验收中发现问题，要做好记录，及时与运输部门或供货方联系解决。

5.3.4　商品采购合同

1. 采购合同的内容

商品采购合同的条款构成了采购合同的内容。应当在力求具体明确便于执行避免发生纠纷的前提下具备以下主要条款。

(1) 商品的品种、规格和数量：商品的品种应具体避免使用综合品名。商品的规格应规定颜色、式样、尺码和牌号等。商品的数量多少应按国家统一的计量单位标出。必要时可附上商品品种、规格、数量明细表。

(2) 商品的质量和包装：合同中应规定商品所应符合的质量标准，注明是国家或部颁标准。无国家和部颁标准的，应由双方协商凭样订(交)货。对实行保换、保修、保退办法的商品应写明具体条款。对商品包装材料、包装式样、规格、体积、重量、标志及包装物的处理等均应有详细规定。

(3) 商品的价格和结算方式：合同中对商品的价格、作价的办法和变价处理以及对副品、次品折扣办法的结算方式和结算程序要有具体规定。

(4) 交货期限、地点和发送方式：交(提)货期限(日期)要按照有关规定，并考虑双方的实际情况、商品特点和交通运输条件等。同时应明确商品的发送方式(送货、代运、自提)。

(5) 商品验收办法：合同中要具体规定在数量上验收和在质量上验收商品的办法、期限和地点。

(6) 违约责任：签约一方不履行合同，违约方应负物质责任，赔偿对方遭受的损失。在签订合同时应明确规定供应者有以下三种情况时应付违约金或赔偿金。①不按合同规定的商品数量、品种、规格供应商品；②不按合同中规定的商品质量标准交货；③逾期发送商品。

(7) 合同的变更和解除条件：在什么情况下可变更或解除合同，什么情况下不可变更或解除合同，通过什么手续来变更或解除合同等情况都应在合同中予以规定。

除此之外，采购合同应视实际情况增加若干具体的补充规定使合同更切实际，更有效力。

2. 采购合同的管理

采购合同的管理应当做好以下几方面的工作。

(1) 加强采购合同签订的管理：在签订合同之前应当认真研究市场需要和货源情况，掌握商场的经营情况、库存情况和合同对方单位的情况，依据本商场的购销任务收集各方面的信息，为签订合同、确定合同条款提供信息依据。

(2) 建立合同管理机制和管理制度：商场应当设置专门机构或专职人员建立合同登记、汇报检查制度以统一保管合同、统一监督和检查合同的执行情况，及时发现问题，采取措

施解决纠纷保证合同的履行。同时可以加强与合同对方的联系，密切双方的协作，以利于合同的顺利实现。

(3) 处理好合同纠纷：当经济合同发生纠纷时双方当事人可协商解决。协商不成可以向国家工商行政管理部门申请调解或仲裁，也可以直接向法院起诉。

(4) 信守合同：合同的履行情况不仅关系到商场经营活动的顺利进行而且也关系企业的声誉和形象。

5.4 连锁企业商品陈列

商品陈列是企业营业现场的“门面”，是顾客购买商品的“向导”。所谓商品陈列，指的是运用一定的技术和方法摆设商品，展示商品，创造理想购物空间的工作。商品陈列的主要目的是展示商品，突出重点，反映特色，提高顾客对商品的了解、记忆和信赖的程度，从而诱导顾客做出购买决定和购买行动。因此，合理的商品陈列可以起到刺激销售、方便购买、节约人力、利用空间和美化环境等方面的作用。商品陈列的最终目的是希望尽可能使任何一个进店浏览的人变为一位真正的顾客。

【同步阅读 5-4】

尿布和啤酒的故事

在美国沃尔玛超市里，有一个有趣的现象：尿布和啤酒赫然摆在一起出售。但是这个奇怪的举措却使尿布和啤酒的销量双双增加了。这不是一个笑话，而是发生在美国沃尔玛连锁店超市的真实案例，并一直为商家所津津乐道。原来，美国的妇女们经常会嘱咐她们的丈夫下班以后要为孩子买尿布。而丈夫在买完尿布之后又要顺手买回自己爱喝的啤酒，因此啤酒和尿布在一起购买的机会还是很多的。

是什么让沃尔玛发现了尿布和啤酒之间的关系呢？正是商家通过对超市一年多原始交易数字进行详细的分析，才发现了这对神奇的组合。

无独有偶。美国密歇根州有一家名为“阿汉”的小餐馆有个异常奇特的做法：经常光顾该餐馆的顾客，只要愿意，便可报上自己的常住地址，在客户登记簿上注册，开一个“户头”，以后顾客每次到这里来就餐，餐馆都会如实地在其户头上记下用餐款额。每年的 9 月 30 日，餐馆便会按客户登记簿上的记载算出每位顾客从上年 9 月 30 日以来在餐馆的消费总额，然后再按餐馆纯利 10%的比例算出每位顾客应得的利润分发给顾客，这样，餐馆自然就常常门庭若市。阿汉餐馆给顾客分红的方法虽然损失了一部分纯利，但却使顾客感到自己与餐馆的利润息息相关，自己也是餐馆的一员。这样一来，餐馆密切了与消费者的关系，吸引了许多回头客。

这种让食客成为“股东”的做法其实也是一种“组合”式的生意之道，不同的是前者是明显的“物质组合”，而后者是隐蔽的“人员组合”，两者都是以消费者心甘情愿地付出而给老板带来了滚滚利润，何乐而不为呢？

(资料来源：高勇. 啤酒与尿布. 北京：清华大学出版社，2008)

5.4.1　商品陈列的概念及意义

所谓商品陈列，指的是运用一定的技术和方法摆布商品、展示商品、创造理想购物空间的工作。商品陈列的主要目的是展示商品、突出重点、反映特色，提高顾客对商品的了解、记忆和信赖的程度，从而诱导顾客做出购买决定和购买行动。因此，合理的商品陈列可以起到刺激销售、方便购买、节约人力、利用空间、美化环境等方面的作用。

5.4.2　商品陈列的方法

1. 整齐陈列法

整齐陈列法是将单个商品整齐地堆积起来的方法。只要按货架的尺寸确定商品长、宽、高的排面数，将商品整齐地排列就可以完成。整齐排列法突出了商品的量感，从而给顾客一种刺激的印象，所以整齐陈列的商品往往是连锁企业欲大量推销给顾客的商品、折扣率高的商品或因季节性需要顾客购买量大、购买频率高的商品，如夏季的清凉饮料等。整齐陈列法如图 5-1 所示。

图 5-1　整齐陈列法

适合此种陈列方法的商品有：特价商品、季节性商品、节庆商品、新上市商品和媒体正在大量宣传的商品。

2. 随机陈列法

随机陈列法是将商品随机堆积的方法，给人一种仿佛是将商品陈列于筐中的感觉。与整齐陈列法所不同的是，该陈列方法只要在确定的货架上随意地将商品堆积上去即可。随机陈列法所占的陈列作业时间很少，这种方法主要是陈列“特价商品”，它的表现手法是为了给顾客一种“特卖品就是便宜品”的印象。采用随机陈列法所使用的陈列用具，一般是一种圆形或四角形的网状筐，另外，还要带有表示特价销售的牌子。随机陈列的网筐配置位置基本上与整齐陈列一样，既可配置在中央陈列架的走道内，也可根据需要配置在其他需要吸引顾客的地方，其目的是带动这些地方周围陈列商品的销售。随机陈列法如图 5-2 所示。

图 5-2 随机陈列法

适合此种陈列方法的商品有：中、小型，一个一个进行陈列处理很费工夫的商品；商品本身及其价格已广为人知的商品；低价格、低毛利的商品；不易变形损伤的商品。

3. 不规则陈列法

在现代的连锁企业中，中央陈列货架能整齐地配置，这样商品就可以秩序井然地陈列了。但就是这种整齐的配置和有秩序的陈列，往往使人联想到军人列队式的整齐排列，久而久之，这种配置和陈列会使顾客产生单调乏味感。因此，为了改变这种单调乏味感，企业应该使用每层搁板都能够自由调节的陈列货架，通过将中央陈列货架搁板间距灵活地调节变化，使副通道内的各个中央陈列货架的搁板形成错位安排，而事实上各个货架上陈列的商品并没有发生变化。这对顾客来说却有一种新鲜感，他们往往会产生一种错觉，认为中央陈列货架内的商品又有了新的变化，从而吸引顾客走入副通道内选购商品。这种方法看似简单，却是行之有效的，是每一个连锁企业都不容忽视的陈列法。不规则陈列法如图 5-3 所示。

图 5-3 不规则陈列法

4. 岛式陈列法

在连锁企业的进口处、中部或者底部不设置中央陈列架，而配置特殊陈列用的展台，这样的陈列方法叫作岛式陈列法。如果说端头陈列架使顾客可以从三个方向观看的话，那么岛式陈列则可以从四个方向看到，因此，岛式陈列的效果在连锁企业内也是相当好的。岛式陈列的用具一般有冰柜、平台或大型的货柜和网状货筐。为了使消费者能够环绕岛式陈列台(架、柜、筐)选购商品，应给予岛式陈列以较大的空间。

相对于岛式陈列要求的较大空间来说，在空间不大的通道中间也可以进行随机的、活动式的岛式陈列。这种岛式陈列的用具是投入台，配上轮子的散装筐等。这种活动式的货架可以在门店内自由活动，所以能简单方便地配置在各种通道里的任何地方，以便根据需要而随时调整。所陈列的商品量虽然有限，但可被广泛地用来促进销售。采用活动式的货架作随机型的岛式陈列其促销效果是相当明显的，尤其是在卖场没有竞争商品的时候，效果就更加显著，它会带动连锁企业门店整体的销售额上扬，即使撤下了这些活动货架，其促销的效果还会有一个滞后的效应。岛式陈列法如图 5-4 所示。

图 5-4　岛式陈列法

5. 窄缝陈列法

在中央陈列架上撤去几层隔板，只留下底部的隔板形成一个窄长的空间进行特殊陈列，这种陈列方法就叫窄缝陈列法。窄缝陈列的商品只能是 1 个或 2 个单品项商品，它所要表现的是商品的量感，因而其陈列量是平常的 4.5 倍。窄缝陈列能打破中央陈列架定位陈列的单调感，所以能吸引顾客的注意力。窄缝陈列的商品最好是要介绍给顾客的新商品或利润高的商品，这样就能起到较好的促销效果。窄缝陈列可使连锁企业卖场的商品陈列显得活泼，但不宜在整个卖场上出现太多的窄缝陈列，那样反而会影响该类商品的销售。窄缝陈列法如图 5-5 所示。

图 5-5　窄缝陈列法

适合此种陈列方法的商品有：新上市的商品和高利润商品。

6. 突出陈列法

该法将商品放在篮子、车子、箱子、存物筐或突出延伸板(货架底部可自由抽动的隔板)内，陈列在相关商品的旁边销售，是超过通常的陈列线、面向通道突出的方法。其主要目的是打破单调感，诱导和招揽顾客。突出陈列的位置一般在中央陈列架的前面，将特殊陈列突出安置，希望特别引起顾客注意、提高其回转率。突出陈列法如图 5-6 所示。

图 5-6　突出陈列法

适合此种陈列方法的商品有：新商品、推销过程中的商品和廉价商品。

7. 悬挂陈列法

将无立体感扁平或细长型的商品悬挂在固定的或可以转动的装有挂钩的陈列架上，就叫悬挂式陈列。悬挂式陈列能使这些无立体感的商品产生很好的立体感效果，并且能增添其他特殊陈列方法所没有的变化。目前工厂生产的许多商品都采用悬挂式陈列的有孔型包装，如糖果、剃须刀、铅笔、玩具、小五金工具、头饰、袜子、电池等。悬挂陈列法如

图 5-7 所示。

图 5-7　悬挂陈列法

8. 端头陈列法

所谓端头是指双面的中央陈列架的两头。在连锁企业中，中央陈列架的两端是顾客通过流量最大、往返频率最高的地方，从视角上说，顾客可以从三个方向看见陈列在这一位置的商品。因此，端头是商品陈列极佳的黄金位置，是卖场内最能吸引消费者注意力的重要场所。同时，端架还能起到接力棒的作用，吸引和引导顾客按店铺设计安排不停地向前走。引导、提示、诉求可以说是其主要功能。所以端头一般用来陈列特价品，或者门店要推荐给顾客的新商品，以及利润高的商品。端头陈列法如图 5-8 所示。

图 5-8　端头陈列法

端头陈列法可以进行单一商品的大量陈列，也可以进行几种商品的组合陈列。正因为中央陈列架的端头是非常引人注目的重要场所，所以如果将几种商品组合陈列就能够将更多的顾客注意力引向更多的商品。例如，我们做一个“火锅专集”，可以把火锅调料、粉丝、粉条、火锅用具、火锅锅底等相关联商品进行组合陈列，同时在端架陈列时，可以选其中一个品项作为价格诉求的牺牲品，进行大幅度降价，而其他品项不作调整，否则这种陈列对利润就毫无贡献了。

9. 比较陈列法

把相同商品，按不同规格、不同数量予以分类，然后陈列在一起，这种陈列法叫作比较陈列法。比较陈列法所要表现的经营者意图是，促使顾客更多地购买。例如，一罐雪碧饮料售价 2.0 元，而旁边陈列的包在一起的 6 罐雪碧只卖 10.9 元，而包在一起出售的 12 罐该饮料可能只卖 19.8 元。顾客买得越多越便宜，因而刺激顾客购买包装量较多的该饮料。

在进行比较陈列的作业时，陈列量上要多陈列包装量大的该商品，而包装量小和单品量就相应地少一些，以明确为顾客指出购买的方向。

【课堂思考 5-3】

家乐福的商品陈列技巧

1. 堆头商品陈列结构

家乐福堆头商品陈列以食品为主，如目前除了月饼堆头外，共 26 个堆头，其中食品堆头 18 个，占 69.23%；日用品堆头 8 个，占 30.77%。家乐福堆头商品从价格水平来看，都是陈列特价商品，没有高毛利堆头，也没有固定堆头(商品在货架上基本都能找到)，这可能跟他们突出低价形象有关。

2. 堆头陈列商品品种更换频率

家乐福堆头一般一周左右更换其中的一部分品种，小部分堆头品种更换频率更高，如二楼电梯口的两个大堆头，一般 2～3 天更换一次，大部分时候是做杂牌。其中食品堆头 18 个，占 69.23%；日用品堆头 8 个，占 30.77%。家乐福堆头商品震撼低价促销，其价格十分低廉，有时配备促销员高声叫卖。

家乐福同一个堆头陈列的商品品种基本固定，如这个堆头固定陈列牛奶，另一个堆头固定陈列大米等；并且在一段时间内，如几周的时间段内相对稳定地陈列相同品牌的商品，只是价格变化或者功能有变化。

堆头位置基本固定，并且布置在同一品种区域内，方便顾客挑选，如洗衣粉堆头布置在洗衣粉区域，油堆头布置在油货架附近等。节假日会临时增加一些堆头，增加陈列应节商品品种。

3. 堆头陈列商品价格变动趋势

家乐福部分堆头商品的价格并不是固定不变的，一般为降低趋势，如堆头商品汰渍洗衣粉，前三天售价 12.70 元，后三天售价 11.30 元，这种现象主要集中在日用品上。

4. 堆头陈列商品品种选择特点

堆头陈列品种主要以知名品牌商品为主，其单品数比例占 85%以上，而杂牌商品比例仅占 15%以下。家乐福彩页商品一般不会陈列在堆头位置上，而只有少数几个彩页商品陈列在堆头位置，如部分饮料等。

5. 堆头陈列商品特价幅度

重复经营商品品种占堆头总体的 50%左右，其特价幅度总体来说较大，所以家乐福堆头除了做负毛利销售的品种之外，其他品种总体价格水平稍高于平均价格水平。

(资料来源：微口网，http://www.vccoo.com/v/21d84a，资料整理)

思考题：

1．你认为商品陈列与卖场的经营定位有什么关系？

2．试分析家乐福陈列方式的效果。

3．结合你所在城市中家乐福的卖场，提出可学习的陈列方法，并提出改进的建议。

5.4.3 商品陈列的基本要求

1. 适应购买习惯，便于顾客寻找选购

目前，连锁企业经营的商品品种越来越多，一家一般连锁企业经营的商品有几千种到上万种之多，而一些连锁大中型企业出售的商品多达上万种，如何给顾客带来方便，如何使得顾客很容易地判断什么商品在什么位置，是商品陈列时首先要解决的问题。

通常，只要连锁经营企业的面积在 500 平方米以上，就应该设置统一规划的货位分布图。规模较大的连锁企业除了具有货位分布图之外，还应具备各楼面的商品指示牌和卖场区域性商品指示牌。一般来说，连锁企业商品的货位分布图设置在企业主要入口处的显要位置，而每一楼层的商品指示牌多设在每一楼层的楼梯处和自动滚梯入口处，区域性商品指示牌设置在货架之间的通道上方。这些标牌的设计不仅要美观，而且要简洁、明了、易懂。据美国的两家连锁企业对化妆品部和药品部的销售量变化所做的调查统计表明，利用了货位分布图和陈列架商品指示牌以后销售额分别上升了 22.3%和 18%。

2. 显而易见

要使顾客一眼能看到商品并且看清商品，必须注意陈列商品的位置、高度、商品与顾客之间的距离以及商品陈列的方式等。通常人们无意识的观望高度为 0.7～1.7 米，上下幅度为 1 米，而且通常与视线大约成 30° 范围内的物品最易引人注意。因此企业可根据消费者的观望高度与视角，在有限的空间里将商品陈列于最佳位置。顾客看到的商品越多，他们买的东西也会越多，但不是说只在此位置陈列商品，而是以此为基线陈列。有些商品仰视角度更能吸引人，如工艺礼品、时装等，应该适当置高一些，更能引人注意。而有些商品俯视角度更能吸引人，如化妆品、金银首饰等，尤其是儿童玩具，陈列位置过高的话，反而引不起儿童的兴趣，只有低一点，没有遮挡物，使儿童一览无余，才能激起儿童拥有它的强烈欲望。

要做到商品陈列使顾客显而易见，就必须符合以下三条要求。

第一，贴有价格标签的商品正面要面向顾客，在使用了 POS 系统的企业中，一般都不直接在商品上打贴价格标签，所以必须要做好该商品价格牌的准确制作和位置的摆放；

第二，每一种商品不能被其他商品挡住视线；

第三，敞开式销售方式的货架下层不易看清的陈列商品，可以采用倾斜式陈列。

3. 满陈列

在商品陈列中，不管是在柜台上，还是货架上，商品陈列应显示出丰富性和规则性。货架上的商品必须要经常充分地放满陈列，放满陈列的意义有以下三个方面。

第一，货架不是满陈列，对顾客来说是商品自己的表现力降低了，从顾客心理学规律来看，任何一个顾客买东西都希望从丰富多彩、琳琅满目的商品中挑选，如看到货架或柜台上只剩下为数不多的商品时，大都会心存疑虑，唯恐是别人买剩下来的“落脚货”，最终不愿购买。

第二，从连锁企业本身的利益来看，如货架常常空缺，就白白浪费了卖场有效的陈列空间，降低了货架的销售与储存功能，又相应地增加了企业仓库库存的压力，从而降低了商品的周转率。

第三，商品陈列尽可能地将同一类商品中的不同规格、花式、款式的商品品种都丰富而有规则地展示出来，不仅能扩大顾客的选择度，给顾客留下一个商品丰富的好印象，而且可使连锁企业提高所有门店商品周转的物流效益。

4. 商品有说明

当顾客注意某个商品并有意购买时，那么他一定还想进一步了解有关商品的其他信息，诸如商品的价格、产地、性能、用途等方面。因此，在陈列商品时应使商品附有说明商品品名、产地、规格、价格等方面内容的价格标签(敞开式销售的商品往往还贴有带价格的黏性标签纸)。通常，各门店使用的价格标签和商品说明书是由连锁企业总部统一设计的，以做到各门店价格标签规格一致，同时也体现连锁企业各门店形象的一致性。价格标签除了注明商品的名称、规格、质量、产地、价格外，还必须有物价员签章。

【同步阅读 5-5】

7-11 便利店商品陈列的故事

一位女高中生在 7-11 的店铺中打工，由于粗心大意，在进行酸奶订货时多打了一个零，使原本每天清晨只需 3 瓶酸奶变成了 30 瓶。按规矩应由那位女高中生自己承担损失——意味着她一周的打工收入将付之东流。这就逼着她只能想方设法地争取将这些酸奶赶快卖出去。她冥思苦想，把装酸奶的冷饮柜移到盒饭销售柜旁边，并制作了一个 POP，写上“酸奶有助于健康”。令她喜出望外的是，第二天早晨，30 瓶酸奶不仅全部销售一空，而且出现了断货。谁也没有想到这个小女孩戏剧性的实践带来了 7-11 新的销售增长点。从此，在 7-11 店铺中酸奶的冷藏柜同盒饭销售柜摆在了一起。

(资料来源：搜狐网，http://www.sohu.com/a/114221749_479708，资料整理)

5.4.4 商品陈列的某些特殊要求

针对采用敞开式销售方式的连锁企业，通常还应该具备以下的商品陈列要求。

1. 顾客伸手可取

一旦顾客对陈列商品产生了良好的视觉效果，就有触觉的要求，希望对商品作进一步的了解，最后做出购买与否的决定。通常采用柜台式销售方式的连锁企业，尽量依靠营业人员的耐心服务来满足顾客的要求。而采用敞开式销售方式的连锁企业则不同，其商品陈列在做到“显而易见”的同时，还必须能使顾客自由方便地拿到手，使顾客摸得到商品，甚至能拿在手上较长时间，这是刺激顾客购买的重要环节。

要使顾客伸手可取到商品，最重要的是要注意商品陈列的高度。例如，在连锁企业门店中，高个子的男工作人员常常将商品陈列到自己的手够得着的地方，而到连锁企业购物的顾客大多数是女性，因而会拿不到商品。根据统计资料表明，女性平均身高要比男性矮 10～20 厘米。特别是对一些需要进行量感陈列的商品，商品往往被堆得很高，这时就要考虑在近旁再堆放陈列一些该种商品，让顾客伸手可取。

2. 先进先出

商品在货架上陈列的先进先出，是保持商品品质和提高商品周转率的重要控制手段，对于运用敞开式销售方式的连锁企业应该尤为重视这个要求。

当商品第一次在货架上陈列后，随着商品不断地被销售出去，就要进行商品的及时补充陈列，补充陈列的商品就要依照先进先出的原则来进行。其陈列方法是先把原有的商品取出来，然后放入补充的新商品，再在该商品前面陈列原有的商品，也就是说，商品的补充陈列是从后面开始的，而不是从前面开始的。这种陈列法叫先进先出法，因为顾客总是购买靠近自己的前排商品，如果不是按照先进先出的原则来进行商品的补充陈列，那么陈列在后排的商品会永远卖不出去。一般商品尤其是食品都有保质期限，因此消费者会很重视商品出厂的日期，用先进先出法来进行商品的补充陈列，可以在一定程度上保证顾客买到商品的新鲜性。

3. 同类商品垂直陈列

敞开式销售方式的兴起，使得连锁企业内相当一部分商品运用货架进行陈列，这就要求货架上同类的不同品种商品做到垂直陈列，而避免横式陈列。同类商品垂直陈列的好处有以下两点。

第一，同类商品如果是横式陈列，顾客在挑选同类商品的不同品种时会感到不方便，因为人的视线上下移动方便，而横向移动其方便程度要较前者差。横向陈列会使得陈列系统较乱，而垂直陈列会使同类商品呈一个直线式的系列，体现商品的丰富感，会起到很强的促销效果。

第二，同类商品垂直陈列会使得同类商品平均享受到货架上各个不同段位(上段、黄金段、中段、下段)的销售利益，而不至于使同一商品或同一品牌商品都处于一个段位上，提高或降低其他类别的商品所应承担或享受的货架段位的平均销售利益。

【同步阅读 5-6】

相关产品，顺便车搭搭也无妨

一家便利店老板，进了一批酒瓶起子。虽然这种商品利润相对较高，但他原本并不想卖这个产品，可总是有人到店里来问，不能没有呀！开始他将这些酒瓶起子放在一个角落里，有人问了，就指给别人看，卖得十分缓慢，他也不大在意。

后来，酒瓶起子的业务员巡视终端，看见了该老板的陈列，给他出了个主意：你把酒瓶起子放在你出售的酒旁边试试，我敢保证你的酒瓶起子的销售量肯定会是以前的几倍，而且根本就不会占多少地方。该老板不信，但又觉得企业的业务员说得有些道理，试试又不会死人。结果正如企业业务人员的预料，酒瓶起子的销售量成倍上升。他纳闷的是：有人购买酒瓶起子甚至一次买好几个。他问这些消费者原因，消费者回答很简单：做得这么漂亮，款式又多的酒瓶起子，可以挂在冰箱上当装饰品呀！

(资料来源：http://www.eeff.net/thread-377067-1-1.html)

4. 关联性陈列

关联性陈列是指在一个中央双面陈列货架的两侧来陈列相关联的商品。顾客依货架的陈列方向行走并挑选商品，关联性商品应陈列在通道的两侧，或陈列在同一通道、同一方向、同一侧面的不同组别的货架上。其目的是使顾客在购买 A 商品后，顺便也购买陈列在旁边的商品 B 或商品 C。

除此之外，把不同分类但有互补作用的商品陈列在一起，也体现了关联性陈列的原则。例如，在连锁企业中陈列的肥皂旁边也可同时陈列肥皂盒，在连锁专卖店中陈列各类鞋子的货柜旁相应陈列各类鞋油。关联陈列法可以使得门店卖场的整体陈列活性化，同时也大大增加了顾客购买商品的卖点数。例如，春节过后，一家超级市场发现鸡腿、鸡翅之类的冷冻食品特别不好销，于是该连锁企业总部创意策划了一个“回家自做肯德基”的活动——在每一个门店里挂上 POP 广告，并把炸鸡调料与冷冻鸡腿、鸡翅陈列在一起。

【课堂思考 5-4】

日本超市的食品陈列和管理

食品类商品是各级自选超市的主要商品，其陈列和管理的好坏，是一个自选超市的命脉所在，日本的自选超市里采用分类陈列和管理的做法是值得借鉴的。

1. 果菜类管理

生食青菜。生食青菜越来越受到顾客的青睐，日本超市大多把生食菜类陈列于保鲜柜里，并提供沙拉食谱，促进销售。

叶菜。叶菜类价低利薄，但顾客却很需要，所以日本超市一方面细心照顾叶菜，以保持叶菜的新鲜度；另一方面不集中贩卖，而是采用扩大用量的方法；再用分类包装和散装相结合。

豆类。在进货时将豆类在水里浸泡降温，达到保鲜的目的；依季节的变化突出不同的品种；制成沙拉；按用途进行陈列。

菌茸类。注重产地的介绍和烹饪方法的介绍，以及营养含量的介绍；新鲜保洁、保证品质；适量包装。

2. 鱼贝类管理

盐干食品。使用平台陈列，突出新鲜感；扩大品种范围；发展新用途。

虾类食品。依用途进行加工处理，减少顾客的麻烦；包装按家庭人口和普通食量并力求美化；拓展食用方法；依季节变化推出新食谱。

贝类食品。提供相应的调味佐料；在包装上提供食谱；提供烹饪好的食物照片；提供儿童食谱。

3. 肉类管理

肉片。按照顾客不同的饮食习惯编排各种食谱；按不同的肉类制定不同的价格；扩展加工范围。

牛排。增加对顾客的信息介绍，扩大消费者范围；提供具体的烤法和吃法；利用专门橱柜对商品陈列。

内脏。按照不同的用途排列开橱柜上下层；强调包装、突出新鲜感；为顾客提供专用的调味佐料；扩大商品的食用范围；在超市内举办适当的试吃活动。

(资料来源：豆丁网，http://www.docin.com/p-314063645.html?docfrom=rrela)

思考题：日本超市的食品陈列和管理对我国超市有何借鉴？

【项目小结】

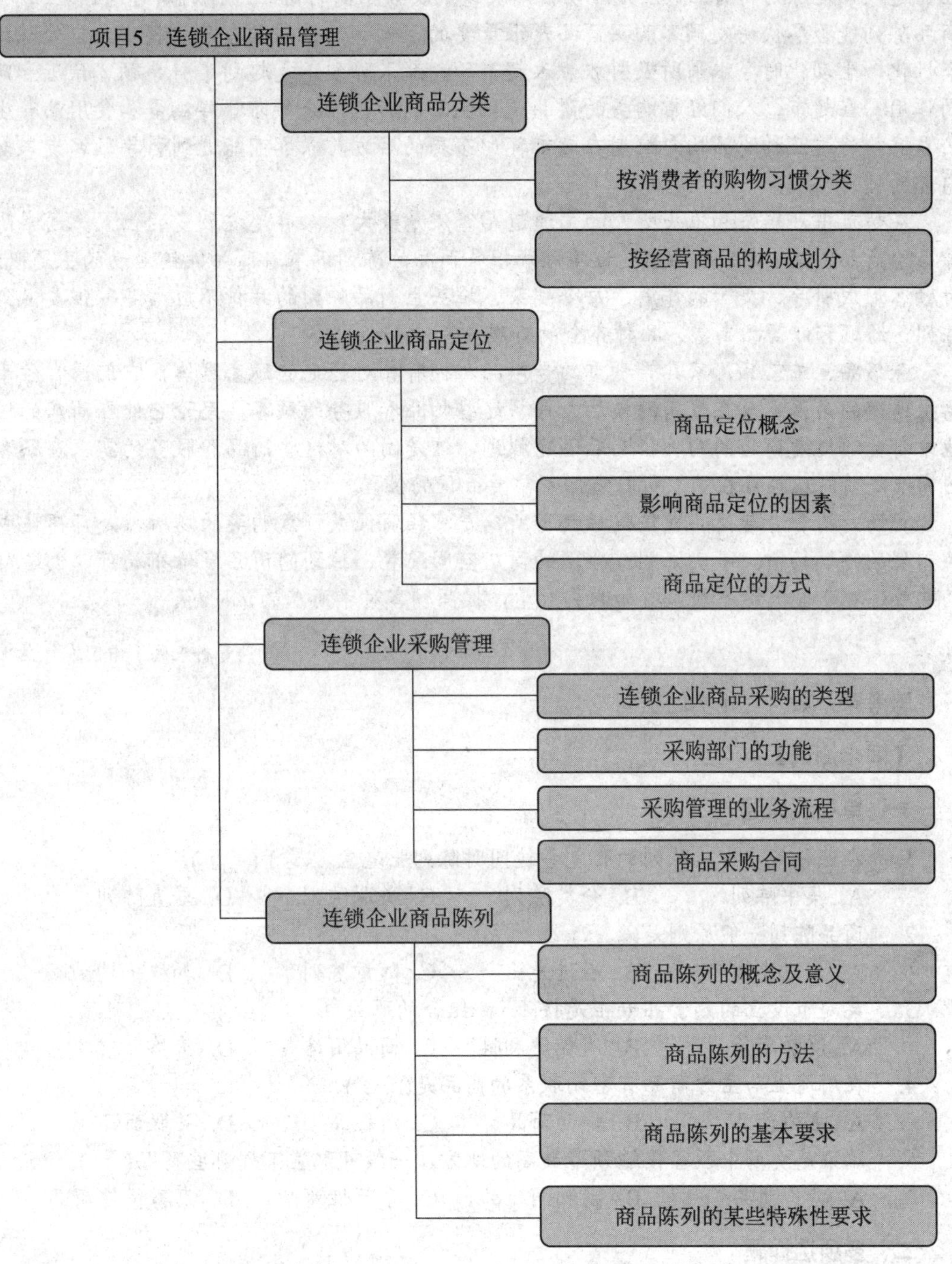

【扩展阅读】

如何优化卖场空间

商品摆放在商店的不同位置，其带来利润的能力是不一样的。经过的人越多，说明这个位置就越好。但各个品种不能都占据最好的位置，并且在决定各品种的位置时，还需要考虑各品种之间的相互关系。商店里最好的位置取决于楼层及在某一楼层中所处的方位。在靠近入口处陈列的商品，应是冲动性购买或购买频率高的商品，特别是对连锁企业而言，商品陈列能否尽快诱发顾客购买商品是很重要的。例如，很多顾客是被超市入口处陈列的个性化、生动化时令水果所吸引才步入超市的。蔬果陈列正是起到了引导顾客亲近和购买的作用。在超市，人们经常购买的商品是乳制品、面包、冷鲜肉、鲜鸡蛋和食用油等生活必需品，将这几种商品均匀配置在超市环形布局的后方，以尽可能达到引导顾客走入超市内部的目的。

在超市中，端架和堆头所处的主通道是客流量最大、人群走过最多的位置，通常陈列惊爆价商品、DM海报商品。通过端架和堆头商品的陈列诉求着商品促销活动的主题概念，对顾客形成引导、提示的作用。每个端架、堆头上商品陈列的品种不应太多，但要做到满陈列，给顾客以商品丰富、品种齐全的直观印象。

奢侈品、工艺品、家具等贵重的专用品都拥有相对稳定的顾客群体，它们通常位于远离主通道的角落里或在较高的楼层。寻找这些物品和服务的顾客，无论它处在商店的任何地方都会通过看商店的购物指南后迅速找到，这是因为对这些商品和服务的需求在顾客到达商店之前就已经存在了，所以它们不需要最佳的位置。

卖场是消费者与商品直接接触的场所，是零售商促成顾客购买的场所，是厂商达成产品销售的终端场所。事实证明：合理的商店空间配置、独到的商品货位布局可以创造舒适的购物环境，能够诱导顾客增加购买数量，提高顾客对于商店的认同感。

(资料来源：中国零售企业网)

思考题：如何优化卖场空间？

【同步测试】

一、单项选择题

1. 在连锁超市中，陈列的肥皂旁边同时陈列肥皂盒，属于(　　)。
   A. 集中陈列　B. 分类陈列　C. 关联陈列　D. 垂直陈列
2. 商品陈列一般原则是(　　)。
   A. 先进先出　B. 后进先出　C. 随意陈列　D. 加权平均
3. 某超市设立的熟食品专柜是按(　　)组合的商品群。
   A. 消费季节　B. 消费便利性　C. 商品用途　D. 价格
4. 在用途上与主力商品有密切联系的商品是(　　)。
   A. 主力商品　B. 辅助商品　C. 消耗品　D. 关联商品
5. 端架是卖场中顾客接触频率最高的地方，一般可配置下列哪些商品(　　)。
   A. 特价商品　B. 高利润商品　C. 季节性商品　D. 厂家促销商品

二、多项选择题

1. 整齐陈列法适合哪些商品(　　)。
   A. 特价商品　B. 季节性商品　C. 节庆商品　D. 新上市商品
2. 根据消费者的购物习惯，商品可分为(　　)。
   A. 方便性商品　B. 选购品　C. 特殊品　D. 非需品

3. 连锁企业采购部门有哪些职责( )。

A. 负责本部门全体商品的品项合理化、数量合理化及品项选择

B. 负责决定本部门全体商品价格及商品价格形象的维护

C. 制定部门商品促销的政策

D. 决定与供应商的合作方式

4. 突出陈列法具有哪些陈列效果( )。

A. 商品的突出性提高，增加商品出现在顾客视野中的频率

B. 突出了商品的廉价性

C. 可进行单品突出介绍

D. 突出了商品的丰富感

5. 选择新的供货者要从以下方面做比较分析( )。

A. 货源的可靠程度 B. 商品质量 C. 交货时间 D. 交易条件

三、简答题

1. 商品陈列的作用是什么?
2. 商品陈列的基本要求有哪些?
3. 商品采购的流程是什么?
4. 影响商品定位的因素有哪些?
5. 连锁企业商品采购的类型有哪些?

四、案例分析题

无印良品中国门店如何做到平均15.9个月收回投资?

无印良品海外店铺有348家，已逼近日本本土的425家，海外销售额占比33%。目前中国大陆39个城市的134家无印良品店，平均15.9个月收回投资。

无印良品是如何做到的?

独一无二的产品定位。无印良品和优衣库的定位有何不同?答：优衣库定位是服装店，无印良品是生活杂货店；优衣库希望为全世界男女老少提供衣服，无印良品则做减法，不为流行左右，只是不断创造出标准的“MUJI式”商品。

坚持自产自销的SPA模式。从生产到销售完全是自有品牌，使无印良品的毛利率非常高。没有核心技术、核心生产能力的品牌算不得好品牌，无印良品都是自己生产核心产品，所以才有强大的竞争力。

直营。无印良品完全依靠自己的利润进行海外扩张，所有海外店铺均由日本总公司控股。

本土化。中国消费生力军是年轻的中产阶级，目标客群不同，所以必须进行本土化改变。比如无印良品中国店的开店标准是全球统一，但评分则由北京大学专家操刀。

思考题:

1. 无印良品成功的原因是什么?
2. 结合学过的知识，谈谈无印良品的经营策略对我们有哪些启发?

【项目实训】

实训项目：采购作业技能训练

实训目的：

通过采购作业技能训练，使学生获得连锁经营管理中商品采购的知识和技能，清楚连锁门店如何完成商品采购工作，以及采购所需的相关技能和专业知识。培养学生综合运用所学知识分析和解决实际问题的能力、实践运用能力以及创新能力，为学生毕业后能迅速胜任采购工作提供坚实的理论基础和实践基础；同时也培养学生进行市场调查、市场分析和资料收集的能力以及敬业、合作的精神。

实训内容：

(1) 连锁超市(或便利店)商品的市场调查和分类。
(2) 采购商品目录的编制。
(3) 采购商品的采价。
(4) 采购计划的编制，商品采购项目和数量的确定。
(5) 供应商的调查和选择。
(6) 采购合同的编制。

实训要求：

训练项目	训练要求	备　注
1. 连锁超市(或便利店)商品的市场调查和分类	(1) 商品采购调查，针对所采购的商品进行采购供应相关情报数据的调研、收集、整理和归纳，为了更好地进行商品采购而进行的信息收集、分析工作奠定基础。 (2) 构建商品的结构，将适合目标顾客群的畅销商品引进	制定正确决策及现有的采购管理的基础
2. 采购商品目录的编制	(1) 根据企业的销售目标，把应该经营的商品品种，用一定的书面形式，并经过一定的程序固定下来。 (2) 确定商品品种结构。 (3) 制定需要采购的商品目录，将商品的各项要求详细列明	理解销售目标，确定商品品种及结构
3. 采购商品的采价	(1) 选择供货商，洽谈商品供销事宜。 (2) 进行市场采价，与供货商的价格进行比较，作为商品采购价格的基础。 (3) 查看样货，看样选购。 (4) 与供货商议定商品供应价格	处理不慎就会出现误差、延误进货
4. 采购计划的编制	(1) 根据前期销售的情况进行统计分析，拟出本期应该进货的品种、名称、型号、规格和数量。 (2) 参照库存量，库存多的可少进。如果资金充裕，销路好的产品也可适当多进。 (3) 根据当前市场行情，作一些适当调整	有利于资源的合理配置，以取得最佳的经济效益

续表

训练项目	训练要求	备　注
5. 供应商的调查和选择	(1) 全国品牌商品争取与制造商、地区总代理直接进货。 (2) 地方商品应与本地制造商直接进货。 (3) 同一品类应有至少两家供应商供货，以获取较为低廉的供货价格。 (4) 不引进只提供一种商品的供应商，除非特别情况，并经采购总监批准	审核供应商应提交的资料
6. 采购合同的编制	(1) 供应商通过谈判，符合采购方各方面要求。 (2) 供应商提供的样品、资料通过审核。 (3) 采购主管填写采购合同申请单。 (4) 供应商填署空白超市采购合同，并与价格表一并盖上章。 (5) 采购员审核签名并将采购合同上交采购经理。 (6) 采购经理审核并整理，呈交采购总监审核。 (7) 采购总监审核、签名。 (8) 合同生效	采购合同应以书面形式，并盖双方公章方才有效

项目 6　连锁企业市场营销管理

【学习目标与要求】

- 明确现代连锁市场营销的含义和内容。
- 掌握营业推广的类型与过程。
- 了解连锁企业的公共关系策略。
- 理解现代连锁广告促销策略。

【引导案例】

宜家的体验营销

宜家集团是全球最大的家具家居用品商家之一，在全球 40 个国家和地区拥有 311 个商场。宜家是怎样将自己的产品成功地推向市场，并被消费者广泛认可和接受的呢？

1. 质量过硬的宜家

作为返璞归真的现代营销手段，宜家鼓励顾客在卖场“拉开抽屉，打开柜门，在地毯上走走”，或者试一试床和沙发是否坚固。这种“体验式营销”或叫“朋友式营销”，包括消费者免费使用产品，无条件退还，对产品进行破坏性试验等。在睡眠者日，宜家给三百多人提供在门店内过夜来试验新型宜家床垫，如果试验者第二天买了被试验的床垫，即可给十分优惠的折价。

在宜家，用于对商品进行检测的测试器也非常引人注目。在厨房用品区，宜家出售的橱柜从摆进卖场的第一天就开始接受测试器的测试，橱柜的柜门和抽屉不停地开、关着，数码计数器显示了门及抽屉可承受开关的次数：至今已有 209 440 次！

2. 精致、人性化的宜家

宜家的产品做得非常的人性化和精致，宜家的产品充分考虑到使用的方便性和舒适性。宜家产品设计是从消费者日常使用的方便考虑，开发人员、设计人员都和供应商之间进行深入的交流，做过深入的市场调查。宜家卖场的人员会及时将信息反馈给产品设计人员，设计人员会结合消费者的需求对产品进行改进和设计。

3. 独具风格的宜家

商品的交叉展示及样板间也是宜家独创的风格。早在 1953 年宜家在自己的发源地就开辟了样板房，让人们可以亲自来体验，可谓是体验营销的先驱。顾客在宜家不仅可以买到称心如意的家居用品，而且可以获得色彩搭配等许多生活常识和装饰灵感。宜家把各种配套产品进行家居组合设立了不同风格的样板间，充分展现每种产品的现场效果，甚至连灯光都展示出来，使顾客基本上可以体验出这些家居组合的感觉以及体现出的格调。

宜家在中国的样板间的设计充分结合中国人对于生活的要求和消费模式，在北京宜家商场的三层，有 58 个家居设计的样板间，有 9 平方米、14 平方米、20 平方米等不同规格的设计，对单身贵族、年轻夫妇、三口之家以及儿童等不同的居住空间提出不同的方案。宜家承诺，消费者如果自己买回去的东西发现搭配不如宜家漂亮，在 60 天内退货，并还要

负责教会消费者怎样去搭配。

而在单个产品上宜家也设计了消费者自己动手体验的过程，宜家的大件产品都是可以拆分的，因此消费者可以将部件带回家自己组装，所有宜家的产品在设计师自己设计的时候都可以自己动手组装，还会提供各种各样的工具来帮助安装，并配备有安装的指导手册和宣传片。

随着消费者消费意识的成熟，消费者对于消费的过程体验需求越来越强烈，宜家结合这样的需求，提供了一套从卖场到最终将家具搬回家之后的全套体验营销，让消费者不仅仅在现场体验，而且回到家后还可以自己动手安装体验，拉近了产品与消费者之间的距离。

(资料来源：经理人分享，http://www.managershare.com，资料整理)

思考题：宜家的经营策略主要有哪些？如果你建立一家家具店的话，还有哪些创新营销方式？

6.1 连锁企业市场营销概述

在现代营销环境中，企业仅有一流的产品、合理的价格、畅通的销售渠道是远远不够的，还需要有一流的营销。

6.1.1 连锁企业市场营销的含义

连锁企业市场营销是指连锁企业选择目标市场，通过创造、传递和传播优质的顾客价值，以获得、保持和发展顾客，实现企业经营目标的过程。从以上各种定义中可以看出，市场营销概念包含以下几个方面的内涵。

(1) 市场营销是一种企业的活动，是企业有目的、有意识的行为。

(2) 满足和引导消费者需求是市场营销活动的出发点和中心。连锁企业必须以消费者为中心，以消费者的需求为导向，面对不断变化的环境，做出正确的反应，适应消费者不断变化的需求。

(3) 连锁企业细分并选择目标市场，确定和开发适合消费者的商品，并制定相应的销售组合策略。

(4) 企业营销活动的目的是达到企业预期的目标。不同的企业其经营环境、发展时期、产品生命周期等会有所不同。因此，企业的利润、产值、产量、市场份额、销售量以及社会责任等都有可能成为企业的目标。但无论是哪种目标，都需要通过有效的市场营销活动与消费者完成交易方能实现。

【同步阅读 6-1】

北国商城“中秋赏月萤火派对”

“一闪一闪亮晶晶，好像天上小星星……”，听着这首熟悉的儿歌，大家可能会想起童年时候那些夏夜里可爱的小精灵——萤火虫呀~

可是随着城市的巨大发展，城市建设的不断扩张，这些可爱的小精灵似乎离我们的视线越来越远……我们的孩子要去哪里，才可以像我们小时候一样，与萤火虫一起起舞呢？

就在中秋小长假开始之际，北国商城举办首届中秋萤火派对，“幸福全家福免费拍”“天文望远镜科普赏月”“关注微信免费 DIY 棉花糖”，更有亲近自然的“萤火虫放飞”活动，吸引了众多家庭报名参加。可爱的萤火虫是从云南西双版纳空运到石家庄与城市的小朋友亲密接触哦！

中秋作为传统文化里重要的团圆节日，北国商城为消费者带来了团圆消费盛宴，更为城市带来了全家参与的欢乐、有爱、亲近自然的文化活动，也为石家庄的中秋之夜增添了一份温馨与美好！

(资料来源：北国商城官网 http://www.bgsc.cn 资料整理)

6.1.2 连锁企业市场营销的内容

1. 商品策略

商品策略包括商品定位、商品设计和包装、商品开发、商品组合、商品市场的寿命周期、品牌和商标等策略。其影响因素包括商品的特性、质量、外观、附件、品牌、商标、包装、担保、服务等。 如宝洁公司旗下的洗发商品实施差异化策略，各个品牌具有其特殊定位，海飞丝为去屑洗发水，潘婷主打修复，飘柔则主要是柔顺爽滑作用，沙宣主要是修复烫染发质。不同的商品定位可以帮助企业占领不同的市场份额。

适销对路的商品是企业经营成败的基础，连锁企业如何根据顾客特点、企业特色、竞争对手状况，制定出合理的商品策略，是其长远发展的保证。

例如大润发以“新鲜、便宜、舒适、便利”为其特色定位方式，以“Everyday Low Price”为其商业特色。天天便宜，商品价格是市场最低价(低于或等于市场价格)，品质有保证，售后有服务，买贵退差价，无条件退换货。

与之竞争较为激烈的家乐福超市秉承“低中取低，高中超高”的价格原则，定位为白领超市，即降低部分敏感商品的价格吸引顾客，从而带动价格较高的非敏感性商品，最终来提高销售和营业额。

2. 价格策略

价格策略包括确定定价目标、商品定价原则与技巧、商品组合定价、价格调整等内容。它直接关系着市场对商品的接受程度，影响着市场需求和企业利润的多少，涉及生产者、经营者、消费者等各方面的利益，因此价格策略显得极其重要。如很多超市将商品定价为 9.9 元，而不是 10 元，这样使价格水平保留在低一位数的档次，容易给消费者以实惠便宜的感觉。

价格策略影响因素包括商品定位、市场需求、市场竞争、信用条件、折扣力度、基本价格、批发价等。商品价格是影响商品交易成败的关键因素，商品价格的制定既有一定的难度又有一定的风险。因此企业在定价时既要考虑成本因素，又要考虑消费者对价格的接受能力，还要考虑主要竞争对手的价格策略。

3. 促销策略

促销策略是研究如何激发顾客购买欲望，从而促进其购买商品以实现扩大销售的策略。其影响因素包括人员推销、广告、营业推广、公共关系等。

人员推销是推销人员同顾客通过面对面的方式打交道，它虽然是一种比较传统的促销方式，但在营销活动中依然占有重要的位置，具有灵活迅速、双向沟通、针对性强、实现

潜在交换等特点。

广告促销是指商家通过各种媒体迅速向目标市场对象传递预期信息的宣传活动，主要包括商业、文化、公益、社会广告等。

营业推广是指能对消费者迅速产生刺激作用的促销措施，用于一定时期、一定任务的短期特别推销。

公共关系促销是指企业利用各种传播手段，沟通内外部关系，塑造自身良好形象，以在社会上树立良好的企业声誉，使广大公众对本企业商品或服务产生好感而进行的公开宣传的活动。主要包括新闻媒介传播，赞助和支持各项公益活动，参加各种社会活动，公关广告，印制宣传品等。

由于各种促销方式都有其优缺点，因此在促销过程中，企业常常将多种促销方式组合运用。

4. 分销策略

分销策略是商品顺利到达消费者手中的途径和方式的策略，如分销渠道的选择与管理、中间商的管理、物流策略等。其影响因素包括分销渠道、区域分布、中间商类型、运输方式、存储条件等。

分销渠道包括直接销售和间接销售两种。如戴尔公司通过自己的销售网络直接获得用户的订货，切实满足消费者的差异化需求；而可口可乐则是间接销售，一般是经过代理商与批发商发生联系，再通过零售商销往消费者。

上述四个方面的策略组合起来总称为市场营销组合策略。市场营销组合策略的基本思想在于：从制定商品策略入手，同时制定价格、促销及分销渠道策略，组合成策略总体，以便达到以合适的商品、合适的价格、合适的促销方式，把商品送到合适地点的目的。企业经营的成败，在很大程度上取决于这些组合策略的选择和它们的综合运用效果。

6.2 连锁企业的营业推广

6.2.1 营业推广的含义与作用

营业推广又称销售促进，是一种适宜于短期推销的促销方法。营业推广是企业为鼓励购买、销售商品和劳务而采取的除广告、公关和人员推销之外的所有企业营销活动的总称。

其作用主要体现在以下几个方面。

(1) 可以吸引消费者购买。这是营业推广的首要目的，尤其是在推出新产品或吸引新顾客方面，由于营业推广的刺激比较强，较易吸引顾客的注意力，使顾客在了解产品的基础上采取购买行为，也可能使顾客追求某些方面的优惠而使用产品。

(2) 可以奖励品牌忠实者。因为营业推广的很多手段，譬如销售奖励、赠券等通常都附带价格上的让步，其直接受惠者大多是经常使用本品牌产品的顾客，从而使他们更乐于购买和使用本企业产品，以巩固企业的市场占有率。

(3) 可以实现企业营销目标。这是企业的最终目的。营业推广实际上是企业让利于购买者，它可以使广告宣传的效果得到有力的增强，破坏消费者对其他企业产品的品牌忠实度，从而达到本企业产品销售的目的。

6.2.2 营业推广的种类

营业推广的种类主要包括以下几种。

1. 针对消费者的营业推广(Consumer Promotion)

可以鼓励老顾客继续使用，促进新顾客使用，动员顾客购买新商品或更新设备。引导顾客改变购买习惯，或培养顾客对本企业的偏爱行为等。其方式可以采用以下几种。

(1) 赠送：即消费者免费或付出某些代价即可获得特定物品的促销活动。例如，只要顾客在门店实施购买，就可以免费获得气球、面巾纸等。此类活动的做法：通常配合某些大型促销活动，如门店开幕或周年庆，或特定节庆，如儿童节、三八妇女节、情人节、中秋节、重阳节等有特殊意义的日子，或在供应商推广新商品时实施赠品促销。

赠品的选择关系到促销活动的成败，虽然其金额不高，但是必须具备实用性、适量性和吸引性，才能吸引顾客来店。一般常用的赠品有：免费赠品，如气球、面巾纸、盘子、开罐器、玻璃杯、儿童食品等；购买才送的赠品，如洗发香波、沙拉酱、玩具、高级瓷盘等。

(2) 优惠券：优惠券是指送给消费者的、给予他们一定折价优惠的购物凭证。这种办法可直接吸引消费者购买指定产品，适用于刺激成熟品牌商品的销路，也可鼓励顾客在产品导入期试用新品牌。

(3) 廉价包装：是在商品包装或招贴上注明，比通常包装减价若干，它可以是一种商品单装，也可以把几件商品包装在一起。

(4) 奖励：可以凭奖励券买一种低价出售的商品，或者凭券免费以示鼓励，或者凭券买某种商品时给一定优惠，各种摸奖抽奖也属此类。

(5) 现场示范：企业派人将自己的产品在销售现场当场进行使用示范表演，把一些技术性较强的产品的使用方法介绍给消费者。

(6) 免费试用：即现场提供免费样品供消费者使用的促销活动，如免费试吃水饺、香肠、薯条；免费试用洗涤剂；免费为顾客染发；等等。此类促销活动是提高特定商品销售量的好方法。因为通过实际试用和专业人员的介绍，会增加消费者购买的信心和日后持续购买的意愿。

【同步阅读 6-2】

屈臣氏“加一元多一件”的折价促销

传统折价战在令人眼花缭乱的促销浪潮中已经很难打动消费者的芳心。消费者在商家每次推出降价折扣时，都难免犹豫徘徊，期望能有更低的价格，而且在众多商家纷纷推出减价行动的情况下，预期销售结果总与实际成效有极大的差距。

屈臣氏以独特的“加一元多一件”促销手法，创造了惊人的成绩。这是一次令人耳目一新的创举，它借由“加一元多一件”的变相折价，吸引了消费者的注意和光临。在活动名称上也跳出了传统框架，使整个促销再添特色，在极具震撼力的低价引导下，在短短一个月的促销期内，便创造了让人骄傲的成绩，营业额增长20%，客流量提升20%。

屈臣氏以独特的促销手法，轻易地留住了消费者关注的眼光。那么屈臣氏是如何以独特、颇具创意的促销手法，赢得消费者青睐的呢？

首先是促销活动的内容新颖。屈臣氏从所有商品中挑出 160 多件商品作为促销，只要消费者在购买这件商品时，多加一元即可再拿一件。其中最受消费者欢迎的商品是食品类，在顾客知道该项促销信息之后，其再购买率高达 90%。

另外，“加一元多一件”的数字化诉求，也很清楚地传达了该促销最具吸引力的地方，而这点也是屈臣氏得以顺利推行的重要因素。

(资料来源：屈臣氏官网，http://www.watsons.com.cn，资料整理)

2. 针对中间商的营业推广(Intertrade Promotion)

目的是鼓励批发商大量购买，吸引零售商扩大经营，动员有关中间商积极购存或推销某些产品。其方式可以采用以下几种。

(1) 批发回扣：企业为争取批发商或零售商多购进自己的产品，在某一时期内可给予购买一定数量本企业产品的批发商以一定的回扣。

(2) 推广津贴：企业为促使中间商购进企业产品并帮助企业推销产品，还可以支付给中间商一定的推广津贴。

(3) 销售竞赛：根据各个中间商销售本企业产品的业绩，分别给优胜者以不同的奖励，如现金奖、实物奖、免费旅游、度假奖等。

(4) 交易会或博览会、业务会议。有时行业协会为其成员组织年会并同时举办贸易展销会，企业也可能自办或与其他企业联办业务洽谈会或商品展示会，以便吸引消费者或中间商前来观看、购买或洽谈业务，这是难得的营业推广机会和有效的促销方式。

(5) 工商联营：企业分担一定的市场营销费用，如广告费用，摊位费用，建立稳定的购销关系。

3. 针对销售人员的营业推广(Salesforce Promotion)

鼓励他们热情推销产品或处理某些老产品，或促使他们积极开拓新市场。其方式可以采用：销售竞赛，如有奖销售，比例分成；免费提供人员培训，技术指导等形式。

6.2.3 营业推广的实施过程

一个连锁企业在运用营业推广时，必须确定目标，选择工具，制定方案，实施和控制方案，及评价结果。

1. 确定营业推广目标

就消费者而言，目标是鼓励消费者更多地使用商品和促进大批量购买；争取未使用者试用，吸引竞争者品牌的使用者。就零售商而言，目标是吸引零售商们经营新的商品品目和维持较高水平的存货，鼓励他们购买落令商品，贮存相关品目，抵消各种竞争性的促销影响，建立零售商的品牌忠诚和获得进入新的零售网点的机会。就销售队伍而言，目标是鼓励他们支持一种新产品或新型号，激励他们寻找更多的潜在顾客和刺激他们推销落令商品。

2. 选择营业推广工具

营业推广的方式方法很多，但如果使用不当，则适得其反。因此，选择合适的推广工具是取得营业推广效果的关键因素。连锁企业一般要根据目标对象的接受习惯和产品特点，目标市场状况等来综合分析选择推广工具。

3. 制定营业推广方案

营业推广方案应该包括这样几个因素。

(1) 费用：营销人员必须决定准备拿出多少费用进行刺激。

(2) 参加者的条件：刺激可以提供给任何人，或选择出来的一部分人。

(3) 营业推广措施的分配途径：营销人员必须确定怎样去促销和分发促销方案。

(4) 营业推广时间：调查表示，最佳的频率是每季有三周的促销活动，最佳持续时间是产品平均购买周期的长度。

(5) 营业推广的总预算。

例如，某连锁企业的营业推广费用预算见表 6-1。

表 6-1　某连锁企业的营业推广费用预算

项　目	总　量	要　求	作　用	费用预算
发放 DM 广告	150 000 份	100 000 份投递 50 000 份门店发放	使顾客了解促销商品及价格	150 000 元
张贴促销海报	10 000 张	店内张贴	介绍卖场，赠送销售的商品	20 000 元
悬挂特价 POP	10 000 张	店内悬挂	介绍卖场特价销售的商品	20 000 元
放置广告牌	184 个	店外放置	宣传活动内容	1840 元
悬挂吊旗	4600 面	店内悬挂	突出活动主题	13 800 元
悬挂红灯笼	9200 个	店内外悬挂	烘托卖场气氛	46 000 元
悬挂国旗	184 面	店门口布置	突出活动主题	3640 元
悬挂彩色气球	9200 个	店堂布置	渲染节日气氛	18 400 元
张贴征文海报	460 张	店内外张贴	传递活动信息	920 元
合计				274 600 元

4. 营业推广方案试验

面向消费者市场的营业推广能轻易地进行预试，可邀请消费者对几种不同的、可能的优惠办法做出评价和评分等，也可以在有限的地区进行试用性测试。

5. 实施和控制营业推广方案

实施的期限包括前置时间和销售延续时间。前置时间是从开始实施这种方案前所必需的准备时间。它包括最初的计划工作，设计工作，以及包装修改的批准或者材料的邮寄或者分送到家；配合广告的准备工作和销售点材料；通知现场推销人员，为个别的分店建立地区的配额，购买或印刷特别赠品或包装材料，预期存货的生产，存放到配送中心准备在

特定的日期发放。销售延续时间是指从开始实施到大约 95%的采取此促销办法的商品已经在消费者手里所经历的时间。

6. 评价营业推广结果

对营业推广方案的评价很少受到注意，以盈利率加以评价不多见。最普通的一种方法是把推广前、推广中和推广后的销售进行比较。

【同步阅读 6-3】

某大卖场端午节促销方案

一、促销目的

每年的农历五月初五，是我国富有民俗传统文化的节日——端午节。端午节一方面是纪念爱国诗人屈原，但在现代生活当中，更重要的是象征着吃粽子、喝黄酒、插蒲子叶等，主要是满足人们“驱邪、消毒、避疫”的心理，另外也是为了庆祝节日的欢乐气氛，因此，根据这一节日特点，特制定本卖场端午节促销方案，以求增进本卖场形象，扩大节日销售。

二、促销日期

6 月 19 日—6 月 22 日《端午节靓粽，购物满就送》

三、促销主题

1. 端午节靓粽，购物满就送 2. ××猜靓粽，超级价格平 3. 五月端午节，××包粽赛

四、促销方式

(一)商品促销

1) 《端午节靓粽，购物满就送》活动

活动内容：凡五月端午当天，在本卖场一次性购物满 38 元，即可凭电脑小票到服务中心免费领取靓粽一个，每位顾客限送 10 个，数量有限，送完即止。

2) 商品陈列

(1) 采购员要求供应商(如三全凌、思念公司等)制作促销粽子的小木屋或小龙舟，因场地有限，每个供应商在小木屋或小龙舟中任选一个，放置在大门口东侧广场，以促进节日卖场气氛和商品销售。

(2) 除小木屋或小龙舟促销之外，促销期间利用冷柜，大面积陈列各类品牌粽子，五月初三、初四、初五三天除冷柜之外，还应在一楼主通道摆放粽子堆头销售，卖场尽量为每个供应商或厂家提供一个堆头位置。

(3) 端午节当天在不影响粽子质量和销售的情况下，可将大约 1～2 斤重的粽子用网袋装成若干数量包，并打上价格，悬挂于货架旁边或顾客方便看到的地方，以便刺激顾客的购买欲望，促进粽子的节日销售。

(4) 美工和业务部员工要充分发挥水平，进行创意陈列和气氛布置(如在粽子堆头周围用泡沫板刻上龙舟等图案)。

3) 商品特卖

在促销期内，粽子和其节日相关商品(如黄酒、冷冻食品、饮料等食品，透明皂、沐浴液、杀虫水、蚊香等用品)均有特价销售。

(二)活动促销

1) 《××猜靓粽，超级价格平》

活动内容：凡在 6 月 19 日—22 日促销时间内，在××超市大卖场一次性购物满 18 元的顾客，凭电脑小票均可参加《猜靓粽》活动。

活动方式：在商场入口处或冷柜旁边设促销台不打价格或不易分辨的厂商粽子，让顾客进行粽子品牌及价格竞猜；商品由采购部落实价格，一定要相当低，以顾客意想不到的价格出售给顾客，使顾客感受到真正的实惠，为节后下一步的销售立下口碑、打下基础。

2) 《五月端午节，××包粽赛》

采购部洽谈粽子材料—材料到位—活动宣传—各店组织比赛；参赛奖品：获得自己所包粽子，多包多得。

3) 《五月端午射粽赛》

活动内容：在本卖场一次性购物满 38 元的顾客，凭电脑小票均可参加《五月端午射粽赛》活动。活动方式：凭电脑小票每人可获得 5 枚飞镖，在活动指定地点(卖场大门口西侧广场)，参加射粽子活动，射中的标识为“豆沙”即获得豆沙粽子一个；射中的为“肉粽”，即获得肉粽子一个。

五、相关宣传

1. 两款“粽子吊旗”卖场悬挂宣传。

2. 我店 DM 快讯宣传(分配数量见附件)；DM 快讯第一、二期各 2000 份，第三期单张快讯 2000 份。

3. 场外海报和场内广播宣传。

六、相关支持

1. 采购部联系洽谈 500 只粽子做顾客赠送； 2. 采购部联系洽谈 50 斤粽子材料，举行包粽子比赛； 3. 采购部联系洽谈 500 只粽子，举行射粽子比赛。

七、费用预算

1.《端午节靓粽，购物满就送》活动：靓粽限送 500 只； 2.《××猜靓粽，超级价格平》活动：数量价格由赞助商决定； 3.《五月端午节，××包粽赛》活动：粽子散装米 50 斤； 4.《五月端午射粽赛》活动：粽子每店 500 只。

八、费用总预算：

1. 装饰布置，气球、横幅、主题陈列饰物，费用约 500 元； 2. 吊旗费用：500 元，促销总费用：约 2000 元。

××大卖场市场部

2015 年 6 月 15 日

(资料来源：http://www.liuxue86.com/a/2491960.html，资料整理)

6.2.4 营业推广应注意的问题

营业推广是一种促销效果比较显著的促销方式，但倘若使用不当，不仅达不到促销的目的，反而会影响产品销售，甚至损害企业的形象。因此，连锁企业在运用营业推广方式促销时，必须注意以下问题。

1. 促销人员方面

连锁企业相关人员必须都了解促销活动的起止时间、促销商品及其他活动内容，以备顾客询问；连锁服务人员必须保持良好的服务态度，并随时保持服装仪表的整洁，给顾客留下良好的印象；各部门主管必须配合促销活动安排适当的出勤人数、班次、休假及用餐时间，以免影响购物高峰期间对顾客的服务。

2. 促销商品方面

促销商品必须有足够的库存，以免缺货造成顾客抱怨以及丧失销售机会；促销商品的标价必须正确，以免使消费者产生上当受骗的感觉，以及影响收银作业的正确性；商品陈列位置必须正确且能够吸引人。如畅销商品应以端架陈列来吸引消费者注意，或采取大量陈列来体现量感；新商品促销应搭配品尝或示范的方式，以吸引顾客消费，以免顾客缺乏信心不敢购买；促销商品应搭配关联性商品陈列，以提高顾客对相关产品的购买率。

3. 广告宣传方面

必须确认广告宣传单已经发放完毕，以免留置卖场，逾期作废；广告海报、条幅等媒体应张贴于明显处，如入口处或布告栏上，以吸引顾客入店购物；特价品 POP 广告应悬挂于正确位置，价格标示应醒目，以吸引顾客购买；服务台应定时广播促销活动及促销商品的品种，以刺激顾客购买；应安排专人说明商品的使用(或食用)方法，引导顾客消费。

4. 气氛布置方面

服务台应播放轻松愉快的背景音乐，给顾客创造一个舒适的购物环境；卖场应张贴季节性、商品说明性、气氛性的海报、旗帜或垂挂物等，营造卖场的气氛；应装设衬托各类商品的灯具、垫子、模型等用品，以突出商品的特性，刺激顾客的购买欲望。

5. 真实性方面

打折等特价销售手段无疑对消费者极有诱惑力，成为很多连锁企业青睐的促销手段。但是有些企业利用消费者这种求廉的心理，在商品标识的原价、现价上作假。例如，原价明明 8.5 元偏写成原价 10 元现价 8.5 元，这样即使增加了销售额，也不是应倡导的手法，一旦消费者知道真相，对企业造成的损失就不是这一点赢利能够弥补的，诚信始终是我们倡导的经营原则。

6. 中后期宣传方面

开展营业推广活动的企业比较注重推广前期的宣传。这非常必要。在此还需提及的是不应忽视中后期宣传。在营业推广活动的中后期，面临的十分重要的宣传内容是营业推广中的企业兑现行为。这是消费者验证企业推广行为是否具有可信性的重要信息源。所以，令消费者感到可信的企业兑现行为，一方面有利于唤起消费者的购买欲望，另一个更重要的方面是可以换来社会公众对企业良好的口碑，增强企业良好形象。

【课堂思考 6-1】

百佳超市“五一”主题促销

广州百佳超市隶属于香港百佳超市集团，具有丰富的超市经营经验，目前已有 200 多家连锁门店。百佳超市一贯注重开展促销活动，其促销活动分为两类，一类是长期例行性促销，一类是短期主题性促销。百佳将5月定义为“欢笑月”，围绕“家庭欢乐”的主题，进行了一系列促销活动，下面对几个主要促销活动进行简要介绍。

“圆满百佳梦”是“欢乐月”推出的主要促销活动，活动内容：顾客凡一次性购物满58元，即可获赠“百家梦想卡”一张，经过抽奖有机会实现家庭梦想。家庭梦想包括：A. 旅游大奖(价值3000元)；B. 家庭影院(价值1500元)；C. 体育用品(价值500元)；D. 电影票(价值200元)。

“‘快乐儿童’绘画比赛”也是“欢乐月”推出的另一项主要促销活动。凡参加本次比赛的小朋友均有机会获双重丰富大奖，一重奖：所有参赛小朋友都可以获得精美文具礼品一份；二重奖：分别评选出一、二、三等奖，一等奖是价值200元精美文具用品，二等奖是价值100元精美文具用品，三等奖是价值50元精美文具用品。

“宝洁百佳联合促销”，这是百佳与宝洁公司的一次联手促销活动，活动内容有两大项，一项是特价促销，例如玉兰油新生眼部退纹紧致霜15克149元，玉兰油水润保湿泡沫洁面乳100克24元；另一项是“买就送”促销活动，例如，买满宝洁沐浴产品48元送原色生活沐浴套装一份，买满宝洁产品68元送时尚百宝箱一个……

“10元换购”，活动内容是：顾客一次性购物满58元以上，可用10元换购以下产品：恒隆清香铁观音250克(原价25.9元)，百佳牌婴儿润肤乳500毫升(原价19.9元)……

(资料来源：肖怡. 零售学. 北京：高等教育出版社，2014)

思考题：

1. 请分析点评百佳超市的“五一”促销主题设计。
2. 百佳超市采取的具体促销方式是否体现了促销主题？

6.3 连锁企业广告促销策略

6.3.1 广告促销策略含义

广告促销策略是在一般营销策略的基础上，利用各种推销手段，在广告中突出消费者能在购买的商品之外得到其他利益，从而促进销售的广告方法和手段。

它既要告知消费者购买商品所能得到的好处，又要给予消费者更多的附加利益，以激发消费者对商品的兴趣，在短时间内收到即效性广告的效果，从而推动商品销售。

【课堂思考 6-2】

美特斯邦威的生命狂想曲

美特斯邦威作为国内著名的休闲服饰领导品牌，立志将品牌打造成年轻活力、流行时尚的形象，充分挖掘黑头发、黑眼睛、黄皮肤的品牌内涵。

幸运的是，美特斯邦威找准了品牌的最佳代言人，周杰伦本身极具个人魅力，他棱角鲜明，特立独行，他所具有的个性特征正代表了美特斯邦威主要的受众和消费群体。“不走寻常路”，是美特斯邦威一直坚持的品牌口号。

以周杰伦为代表的美特斯邦威消费群体，他们的思维和行为就像是天马行空、无拘无束的。但相对于早年的愤青来说，他们更多采取的是一种主动的态度，想干什么就干什么，

用自己的想法去开辟一片自己的天地。他们的想法有些稚嫩，但充满勇气；不一定有深度，但绝不会被条条框框所桎梏。音乐、动漫、运动，他们每个人都有一个奇想的国度，他们要的就是彻彻底底地以我为主、释放自我，“狂想”就是他们“不走寻常路”的思维方式，“生命就是一首狂想曲”。一个令人兴奋的创意概念就这样诞生了。

美特斯邦威秋季的广告片，诠释秋季服饰的设计概念，那就是秋季护林人主题，于是拍摄的实景被定在了森林。秋季篇中，周杰伦和伙伴在森林中穿行，他们脑海中有一个狂想的世界，梅花鹿可以跟他们捉迷藏，树叶却来袭击他们，还有盛开的异常鲜艳的花，还有突然延伸的彩虹路，一切不可能在影片中变成了可能。实景的、手绘的、二维的、三维的、单线的、七色的、静止的、动态的，一切不合理的元素在“狂想曲”中显得那样合理和生动。

一个 15 秒的片子，具有强烈风格的视觉表现，表达一个清晰的创意概念，新颖、独特的创意脚本跃然纸上，而且广告片和平面广告上的新锐视觉也不约而同地对应和强化了美特斯邦威最新的设计风格。

(资料来源：美特斯邦威官网，http://corp.metersbonwe.com)

思考题：

1. 美特斯邦威的目标消费者是谁，该则广告定位、广告创意亮点是什么？
2. 请结合案例，分析一则优秀的代言广告应该做到哪几点。

6.3.2 广告促销策略类型

广告促销策略主要包括馈赠型、直接型、示范型和集中型。

1. 馈赠型广告促销策略

大致可分为赠券广告、赠品广告、免费试用广告等。

1) 赠券广告

赠券广告是利用报纸杂志向顾客赠送购物券。报刊登载连锁企业赠券，赠券周围印有虚线，读者沿虚线将赠券剪下即可持券到门店购物。赠券一般优惠供应商品。赠券广告的作用可概括为三个方面：第一，薄利多销。第二，提高企业和品牌知名度。第三，赠券吸引顾客到门店来，从而带动其他商品的销售。

2) 赠品广告

将富有创新意识与促销商品相关的广告小礼品，选择时机在较大范围内，赠送给消费者，从而引起轰动效应，促进商品销售。如可口可乐公司制作一种印有“Cocacola”字样小型红色手摇广告扇，选择亚运会时机，赠送给观众，顿时观众席上成了一片“Cocacola”的红色海洋，极大促进了商品销售，而每把手摇扇的成本只有 0.2 元。

3) 免费试用广告

将商品免费提供给消费者，一般让消费者在公众场合试用，以促进商品宣传。例如日本东京 PI 广告社，设计出一项新颖的试用广告，向车迷们免费出借全新名贵跑车。每辆跑车在不同部位按照所出广告费多少贴上企业的名称。车迷们在规定时间开着车子到事先指定地点亮相替企业做广告，产生了不同凡响的广告效应。

2. 直接型广告促销策略

大致可分为上门促销广告和邮递广告两种。

1) 上门促销广告

促销人员不在大众媒体或门店做广告，而是把商品直接送到用户门口，当面向用户作产品宣传，并给用户一定的附加利益的一种促销方法。这种促销广告能及时回答顾客的问题，解除顾客的疑虑，直接推销产品。

2) 邮递促销广告

促销人员在促销期间将印有“某商品折价优惠”或“请君试用”等字样，并备有图案和价目表之类的印刷品广告，通过邮局直接寄到用户家中或工作单位的一种促销方法。为了减少邮递促销广告的盲目性，企业平时要做经常性的资料收集工作，掌握用户的姓名、地址和偏好，双方保持一定形式的联系，提高用户对企业的信任感。

3. 示范型广告促销策略

大致可分为名人示范广告和现场表演示范广告。

1) 名人示范广告

让社会名人替商品做广告。例如上海蓓英时装店有一天挂出两条特大号牛仔裤，打出“欢迎试穿，合身者本店免费奉赠以作纪念”的广告词，消息传出，观者如潮。当天下午两位巨人光顾，试穿结果恰好合身，老板欣然奉赠。这两位巨人并非别人，乃是我国篮坛名将穆铁柱和郑海霞。这个精心设计的名人示范广告，产生了轰动效应。

2) 现场表演示范广告

选择特定时间和地点，结合人们的生活习惯，突出商品的时尚功效，作公开场合示范表演。例如日本索尼公司开发出立体声耳机的超小型放音机的新产品，起名为“步行者”(Walkman)。当时日本盛行散步、穿旱冰鞋锻炼等室外健身活动。为了增强宣传效果，索尼公司利用这种流行的生活习惯，特地作现场表演。公司请来模特儿，每人发一台“步行者”。模特儿头戴耳机，脚蹬旱冰鞋，一边愉快地听着音乐，一边悠闲地在公园里往来穿行，模特儿的现场表演给公园里的游客留下了深刻的印象。此后“步行者”销售量直线上升，起到了特殊的广告效应。

【课堂思考 6-3】

现场示范，以形服人

金秋十月上海东风沙发厂在上海体育馆附近的空旷地上，将五彩“龙凤”席梦思床垫平放在地，并开来10吨重的压路机，好奇的人们从四面八方围拢来看热闹，只见那合抱粗的滚筒，伴随机器的“隆隆”声，朝“龙凤”席梦思毫不留情地碾压过去，接连往返4次。直径仅几厘米的盘香弹簧能挺得住如此重压吗？人们不禁暗暗担忧。然而，出乎意料，质量检验人员当场拆开检验，1.5米宽的一张席梦思，共288个弹簧，竟无一损坏，几何图形完好，目击者无不咂舌赞叹。从此，“龙凤牌”席梦思名噪一时。

德国西部有一家以生产茶几见长的玻璃制品公司，为了使自己新推出的茶色玻璃钢茶几在市场上一炮打响，就使出不同凡响的示范促销策略。他们在公司的销售大厅门前摆开摊子，摆好茶几、把煮沸的开水不停地往茶几面上浇，同时还用空酒瓶子不停地往茶几上面砸，茶几安然无恙。该公司连续示范表演时间还不到半年，产品已在德国市场上安营扎寨，成了人们争相抢购的紧俏货。

(资料来源：https://wenku.baidu.com)

思考题：上海东风沙发厂与德国的茶几公司在新产品开拓市场运用了什么促销技巧？

4. 集中型广告促销策略

利用大型庆典活动、赞助公益事业、展销会、订货会、文娱活动等人群集中的场合进行广告宣传，就是集中型促销广告，其广告形式多种多样。例如，国际奥林匹克运动委员会检查团来北京考察申办奥运会情况，《人民政协报》有一则标题为“国际奥委会考察团今日到京”的广告，接着是“××公司预祝北京申办 2008 年奥运会成功”。这则广告给媒体受众留下了深刻印象。

【同步阅读 6-4】

宝洁发布最新感人广告　欲促冬奥会产品销售

2014 年冬奥会于 2 月 7 日在俄罗斯联邦索契市举行。作为国际奥委会未来十年的合作伙伴，宝洁公司即时发布了冬奥会最新广告《只为母亲》。这则情感类广告属于宝洁公司发起的“为母亲喝彩”系列活动，以“把孩子扶起来”为主题，刻画了若干坚毅勇敢、无私付出的运动员母亲形象，作为竞技体育中一抹温暖的阳光，温暖了运动员与观众，催人泪下。

片长两分钟的广告嵌入了冰球、滑雪及花样滑冰等最具代表性的冬奥会项目，与体育盛事完美呼应。这则宝洁公司的最新广告投放三天以来，已在 YouTube 获得近五百万的点击及如潮好评。

在体育营销策略中，宝洁一贯以亲情路线为切入点，“为母亲喝彩”系列活动始于 2010 年温哥华冬奥会，而为 2012 年伦敦奥运会拍摄的主题广告《最幸福的工作》(Best job in the World)则将“母爱”主题发扬光大，在全世界掀起一股感谢妈妈的风潮，更霸气夺取当年戛纳广告节金奖。索契冬奥会广告便是借鉴了《最幸福的工作》的灵感与技巧。

宝洁公司曾在 2012 年伦敦奥运期间赚得盆满钵满。在被问到冬奥会期间的销售目标时，宝洁公司北美市场副总裁表示不准备讨论相关事宜。21 市场推广公司创始人说，奥林匹克运动一直以来都有着一种神奇的魔力，人们每当购买与奥运有关的商品时，内心都会涌起自豪感，感觉自己也为这一盛会做出了贡献。

(资料来源：中新网 http://www.chinanews.com 资料整理)

6.3.3　广告促销方案的制定

市场早已走入了“酒好也怕巷子深”的时代，当代企业所要考虑的并不是要不要做广告的问题，而是如何做出精品广告，从而赢得消费者对广告的信任的问题，这需要企业进行科学的广告决策。企业的广告决策，一般包括五个重要的步骤，简称“5M”。

1. 确定广告目标(Mission)

企业广告决策的第一步是确定广告目标。广告目标是企业通过广告活动要达到的目的，其实质就是要在特定的时间对特定的目标受众完成特定内容的信息传播，并获得目标受众的预期反应。

企业的广告目标取决于企业的整个营销目标。由于企业营销任务的多样性和复杂性，企业的广告目标也是多元化的。

一般可以把广告的目标分为告知、劝说和提示 3 大类。

1) 告知性广告

告知性广告主要用于向市场推销新产品，介绍产品的新用途和新功能，宣传产品的价格变动，推广企业新增的服务，以及新企业开张等。告知性广告的主要目标是为了促使消费者产生初始需求。

2) 劝说性广告

在产品进入成长期、市场竞争比较激烈的时候，消费者的需求是选择性需求。此时企业广告的主要目标是促使消费者对本企业的产品产生“偏好”。具体包括：劝说顾客购买自己的产品，鼓励竞争对手的顾客转向自己，改变消费者对产品属性的认识，以及使顾客有心理准备乐于接受人员推销等。劝说性广告一般通过现身说法、权威证明、比较等手法说服消费者。

3) 提示性广告

在产品的成熟期和衰退期使用的主要广告形式，其目的是提示顾客购买。比如提醒消费者购买本产品的地点，提醒人们在淡季时不要忘记该产品，提醒人们在面对众多新产品时不要忘了继续购买本产品等。

2. 制定广告预算(Money)

广告目标确定后，企业必须确定广告预算。广告预算是否合理对企业是一个至关重要的问题。预算太少，广告目标不能实现；预算太多，又造成浪费，有时甚至决定企业的命运。中央电视台曾经的标王如秦池、爱多的命运对此作了很好的注解。

确定广告预算的方法主要有四种，即量力支出法、销售额百分比法、目标任务法和竞争对比法。

3. 确定广告信息(Message)

广告的信息决策一般包括 3 个步骤。

1) 确定广告的主题

广告主题是广告所要表达的中心思想。广告主题应当显示产品或企业的主要特色以吸引消费者。对于同一类商品，可以从不同角度提炼不同的广告主题，以满足不同消费者的需要和同一消费者的不同需要。

2) 广告信息的评估与选择

一个好的广告总是集中于一个中心的促销主题，而不必涉及太多的产品信息。“农夫山泉有点甜”，就以异常简洁的信息在受众中留下深刻的印象。如果广告信息过多过杂，消费者往往不知所云。

广告信息的载体就是广告文案。对广告文案的评价标准有许多，但一般要符合三点要求：其一，具有吸引力。即广告信息首先要使人感兴趣，引人入胜；其二，具有独特性。即广告信息要与众不同，独具特色，而不要人云亦云；其三，具有可靠性。广告信息必须从实际出发，实事求是，而不要以偏概全，夸大其词，甚至无中生有。只有全面客观的广告传播，才能增加广告的可信度，才能持久地建立企业和产品的信誉。

3) 信息的表达

广告信息的效果不仅取决于“说什么”，更在于怎么说，即广告信息的表达。广告表现的手段包括语言手段和非语言手段。

语言在广告中的作用是其他任何手段所不及的，因为语言可以准确、精炼、完整、扼要地传达广告信息。非语言就是语言以外的、可以传递信息的一切手段，主要包括构图、色彩、音响、体语等。进行广告表现，要做到图文并茂，善于根据不同产品的不同广告定位，把语言手段和非语言手段有机地结合起来。

4. 选择广告媒体(Media)

广告表现的结果就是广告作品。广告作品只有通过恰当的广告媒体投放才能实现广告传播的目标。

广播、电视、报纸和杂志是传统的四大大众传播媒体，互联网被称为第五大大众媒体。除大众传播媒体以外，还有招牌、墙体、POP 等户外媒体，车身、车站等交通媒体，信函、传单等直接媒体等众多种类。

5. 评估广告效果(Measurement)

广告的效果主要体现在三方面，即广告的传播效果、广告的促销效果和广告的社会效果。广告的传播效果是前提和基础，广告的销售效果是广告效果的核心和关键，企业的广告活动也不能忽视对社会风气和价值观念的影响。

1) 广告传播效果的评估

主要评估广告是否将信息有效地传递给目标受众。这种评估传播前和传播后都应进行。传播前，既可采用专家意见综合法，由专家对广告作品进行评定；也可以采用消费者评判法，聘请消费者对广告作品从吸引力、易读性、好感度、认知力、感染力和号召力等方面进行评分。传播后，可再邀请一些目标消费者，向他们了解对广告的阅读率或视听率，对广告的回忆状况等。

2) 广告促销效果的评估

促销效果是广告的核心效果。广告的促销效果，主要测定广告所引起的产品销售额及利润的变化状况。测定广告的促销效果，一般可以采用比较的方法。在其他影响销售的因素一定的情况下，比较广告后和广告前销售额的变化；或者其他条件基本相同的甲和乙两个地区，在甲地做广告而在乙地不做广告，然后比较销售额的差别，以此判断广告的促销效果等。

3) 广告社会效果的评估

主要评定广告的合法性以及广告对社会文化价值观念的影响。一般可以通过专家意见法和消费者评判法进行。

6.3.4 POP 广告

广告促销是借助于报纸、杂志、广播、电视等媒介物体向消费者传递信息的，它不受时间与空间的限制，也不需要多少人力，广告是连锁促销的重要手段。其中连锁企业运用最多的广告形式是 POP 广告。

POP 广告(Point of Purchase Advertising)是指连锁企业卖场中能促进销售的广告，也称作售点广告，可以说凡是在店内提供商品与服务信息的广告、指示牌、引导等标志，都可以称为是 POP 广告。

POP 广告的任务是简洁地介绍商品，如商品的特色、价格、用途与价值等。可以把 POP 广告功能界定为商品与顾客之间的对话，尤其是敞开式销售方式是非常需要 POP 广告的，需要通过 POP 广告来沟通门店与消费者之间的关系。

1. POP 广告对促销的作用

在连锁企业卖场促销中，必须要提高商品陈列的视觉效果。但仅仅通过陈列来提高是不够的，而 POP 广告具有强烈的视觉传达效果，可以直接刺激消费者的购买欲望，这就是 POP 广告的促销意义。POP 广告对促销的作用有以下几个方面。

(1) 传达企业商品信息。POP 广告主要体现在：吸引路人进入门店；告知顾客该门店内正在销售什么；告知商品的位置配置；简洁告知商品的特性；告知顾客最新的商品供应信息；告知商品的价格；告知特价商品；刺激顾客的购买欲；调节门店卖场的气氛；促进商品的销售。

(2) 创造连锁企业的购物气氛。随着消费者收入水平的提高，不仅其购买行为的随意性增强，而且消费需求的层次也在不断提高。消费者在购物过程中，不仅要求能购买到称心如意的商品，同时也要求购物环境的舒适。POP 广告既能为购物现场的消费者提供信息、介绍商品，又能在美化购物环境方面具有独特的功效。

(3) 促进连锁企业与供应商之间的互惠互利。通过促销活动，可以扩大连锁企业及其经营利润。

(4) 突出门店的形象，吸引更多的消费者来店购买。据分析，消费者的购买阶段分为：注目、兴趣、联想、确认、行动。所以同类门店中要吸引顾客的眼球，必须制作 POP 广告。

2. POP 广告的种类

连锁企业普遍使用的 POP 类型主要有以下几种。

(1) 招牌 POP。招牌 POP 主要包括店面、布帘、旗子、横(直)幅、电动字幕，其功能是向顾客传达企业的识别标志，传达企业销售活动的信息，并渲染这种活动的气氛。

(2) 货架 POP。货架 POP 是展示商品广告或立体展示售货，这是一种直接推销商品的广告。

(3) 招贴 POP。招贴 POP 类似于传递商品信息的海报，招贴 POP 要注意区别主次信息，严格控制信息量，建立起视觉上的秩序。

(4) 悬挂 POP。悬挂 POP 主要包括悬挂在门店卖场中的气球、吊牌、吊旗、包装空盒、装饰物，其主要功能是创造卖场活泼、热烈的气氛。

(5) 标志 POP。标志 POP，即门店内的商品位置指示牌，它的主要功能是向顾客传达购物方向的流程和位置的信息。

(6) 包装 POP。包装 POP 是指商品的包装具有促销和企业形象宣传的功能，例如，附赠品包装，礼品包装，若干小单元的整体包装。

(7) 灯箱 POP。门店中的灯箱 POP 大多稳定在陈列架的端侧，或壁式陈列架的上面，它主要起到指定商品的陈列位置和品牌专卖柜的作用。

3. 外置 POP、店内 POP 及陈列现场 POP

外置 POP 是将本企业的存在以及所经销的商品告之顾客，并将顾客引入店中的广告。店内 POP 是将企业内的商品情况、店内气氛、特价品的种类，以及商品的配置场所等经营要素告知目卡及分类广告，它们能帮助顾客做出相应的购买决策。上述 POP 各自的功能及有关情况如表 6-2 所示。

表 6-2　外置 POP、店内 POP 及陈列现场 POP 的形式与功能

种　类	具体类型	功　能
外置 POP	招牌、旗子、布帘	告诉顾客门店的位置及其所售商品的种类，通知顾客正在特卖或制造气氛
店内 POP	卖场引导 POP、特价 POP、气氛 POP、厂商海报、广告板	告诉进店的顾客，某种商品好在什么地方；告诉消费者正在实施特价展卖，以及展卖的内容，制造店内气氛；传达商品情报以及厂商情报
陈列现场 POP	展示卡、分类广告、价目卡	告诉顾客商品的品质、使用方法及厂商名称等特征，帮助顾客选择商品；告诉顾客广告品或推荐品的位置、尺寸及价格；告诉顾客商品的名称、数量、价格，以便消费者做出购买决定

4. 连锁企业 POP 广告使用的控制要点

(1) POP 广告的高度是否恰当。

(2) 是否依照商品的陈列来决定 POP 广告。

(3) 广告上是否有商品使用方法的说明。

(4) 有没有脏乱和过期的 POP 广告。

(5) 广告中关于商品的内容(如品名、价格、期限) 是否介绍清楚。

(6) 顾客是否看得清、看得懂 POP 广告的字体。

(7) 是否由于 POP 广告过多而使通道视线不明。

(8) POP 广告是否有水湿而引起的卷边或破损。

(9) 特价商品 POP 广告是否醒目、清晰。

6.4　连锁企业公关促销策略

6.4.1　公共关系促销的含义

公共关系促销简称公关促销，是指通过商业企业的公共关系活动，利用公关手段与社会公众进行有效沟通，使其与社会各界建立良好的支持与合作关系，从而以企业的知名度、美誉度带动商品销售的间接销售方式。通过公关活动树立企业的良好形象和信誉，唤起人们对企业或其产品的好感，赢得公众的信任和支持，为企业销售提供一个长期的良好的外部环境的营销活动。

6.4.2　公共关系促销策略的作用

公共关系促销策略的作用表现为如下几个方面。

第一，公共关系促销策略可以帮助企业树立正确的营销战略。在帮助企业确立营销目标的同时，也考虑了企业利益并顾及了消费者的需求，在着眼企业利益的同时也注重社会效益。公共关系促销策略正是以全局的高度、长远的角度和整体的立足点来帮助企业确定

正确的经营目标和发展方向的。

第二，公共关系促销策略可以帮助企业明确科学的营销策略。公共关系策略通过收集信息，分析市场行情帮助企业在市场竞争中更科学地利用“天时”“地利”“人和”等因素，扬长避短，尤其是全面准确地了解把握消费者的心理、需求及其变化趋势，使企业可以进行经营谋划。

第三，公共关系促销策略可以帮助企业运用科学可行的方式促进营销目标的实现。这包括两个方面，一方面为实现营销目标，在运用公共关系策略营造企业形象、沟通信息、协调关系、提供服务等方面所做的种种具体努力和贡献；另一方面是指具体营销活动中公共关系策略手段、技巧等。

现在商品经济和传播技术的发展，公共关系促销策略的作用表现得越来越重要，在一定程度上影响着企业的生存和发展。

6.4.3 公关促销的方式

常用的公关宣传活动方式有以下几种。

1. 制造新闻

“制造新闻”很难有一套固定不变的原则和方法，只能凭借企业策划者的广博知识、丰富想象和实际经验。但通过对大量公关案例的分析，仍能找出一些带有普遍性的技巧。

1) 利用不同的实物

为了找到既能提高知名度、促进销售，又能与公众关注的内容密切相关的新闻，这就需要策划者从不同角度和层次去挖掘。

2) 抓住“新、奇、特”三要素制造新闻

一家保险公司推出一种新的防盗安全保险柜，为了迅速打开销路，在知名度极高的报纸上打了一则广告：“本公司展厅保险柜里放有 10 万美金，在不弄响警报器的前提下，各路英雄可用任何手段拿出来享用。”结果广告一出，即刻轰动香港。前往一试身手的有工程师、警察、侦探甚至小偷，但却无一人得手。以后各大报刊以此为其大肆渲染，一时间该品牌名扬香港，购者如云。

3) 利用名人效应

有意识地把名人与连锁企业或品牌联系起来，并以此制造新闻。权威人士、社会名流本身就是新闻人物，新闻媒体对他们的活动往往进行跟踪报道。如能请到这些人参加本店的公关促销活动，新闻价值和公关效果便同时产生。有些名不见经传的商店正是借此逐渐发展成为区域性品牌的。

4) 利用节假日

巧借传统节日、纪念日开展公关促销活动，易于制造新闻。美国拉蔡食品公司在中国农历新年来临之际，用幻灯片介绍了以各种拉蔡食品为配料烹调的美食，以“全家齐动手共享天伦之乐”为主题推出，于是，一直没什么新闻素材的拉蔡公司在当年春节期间获新闻界注意，拉蔡食品受到了居民欢迎。

2. 借助公关广告

通过公关广告介绍宣传连锁企业，树立企业形象。公关广告的形式和内容可以概括为三种类型：致意性广告，即向公众表示节日致庆、感谢或道歉等；倡导性广告，即企业率先发起某种社会活动或提倡某种新观念；解释性广告，即就某方面情况向公众介绍、宣传或解释。

3. 演讲

演讲是提高知名度的另一种方式。店铺策划者应经常通过宣传媒体圆满地回答各种提问。这种做法有可能树立也可能损害企业形象。因此，挑选公司发言人时一定要慎重，也要充分准备演讲稿，以确保效果。

4. 创造事件

连锁企业可有意创造一些事件来吸引外界的注意，这些事件包括记者招待会、讨论会、展览会、竞赛和庆典活动。

5. 举办公益服务活动

连锁企业可投入一定时间和金钱来从事一些公益性的活动，以提高在公众中的形象。

6. 举办专题活动

通过举办各种专题活动，扩大连锁企业的影响。这方面活动包括：举办各种庆祝活动，如店庆、开业典礼等；开展各种竞赛活动，如知识竞赛、劳动竞赛、有奖评优等。

7. 散发书面资料

广泛借助书面资料联系和影响目标市场。包括年度报告、小册子、文章、店铺业务通信和刊物等。

8. 编辑视听材料

诸如电影、幻灯片、录像录音带等正越来越多地被用作公关促销工具。成本高于书面资料，但效果远大于后者，能及时高效地展示品牌以引起强烈关注。但要精心编辑，以免留给顾客不良印象。

9. 利用自身媒体

应努力创造一个使公众能迅速辨认出本企业的视觉身份标志。视觉身份的传播可通过广告标识、文件、小册子、招牌、企业模型、业务名片、建筑物、工作人员制服和车辆等企业永久性媒体来完成。当其具有吸引力、个性和印象深刻的效果时，便成为有力工具。

【课堂思考 6-4】

把握公关促销之机

一年一度的高考是社会注目的焦点。南京天纯果品饮料公司去年打出一张漂亮的“高考牌”。去年高考期间，南京的近万名考生统一穿上了“高考文化衫”，赶赴考场。T恤上印有“送给你一声祝福，一份希望”字样。别致的着装使考生在夏日的人流中格外显眼，近万名考生分散在南京市的各个考场，构成了一幅独特的文化景观，将天纯果品饮料公司的形象带到各个引人注目的角落，刮起了一阵“天纯”旋风。天纯果品饮料公司为这次活动投资近20万元，除向全市考生和有关教师发放12 000件文化衫外，他们还向南京的200多个考场提供了饮料、灭蚊剂和芳香剂。随同文化衫发放的还有天纯公司致考生的一封信。信中说：沉着、冷静，将胜败得失暂时忘却，全身心地投入，积极审慎地应战，人生的价值不会取决于一时的成败，只要做出了无愧的努力，你就是命运的强者。此信情真意切，犹如一服"精神营养剂"。高考是人生中难以忘却的一次拼搏。天纯公司选择这样的时机进入人们的感情世界，可谓是匠心独具。这次成功的公关活动传为美谈，全国二十多家新闻媒介报道或转载了此事。天纯公司的知名度和美誉度大大提高，此举使天纯饮品具有一种新的附加值，人们在品尝饮品时，会有一种别样的感觉。这种感觉，正是价值连城的无形财富。

(资料来源：商友圈，https://club.1688.com)

思考题：南京天纯果品饮料公司公关活动取得成功的主要原因是什么？

【项目小结】

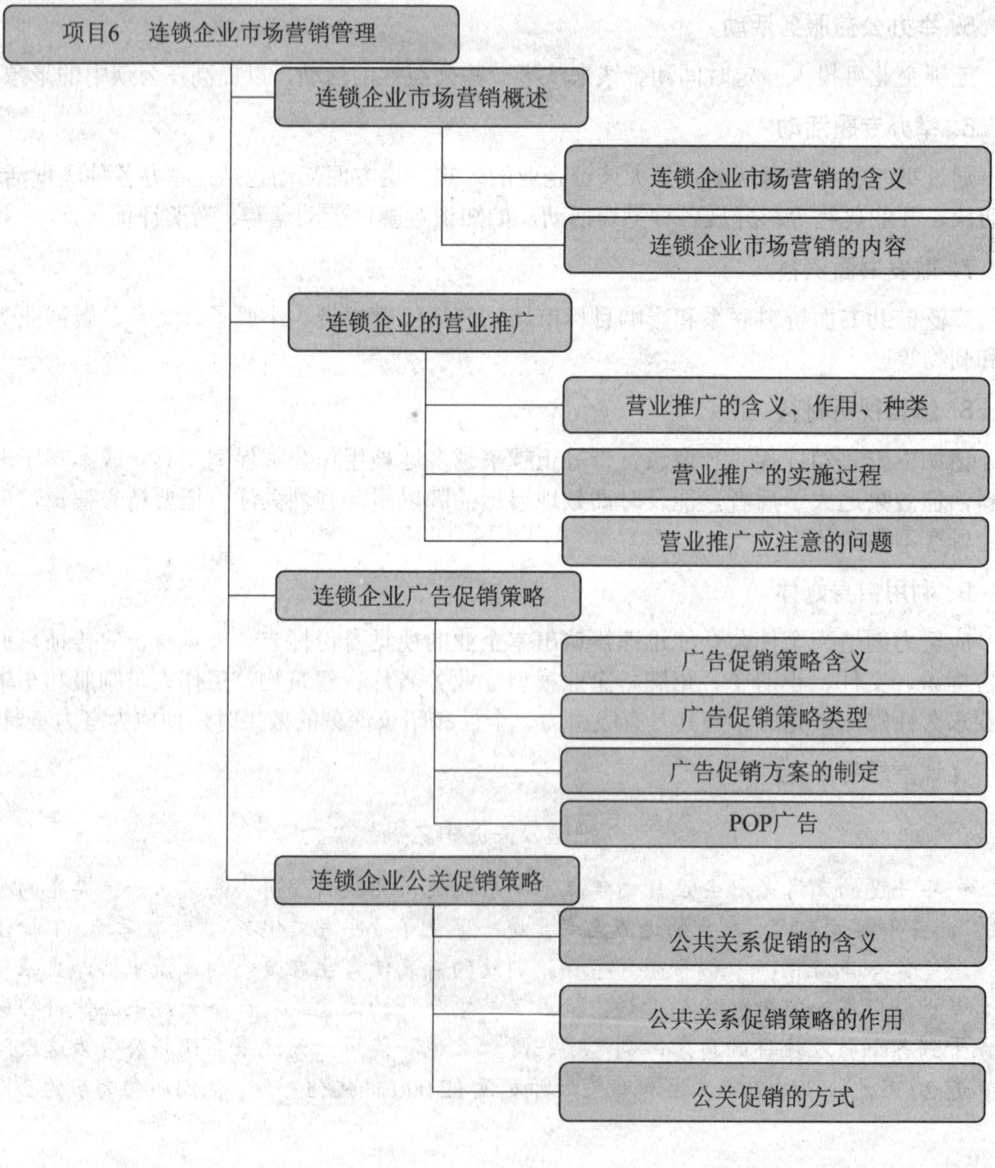

- 项目6　连锁企业市场营销管理
  - 连锁企业市场营销概述
    - 连锁企业市场营销的含义
    - 连锁企业市场营销的内容
  - 连锁企业的营业推广
    - 营业推广的含义、作用、种类
    - 营业推广的实施过程
    - 营业推广应注意的问题
  - 连锁企业广告促销策略
    - 广告促销策略含义
    - 广告促销策略类型
    - 广告促销方案的制定
    - POP广告
  - 连锁企业公关促销策略
    - 公共关系促销的含义
    - 公共关系促销策略的作用
    - 公关促销的方式

【扩展阅读】

家乐福的促销策略

家乐福的促销一般以节假日促销为主，日常促销为辅来共同渲染低价、体现低价形象。

一、节假日促销

通常以逢中国重大节假日为主题，如：春节、劳动节、中秋节、国庆节等来举行大型的商品促销活动，选取百余种商品做特价来带动消费。

1. 媒体促销法：通过电视、广播、网络、报纸等来进行不断宣传，以此吸引消费者前往购物。但家乐福较少采用此法，一般情况下，只通过报纸、广播来扩大知名度，起到宣传的目的。

2. 彩页促销法：是家乐福采取的最主要、最普遍、最频繁的促销方式，每期都以专题版面的形式介绍促销主题，呈现种类齐全的特价商品。彩页多装订成册，一般在 14～28 页不等，节假日时商品丰富，日常则以生鲜商品、熟食、面包单页做特价推广。

3. 卖场气氛与环境烘托法：此法是促销宣传最有力的催化剂，任何促销活动都会围绕主题来策划整体的卖场布置，如场外超大幅宣传画；在此基础上，个体商品再通过 POP、标价牌、挂旗等标识来完全体现。

4. 类别降价法：是彩页宣传的一部分，具体是采取以一个小类别做全面降价来达到整体价格的下调。例如，红酒全部打 8.5 折。该方法主要是用于打击对手的士气，并充分调动消费者的购物欲望，效果较单品特价好。

二、日常促销

日常促销是一种辅助促销方式，以每天日常为单位，分日期、分时段地通过降低某几个单品的价格来促进商品的销售，其方式灵活、快捷，商品变化性强，且便于操作，有较强的吸引作用，容易培养忠诚消费者。例如，生鲜商品，由于其本身所具有的敏感性和与日常生活的贴近性，故多采取这种方法。尤其在夏季，场外经常会将空地变为“瓜田”，十分生动地做起大势促销。

三、家乐福的促销内容

1. 彩页商品：以促销主题为核心，由相关联的食品、日用百货、大/小家电、服装及其他等共同组成。数量比例一般为：前三类各占 1/5，其他占 2/5。设计和布局手法均符合家乐福的形象，并时时体现出家乐福的口号：“开心购物家乐福！”商品通过颜色搭配，文字说明、精美图案的衬托，很能吸引顾客的眼球。

2. “棒”系列商品：是标志为“低价就是棒”的商品。其特点为：同品价更低、选择近千种、全年超低价、只在家乐福。带有该标志的商品有效地突出了在售商品的价格底线，极高的性价比让顾客享受到更超值的商品，同时，对于低价形象的树立起到不断的巩固作用。

3. 自有品牌商品：顾名思义就是“家乐福牌”，它是优质低价的完美结合。其特点为：优质保证、实惠超值、选择丰富、品质监控、精诚合作。这类商品在市场上无可比性，在同类产品中价格相对较低，具有较广阔的市场与利润空间，是家乐福打造的又一低价“亮点”。

4. 优惠活动特价商品：是家乐福主动推行特价，厂家让利的大优惠商品。通常以两种方式宣传商品：一种商品优惠幅度较大，并经常在周末做“震撼特价”，同时举行现场试吃(饮)，依靠人员促销、广播宣传来达到争相购买、抢购的目的；另一种商品是供货商支持力度较强，“捆绑装”或“买××送××”的赠品战术。

(资料来源：家乐福官网，http://www.carrefour.com.cn)

【同步测试】

一、单项选择题

1. 促销的目的是引发刺激消费者产生(　　)。
A. 购买行为　B. 购买兴趣　C. 购买决定　D. 购买倾向
2. 公共关系是一项(　　)的促销方式。
A. 一次性　B. 偶然　C. 短期　D. 长期
3. 营业推广的首要目的是(　　)。
A. 吸引消费者购买　B. 奖励品牌忠实者
C. 提升广告效果　D. 实现企业营销目标
4. 公共关系(　　)。
A. 是一种短期促销战略　B. 直接推销产品
C. 能树立企业形象　D. 需要大量的费用
5. (　　)是一种短期推销的促销方法，是企业为鼓励购买、销售商品和劳务而采取的营销活动的总称。
A. 广告　B. 公关关系　C. 营业推广　D. 人员推销

二、多项选择题

1. 连锁企业市场营销包括哪些内容(　　)。
A. 商品策略　B. 分销策略　C. 促销策略　D. 价格策略
2. 广告最常用的媒体包括(　　)。
A. 报纸　B. 杂志　C. 广播　D. 电视
3. 公共关系的活动方式可分为(　　)。
A. 宣传性公关　B. 社会性公关　C. 交际性公关　D. 服务性公关
4. 针对消费者的营业推广包括哪些(　　)。
A. 赠送　B. 优惠券　C. 现场演示　D. 免费试用
5. 广告促销策略主要包括(　　)。
A. 馈赠型　B. 直接型　C. 示范型　D. 集中型

三、简答题

1. 连锁企业市场营销包含哪几方面的含义？
2. 简述营业推广的实施过程。
3. 简述广告促销策略的类型。
4. 企业公共关系有哪些作用？
5. 一家体育服装用品公司打算将其新开发的一款运动服打入青少年市场，作为该公司的公共部经理，请你为这一计划确立公共关系目标，并说明理由。

四、案例分析题

以顾客为中心的日本大荣百货公司

大荣公司是日本最大的百货公司，其创始人中内是个上过大学的退役军人。在 1957 年 9 月，中内在日本千林车站前开设了一个面积为 53 平方米的小门店，职工 13 人，全部资金仅有 8400 美元，开始只经营药品，后来扩展到经营糖果、饼干等食品和百货。大荣公司的经营决策是：一切以顾客为中心。由此走上了成功的道路。

大荣公司认为，凡是消费者所需要的商品，只要做到物美价廉、供货及时，总是可以卖出去的。其中，重要的一点是满足消费者对价格的要求。为了满足顾客对价格的要求，他们打破通常意义上的进货价格加上利润和其他管理费作为零售价格的观念，在深入调查消费者需要哪些商品的基础上，着重了解消费者认为合适并可以接受的价格，以此为采购和进货的基础。因此，门店确定了“1、7、3”原则，即门店经营毛利润率为 10%，经费率仅为 7%，纯利润率为 3%。从这个原则可以看出，门店的经营盈利率是相当低的。但是由于赢得了广大消费者的欢迎，商品出售很快，销售量很大，资金周转也很快，所以门店的利润还是相当可观的。

与此同时，依据一切以顾客为中心的决策，大荣公司在经营过程中，把所经营的商品整理归类，按合理的计划和适宜的方法进行批发和零售。以衬衫为例，其他门店基本上是统一样式分为大、中、小三种规格，不同规格具有不同价格，而大荣公司则不同，他们和生产厂方协调一致，确定一个消费者满意、产销双方又有利可图的采购价格，深受消费者的欢迎，销售量扩大，销售额剧增。

另外，大荣公司在耗资 760 亿日元兴建福冈“巨蛋”体育馆时，全面推行符合 CS(顾客满意)精神的“人性化”经营战略，使大荣公司在消费者心目中树立起美好的形象，生意声誉日隆。

思考题：

1. 你认为大荣公司采用的是什么样的营销观念？
2. 本案例中，大荣公司通过哪些方面来体现一切以顾客为中心？
3. 大荣公司成功的启示是什么？

【项目实训】

实训项目：促销活动方案撰写

实训目的：

通过实训，学生了解市场营销策划的基本环节和架构，掌握市场营销策划方案的基本要求、特点、重点及流程。

实训内容：

一个完整的促销方案，必须包括促销目的，促销工具，促销的商品、时间、地点，怎样实施和控制及评价结果。

实训要求：

训练项目	训练要求	备　注
1. 活动目的	对市场现状及活动目的进行阐述	目的明确，有的放矢
2. 活动主题及促销工具、商品	选择什么样的促销工具和什么样的促销主题，要考虑到活动的目标、竞争条件和环境及促销的费用预算和分配	力求创新，使活动具有震撼力和排他性
3. 活动方式	1. 确定伙伴：政府、媒体、厂家单独行动，和经销商联手，或是与其他厂家联合促销。 2. 确定刺激程度：要使促销取得成功，必须使活动具有刺激力，能刺激目标对象参与	结合客观市场环境确定适当的刺激程度和相应的费用投入
4. 活动时间和地点	在时间上尽量让消费者有空闲参与，在地点上也要让消费者方便，而且要事前与城管、工商等部门沟通好	促销时机、地点很重要，持续多长时间也要深入分析
5. 前期准备	1. 人员安排方面：要“人人有事做，事事有人管”，无空白点，也无交叉点。 2. 物资准备方面，要事无巨细，都罗列出来，然后按单清点，确保万无一失。 3. 试验方案：进行必要的试验来判断促销工具的选择是否正确，刺激程度是否合适，现有的途径是否理想	各个环节都考虑清楚，否则顾此失彼
6. 中期操作	中期操作主要是活动纪律和现场控制。 1. 纪律是方案得到完美执行的先决条件，在方案中应该对参与活动人员各方面纪律做出细致的规定。 2. 现场控制主要是把各个环节安排清楚，要做到忙而不乱，有条有理	应及时对促销范围、强度、额度和重点进行调整，保持对促销方案的控制
7. 后期延续	后期延续主要是媒体宣传的问题，对这次活动将采取何种方式在哪些媒体进行后续宣传	后续宣传
8. 费用预算	对促销活动的费用投入和产出应做出预算	量力而行
9. 效果预估	预测这次活动会达到什么样的效果，以利于活动结束后与实际情况进行比较	总结成功点和失败点

项目 7　连锁物流管理

【学习目标与要求】

- 熟悉连锁物流的概念和特征。
- 了解连锁物流在连锁经营中的作用。
- 掌握连锁物流配送模式。
- 掌握连锁物流的运作。

【引导案例】

某连锁企业的烦恼

某连锁企业发现产品的市场份额逐渐下滑，总经理进行了一次市场调研，同时召开了一次公司中层管理者的会议，在会议中进行了一次讨论总结发现：公司的问题是由于物流产生的。

一、包装问题，在公司的系列产品中，有些产品包装好，但成本高；有些产品包装成本低，但是产品破损严重。

二、公司的库存量较高，包括原材料库存和产成品库存，主要是订货比较随意，导致原材料库存失控，同时由于原材料库存时间长导致过期报废。

三、成本库存量也在逐渐增加，客户的退货也在增加，产生逆向物流。

思考题：请针对该公司现状对各自问题进行详细分析，制定解决方案。

7.1　连锁物流的概述

物流是物资商品流通的简称，包括运输、搬运、储存、保管、包装、装卸、流通加工和物流信息处理等基本功能的活动，它是由供应地流向接收地以满足社会需求的活动，是一种经济活动。中国的“物流”一词是从日文资料引进来的外来词，源于日文资料中对“Logistics”一词的翻译。2001 年，《中华人民共和国国家标准物流术语》(GB/18354—2001)(以下简称《物流术语》标准)颁布，将物流定义为：“物品从供应地向接收地的实体流动过程。根据实际需要，将运输、储存、装卸、搬运、流通加工、配送、信息处理等基本功能实现有机结合。”

现代物流管理是建立在系统论、信息论和控制论的基础上的。物流管理是指在社会生产过程中，根据物质资料实体流动的规律，应用管理的基本原理和科学方法，对物流活动进行计划、组织、指挥、协调、控制和监督，使各项物流活动实现最佳的协调与配合，以降低物流成本，提高物流效率和经济效益。随着国民经济的飞速发展，中国物流行业保持较快增长速度，物流体系将不断完善，行业运行也日益成熟和规范。

连锁物流是指从商品采购到商品销售给消费者的商品移动过程，具体包括商品采购、进货运输、商品储存、加工配送等，以及伴随产生的信息的收集、处理、传递和利用的过程。它是与商流、信息流和现金流并列的四大连锁经营机能之一。

在连锁经营中，物流系统主要起到商品集散及带动商流、信息流、现金流运转的作用。它通过商品的集中采购、集中储备和统一配送，为连锁经营体系市场供应提供保障，成为连锁经营运作的基础。主要职能包括：采购职能、保管职能、装卸搬运职能、流通加工职能、配送职能和信息处理职能等。

【同步阅读 7-1】

物流的由来

物：物流中“物”的概念是指一切可以进行物理性位置移动的物质资料。物流中所指“物”的一个重要特点，是其必须可以发生物理性位移，而这一位移的参照系是地球。因此，固定了的设施等，不是物流要研究的对象。

物资：我国专指生产资料，有时也泛指全部物质资料，较多指工业品生产资料。其与物流中“物”的区别在于，“物资”中包含相当一部分不能发生物理性位移的生产资料，这一部分不属于物流学研究的范畴，例如建筑设施、土地等。另外，属于物流对象的各种生活资料，又不能包含在作为生产资料理解的“物资”概念之中。

物料：是我国生产领域中的一个专门概念。生产企业习惯将最终产品之外的，在生产领域流转的一切材料(不论其来自生产资料还是生活资料)，燃料，零部件，半成品，外协件以及生产过程中必然产生的边、角、余料，废料及各种废物统称为“物料”。

货物：是我国交通运输领域中的一个专门概念。交通运输领域将其经营的对象分为两大类，一类是人，一类是物，除人之外，“物”的这一类统称为货物。

商品：商品和物流学的“物”的概念是互相包含的。商品中的一切可发生物理性位移的物质实体，即商品中凡具有可运动要素及物质实体要素的，都是物流研究的“物”，有一部分商品则不属于此。

因此物流学的“物”有可能是商品，也有可能是非商品。商品实体仅是物流中“物”的一部分。

物品：是生产、办公、生活领域常用的一个概念，在生产领域中，一般指不参加生产过程，不进入产品实体，而仅在管理、行政、后勤、教育等领域使用的与生产相关的或有时完全无关的物质实体；在办公生产领域则泛指与办公、生活消费有关的所有物件。在这些领域中，物流学中所指之“物”，就是通常所称之物品。

流：物流学中之“流”，指的是物理性运动。

流通：物流的“流”，经营被人误解为“流通”。“流”的要领和流通概念是既有联系又有区别的。其联系在于，流通过程中，物的物理性位移常伴随交换而发生，这种物的物理性位移是最终实现流通不可缺少的物的转移过程。物流中“流”的一个重点领域是流通领域，不少人甚至只研究流通领域，因而干脆将“流”与“流通”混淆起来。“流”和“流通”的区别，主要在两点：一是涵盖的领域不同，“流”不但涵盖流通领域也涵盖生产、生活等领域，凡是有物发生物理性位移的领域，都是“流”的领域。流通中的“流”从范畴来看只是全部“流”的一个局部；另一个区别是“流通 ”并不以其整体作为“流”的一部分，而是以其实物物理性运动的局部构成“流”的一部分。流通领域中商业活动中的交易、谈判、契约、分配、结算等所谓“商流”活动和贯穿于之间的信息流等都不能纳入到物理性运动之中。

(资料来源：http://www.wangxiao.cn/dz/10141379041.html)

7.2 连锁物流的特征

7.2.1 系统化

物流系统化是系统科学在物流管理中的应用，从系统的角度出发，通过物流功能的作用，实现物流整体活动的最优化。连锁物流是一个由物流人员、物流设施、物流商品和物流信息等要素构成的具有特定功能的系统。连锁物流需要从系统角度出发，不是将采购、配送、仓储等活动简单叠加。

7.2.2 合理化

物流合理化是在物流总成本意识的基础上，利用物流要素之间存在的二律背反原理，通过物流各个功能活动的相互配合和总体协调，从而达到物流总成本最小化的目的。连锁物流合理化则主要表现为物流系统的最优化、物流总成本的最小化等方面。

7.2.3 标准化

物流标准化是实现物流各环节衔接的一致性、降低物流成本、进行物流科学管理的重要方式之一。连锁物流经营通过制定和实施物流设施、专业设备、专用工具等技术标准，包装、仓储、装卸、运输等各环节作业标准，为连锁物流安全、高效地运行提供保障。

7.2.4 专业化

连锁企业经营中，建立配送中心、安排合理物流、组织统一送货是连锁经营的必备工作之一。连锁物流是一种完善的、高级的物流活动，不是简单地将连锁门店订的商品送到各个门店处，它是在整体规划下进行的专业化的分工，提供专业化的物流服务，如苏宁配送中心。

7.2.5 柔性化

柔性化主要是为实现“以顾客为中心”的理念而在生产领域提出来的，在销售领域是根据消费者需求的变化调节商品组合。柔性化的物流正是适应生产、流通与消费的需求而发展起来的一种新型物流模式，要求根据消费需求“多品种、小批量、多批次、短周期”的特色，灵活组织和实施物流作业。

7.2.6 信息化

信息技术在物流中得到广泛应用。物流信息化是指物流企业运用现代信息技术对物流过程中产生的全部或部分信息进行采集、分类、传递、汇总、识别、跟踪、查询等一系列处理活动。主要表现为物流信息商品化、物流信息处理电子化和计算机化、物流信息存储的数字化、信息收集的数据库化等方面。

7.3　连锁物流在连锁经营中的作用

连锁物流在连锁经营中发挥以下几方面作用。

7.3.1　连锁物流保障连锁经营规模效益的实现

连锁企业经营通过“统一进货、统一配送、统一管理”提高经营水平，由于经营店铺多、分布广，进货的品种、数量等不尽相同，因此需要高效率、低成本的物流系统的支撑。通过配送中心把厂商或批发商供应的商品储存分装、送货上门，使适销对路的商品在规定时间内以适当批量送达分店，实现连锁经营的规模经济效益。

7.3.2　连锁物流促进连锁门店的销售经营

连锁经营企业一般处于直面终端消费者的供应链末端，门店日常的商品采购、商品储存及库存管理等职能由连锁物流承担，通过统一配送将所需一定数量的商品按时送达目的地。不仅降低连锁系统中门店的经营成本支出，而且强化连锁经营的专业化分工，减少连锁店物流操作，使连锁店更加专注于销售经营，满足顾客的消费需求。

7.3.3　连锁物流减少分店商品库存

连锁门店根据销售需要提出进货计划，货品的储存及运输均由连锁物流承担，配送中心等物流服务提供丰富、及时、充足、适应市场的商品，大大减少各分店的商品库存量与流动资金占用，加快资金周转，消除物流中的作业浪费，提高设施、运输工具的使用效率，提高企业经济效益。连锁物流的效率高低直接影响着连锁经营水平。

7.4　连锁物流配送模式

由于连锁企业存在不同的物流需求，可能需要选择不同的配送模式来满足企业发展的需求。连锁物流当前主要采用如下的配送模式。

7.4.1　自营配送模式

自营配送模式是连锁企业根据自己的经营规模、各连锁店的商品配送量等多种因素，自筹建立一个或几个配送中心，并对配送中心进行经营管理，由配送中心完成对各连锁店的配送业务。这是目前连锁企业广泛采用的一种模式。其特点有：①有利于零售连锁企业保证和保持良好的服务水平，能更好地发挥连锁经营统一管理和分散经营的特点；②迅速响应各连锁店铺的需求，实现统一进货、统一配送，发挥连锁经营的价格优势；③投资大，风险高；④单个企业的物流量是有限的，容易出现忙闲不均现象，造成资源浪费。一般大型连锁企业集团规模大、门店数量多，物流业务量大，适合采用自建配送中心的模式。

7.4.2 共同化物流配送模式

共同化配送是指多家连锁企业为实现整体的物流配送合理化，以互惠互利为原则，共同出资建立配送中心，配送中心由所有出资方共同管理。其特点有：①多家连锁企业联合实行共同化配送能够提高车辆利用率、降低成本、提高服务，从而提高物流作业效率，提升物流合理化程度；②能够实现社会资源的共享、互补，达到资源充分有效利用；③多个连锁企业之间协调管理难度加大，商品仓储不好处理等。一些规模不大或资金有限的中小型连锁企业、单个超市或门店数量较少的连锁企业，适合采用共同化物流配送模式。

7.4.3 第三方物流配送模式

第三方物流配送模式是指连锁企业不建立自己的配送中心，而是以签订合同的方式将各连锁店的集货、配货和送货等配送业务委托给专门从事此项业务的社会化物流公司或配送中心来承担。其特点有：①可以得到专业化的物流服务，提高连锁物流效率；②节约建立物流设施的资金和管理费用，连锁企业可以集中精力搞好日常管理和产品销售；③企业运营成本会上升，如果委托的物流企业管理不善，容易出现不能及时供货、货源不足，或不能长期提供服务等问题。

7.5 连锁物流的运作

7.5.1 连锁物流的环节

完整的物流环节主要包括包装、保管、装卸搬运、运输、流通加工、配送、物流信息等活动。

1. 包装

包装是指为在流通过程中保护产品、方便贮运、促进销售，按一定技术方法而采用的容器、材料及辅助物等的总体名称。也指为了达到上述目的而采用容器、材料和辅助物的过程中施加一定技术方法等的操作活动。包装时要注意以下事项：①要考虑商品在运输、保管过程中面临的上下压力、震动、冲击、跌落等情况，结合商品的物理性质、包装材料的性能等采用承受较大压力和具有缓冲作用的包装；②保护商品，免受日晒、雨淋、灰尘污染等自然因素的侵袭，防止挥发、渗漏、溶化、污染、碰撞、挤压、散失以及盗窃等损失；③给流通环节中贮、运、调、销带来方便，如装卸、盘点、码垛、发货、收货、转运、销售计数等。

2. 保管

物流的保管主要是指将所购商品在仓库中暂时保存，然后针对各店备齐各种商品，进行定价、包装或简单加工，使物流的速度加快。流通保管是对生产和消费之间在时间上的差异进行的调整。以储存为主要职能的仓库称为保管仓库，其特点是保管期较短、商品的

出库/入库多、成为物流据点、承担流通服务功能。保管时要注意以下事项：①根据物品重量安排保管的位置。安排放置场所时，当然要把重的东西放在下边，把轻的东西放在货架的上边。需要人工搬运的大型物品则以腰部的高度为基础。这对于提高效率、保证安全是一项重要的原则。②依据先进先出的原则。保管的重要一条是对于易变质、易破损、易腐坏的物品和机能易退化、老化的物品，应尽可能按先入先出的原则，加快周转。③面向通道进行保管。为使物品出入库方便，容易在仓库内移动，基本条件是将物品面向通道保管。

3. 装卸搬运

装卸是指："物品在指定地点以人力或机械装入运输设备或卸下。"搬运是指："在同一场所内，对物品进行水平移动为主的物流作业。"在物流过程中，装卸活动是不断出现和反复进行的，它出现的频率高于其他各项物流活动，每次装卸活动都要花费很长时间，所以往往成为决定物流速度的关键。装卸搬运活动在整个物流过程中占有很重要的位置。一方面，物流过程各环节之间以及同一环节不同活动之间，都是以装卸作业有机结合起来的，从而使物品在各环节、各种活动中处于连续运动或所谓的流动；另一方面，各种不同的运输方式之所以能联合运输，也是由于装卸搬运才使其形成。装卸搬运是物流活动得以进行的必要条件，发挥着重要作用。

4. 运输

物流运输方式很多，主要的运输方式包括：航空运输、公路运输、铁路运输、水路运输、管道运输等。各种运输方式的特点不同，适合于不同货物属性及运输地点。航空运输成本很高，主要适合价值高、运费承担能力很强的货物和紧急需要的物资。比如：贵重设备的零部件、救灾抢险物资，等等。公路运输主要承担近距离、小批量的货运和水运、铁路运输难以到达地区的长途、大批量货运及铁路、水运优势难以发挥的短途运输。由于公路运输很方便，近年来，在有铁路、水运的地区，长途的大批量运输也开始使用公路运输。铁路运输主要承担长距离、大数量的货运，是在干线运输中起主力运输作用的运输形式。水路运输主要承担大数量、长距离的运输，是在干线运输中起主力作用的运输形式。管道运输是利用管道输送气体、液体和粉状固体的一种运输方式。

5. 流通加工

流通加工是物品在生产地到使用地的过程中，根据需要施加包装、分割、计量、分拣、刷标志、贴标签、组装等简单作业的总称。在从生产者向消费者流通过程中，为了增加商品价值，满足客户需求，促进销售而常常需要进行简单的组装、剪切、套裁、贴标签、刷标志、分类、检量、弯管、打孔等加工作业。流通加工是为了提高物流速度和物品的利用率，在物品进入流通领域后，按客户的要求进行的加工活动，即在物品从生产者向消费者流动的过程中，为了促进销售、维护商品质量和提高物流效率，对物品进行一定程度的加工。流通加工通过改变或完善流通对象的形态来实现"桥梁和纽带"的作用。

6. 配送

配送是指在经济合理区域范围内，根据客户要求，对物品进行拣选、加工、包装、分割、组配等作业，并按时送达指定地点的物流活动。配送是从用户利益出发、按用户要求

进行的一种活动，因此，在观念上必须明确“用户第一”“质量第一”，配送企业的地位是服务地位而不是主导地位，因此不能从本企业利益出发而应从用户利益出发，在满足用户利益基础上取得本企业的利益。配送提供的是物流服务，因此满足顾客对物流服务的需求是配送的前提。从物流来讲，配送几乎包括了所有的物流功能要素，是物流的一个缩影或在某小范围中物流全部活动的体现。

7. 物流信息

物流信息是指与上述活动有关的计划、实施、预测的动态的信息。物流信息在现代物流系统中处于核心地位。物流信息的基本特点就是信息量大，产生的新信息进入下一环节。所涉及的信息需要集成，并使其产生互动，实现资源共享、减少重复操作、减少差错，从而使得信息更加准确和全面。物流信息具有一定适应性，包含两个方面的内容：一是指适应不同的使用环境、对象和方法；二是指能够描述突发或非正常情况的事件，如运输途中的事故、货损、出库货物的异常变更、退货，临时订单补充等。

7.5.2　连锁物流系统的运作流程

1. 连锁门店环节

(1) 通过 POS 终端来收集销售信息，即何种商品在几时几分向顾客销售了多少，货架上还剩多少。

(2) 预测订货数量，即根据商品销售的情况、动向所做的预测。

(3) 通过 EOS 系统向连锁总部订货。

2. 连锁总部环节

连锁总部设有计算机中心(或信息中心)，和店铺一起进行 POS 终端的管理，同时起着指挥、协调的作用，从整体上把握连锁店的经营与管理。连锁总部在收到各连锁分店发来的电子订货后，也以 EOS 的形式通过 VAN(增值网络系统)传至连锁企业的情报信息中心(有的连锁企业没有设这一机构)。

3. 连锁企业情报信息中心环节

根据总部发来的电子订单，情报信息中心通过计算机联网指示物流中心出货。同时，通过 EDI 与厂商的信息中心保持密切联系，有时信息中心也可直接将信息发给厂商进行订货。

4. 厂商环节

在规定的时间内，厂商接受不同客户、不同商品种类的订货指示单，将各处的订货指示单汇总，制造订货商品或是调度库存，并做好出货准备，然后往配送中心送货。

5. 物流配送中心环节

大部分的物流活动都将在这一环节完成。物流配送中心将各地厂商运来的整货验收入库，并根据各连锁店的订货要求，通过自动化机械进行自动分货、拣货，再将各家店铺的货物集中起来，安排卡车配送。

【扩展阅读】

配送中心

一、配送中心的概念

配送中心是接受并处理末端用户的订货信息，对上游运来的多品种货物进行分拣，根据用户订货要求进行拣选、加工、组配等作业，并进行送货的设施和机构。

二、配送中心的分类

1. 按照配送中心的内部特性分类

(1) 储存型配送中心。

有很强储存功能的配送中心，一般来讲，在买方市场下，企业成品销售需要有较大库存支持，其配送中心可能有较强储存功能；在卖方市场下，企业原材料、零部件供应需要有较大库存支持，这种供应配送中心也有较强的储存功能。大范围配送的配送中心，需要有较大库存，也可能是储存型配送中心。

(2) 流通型配送中心。

基本上没有长期储存功能，仅以暂存或随进随出方式进行配货、送货的配送中心。这种配送中心的典型方式是，大量货物整进并按一定批量零出，采用大型分货机，进货时直接进入分货机传送带，分送到各用户货位或直接分送到配送汽车上，货物在配送中心里仅做少许停滞。

(3) 加工配送中心。

配送中心具有加工职能，根据用户的需要或者市场竞争的需要，对配送物进行加工之后进行配送的配送中心。在这种配送中心内，有分装、包装、初级加工、集中下料、组装产品等加工活动。

2. 按照配送中心承担的流通职能分类

(1) 供应配送中心。

配送中心执行供应的职能，专门为某个或某些用户(例如连锁店、联合公司)组织供应的配送中心。

(2) 销售配送中心。

配送中心执行销售的职能，以销售经营为目的，以配送为手段的配送中心。销售配送中心大体有两种类型：一种是生产企业为本身产品直接销售给消费者的配送中心；另一种是流通企业作为本身经营的一种方式，建立配送中心以扩大销售。

3. 按配送区域的范围分类

(1) 城市配送中心。

以城市为配送范围的配送中心，由于城市范围一般处于汽车运输的经济里程，这种配送中心可直接配送到最终用户，且采用汽车进行配送。所以这种配送中心往往和零售经营相结合。由于运距短，反应能力强，因而从事多品种、少批量、多用户的配送较有优势。

(2) 区域配送中心。

以较强的辐射能力和库存准备，向省(州)际、全国乃至国际范围的用户配送的配送中心。这种配送中心配送规模较大，一般而言，用户也较大，配送批量也较大，而且往往是配

送给下一级的城市配送中心，也配送给营业所、商店、批发商和企业用户，虽然也从事零星的配送，但不是主体形式。

4. 按配送货物种类分类

根据配送货物的属性，可以分为食品配送中心、日用品配送中心、医药品配送中心、化妆品配送中心、家用电器配送中心、电子(3C)产品配送中心、书籍产品配送中心、服饰产品配送中心、汽车零件配送中心以及生鲜处理中心等。

(资料来源：http://wiki.mbalib.com/wiki/配送中心)

【项目小结】

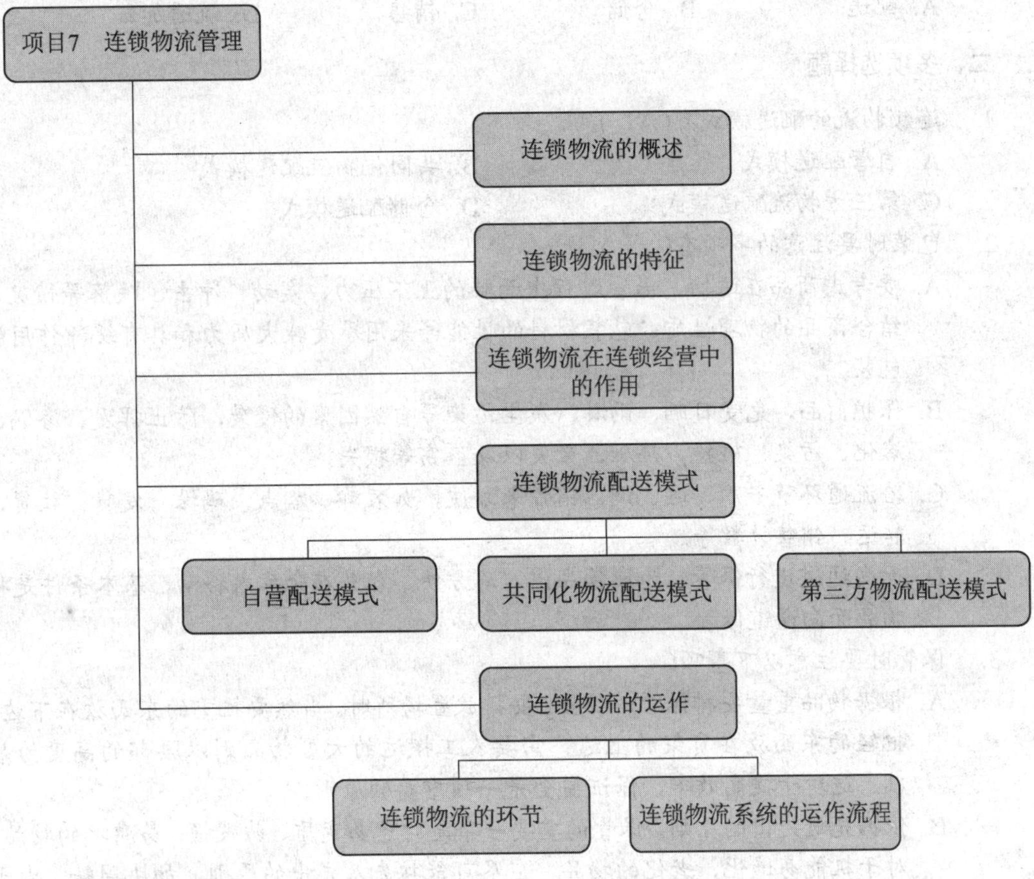

项目7　连锁物流管理
- 连锁物流的概述
- 连锁物流的特征
- 连锁物流在连锁经营中的作用
- 连锁物流配送模式
  - 自营配送模式
  - 共同化物流配送模式
  - 第三方物流配送模式
- 连锁物流的运作
  - 连锁物流的环节
  - 连锁物流系统的运作流程

【同步训练】

一、单项选择题

1.　(　　)是物资商品流通的简称，包括运输、搬运、储存、保管、包装、装卸、流通加工和物流信息处理等基本功能的活动，它是由供应地流向接收地以满足社会需求的活动，是一种经济活动。

A. 物流　　　B. 连锁　　　C. 配送　　　D. 运输

2.　柔性化主要是为实现(　　)的理念而在生产领域提出来的，在销售领域是根据消费者需求的变化调节商品组合。

A. 以顾客为中心　B. 生产效率　C. 运输合理化　D. 物流合理化

3. (　　)是指为在流通过程中保护产品、方便贮运、促进销售，按一定技术方法而采用的容器、材料及辅助物等的总体名称。

A. 保管　B. 包装　C. 装卸搬运　D. 配送

4. (　　)是指在经济合理区域范围内，根据客户要求，对物品进行拣选、加工、包装、分割、组配等作业，并按时送达指定地点的物流活动。

A. 运输　B. 流通加工　C. 配送　D. 保管

5. (　　)是物品在生产地到使用地的过程中，根据需要施加包装、分割、计量、分拣、刷标志、贴标签、组装等简单作业的总称。

A. 配送　B. 仓储　C. 销售　D. 流通加工

二、多项选择题

1. 连锁物流的配送模式有(　　)。

A. 自营配送模式　B. 共同化物流配送模式

C. 第三方物流配送模式　D. 仓储配送模式

2. 包装时要注意的事项有(　　)。

A. 要考虑商品在运输、保管过程中面临的上下压力、震动、冲击、跌落等情况，结合商品的物理性质、包装材料的性能等采用承受较大压力和具有缓冲作用的包装。

B. 保护商品，免受日晒、雨淋、灰尘污染等自然因素的侵袭，防止挥发、渗漏、溶化、污染、碰撞、挤压、散失以及盗窃等损失。

C. 给流通环节中贮、运、调、销带来方便，如装卸、盘点、码垛、发货、收货、转运、销售计数等。

D. 面向通道进行保管。为使物品出入库方便，容易在仓库内移动，基本条件是将物品面向通道保管。

3. 保管时要注意以下事项(　　)。

A. 根据物品重量安排保管的位置。安排放置场所时，当然要把重的东西放在下边，把轻的东西放在货架的上边。需要人工搬运的大型物品则以腰部的高度为基础。这对于提高效率、保证安全是一项重要的原则。

B. 依据先进先出的原则。保管的重要一条是对于易变质、易破损、易腐坏的物品，对于机能易退化、老化的物品，应尽可能按先入先出的原则，加快周转。由于商品的多样化、个性化、使用寿命普遍缩短，这一原则是十分重要的。

C. 面向通道进行保管。

D. 为使物品出入库方便，容易在仓库内移动，基本条件是将物品面向通道保管。

4. 对于装卸搬运描述正确的是(　　)。

A. 装卸是指："物品在指定地点以人力或机械装入运输设备或卸下。"

B. 搬运是指："在同一场所内，对物品进行水平移动为主的物流作业。"

C. 在物流过程中，装卸活动是不断出现和反复进行的，它出现的频率高于其他各项物流活动，每次装卸活动都要花费很长时间，所以往往成为决定物流速度的关键。

D. 装卸搬运活动在整个物流过程中占有很重要的位置。

5. 对于连锁物流描述正确的是( )。

A. 在连锁经营中，物流系统主要起到商品集散及带动商流、信息流、现金流运转的作用。

B. 它通过商品的集中采购、集中储备和统一配送，为连锁经营体系市场供应提供保障，成为连锁经营运作的基础。

C. 主要职能包括：采购职能、保管职能、装卸搬运职能、流通加工职能、配送职能和信息处理职能等。

D. 从商品采购到商品销售给消费者的商品移动过程。

三、简答题

1. 什么是连锁物流？
2. 连锁物流的特征有哪些？
3. 连锁物流在连锁经营中的作用是什么？
4. 什么是第三方物流配送模式？
5. 连锁物流有哪些环节？

四、案例分析题

某连锁公司自成立以来，经过几年的努力，发展各种超市业态的大小门店 300 多家，并且有一个大型的配送中心。虽然公司发展势头强劲，但目前存在的一些问题已经开始显露出来。

首先是缺货或胀库的问题，如今年某月份有 200 多件商品断货达一个月以上，有的甚至断货达数月，这就严重影响门店的销售。但同时还有许多商品经常出现积压，形成胀库。

公司采购商品是根据预测来订购。采购部门根据过去历史销售数据，并对当前市场情况进行推测的基础上，预测出所需商品的品种与数量，然后与供应商进行商品的谈判与采购。但采购部门对不同地区和不同门店的需求并不能总是很好地把握。特别是新的商品引进方面，为满足不同地区、不同消费者的各种需求，公司需要引进大量的商品。

再有是在与供应商的合作上，公司的员工抱怨供应商没有给予足够的支持，比如多次发生的送货延迟、送货的品种数量与订单不符等。配送中心经常断货，送货不及时，有破损。

该连锁公司的高层管理者已经认识到必须要解决现有的问题，否则公司的成长与壮大就是一纸空谈。

思考题：

试分析该连锁公司目前存在哪些问题以及你所认为合适的解决方法。

【项目实训】

实训项目：连锁物流的配送实训

现有厢式货车：长 4.5m、宽 2.0m、高 2.1m，有效容积 17m^3；载重 4t；需要在同一天向某连锁店运送该商品，商品 50 袋一箱，每箱 25kg，外包装规格：50cm×35cm×25cm。各连锁门店的商品需求量为：A 店 4000 袋，B 店 6000 袋，C 店 6000 袋，D 店 3000 袋，E 店

3500 袋，F 店 3500 袋，G 店 5000 袋，H 店 5000 袋。

如何安排送货的厢式货车？试设计一份配送方案。

实训目的：

熟悉连锁物流环节与流程。

实训内容：

(1) 安排学生根据所学内容，3～5 位同学自行分组。
(2) 各组同学分组讨论配送方案。
(3) 撰写实训报告，由教师给出相应的分数。

实训要求：

训练项目	训练要求	备　注
掌握连锁物流基础知识	通过对连锁物流配送方案的讨论，使学生对连锁物流的基础知识与作用有深刻的认识	考查学生对连锁物流基础知识的掌握
连锁物流的配送实训	通过连锁物流的配送实训，使学生对配送的流程与作用有更深刻的认识	培养学生完成配送任务的技能

项目 8　连锁企业门店运营管理

【学习目标与要求】

- 掌握连锁企业店铺管理的职能、内容和五常管理。
- 掌握连锁企业财务管理的含义、类型、特点和主要内容。
- 掌握连锁企业文化建设的含义、作用和建设内容及策略。

【引导案例】

连锁问题：根源在人，答案在模式

连锁企业得以快速复制成功，关键在于如何构建“以标准化为前提的差异化经营体系”。连锁体系的构建意味着快速复制的可行，主要包括三模块：一是流程再造体系，目的是“谁都会做”；二是人才复制体系，目的是“谁都能做”；三是督导执行体系，目的是“谁都去做”！但为什么还有很多连锁企业困惑，为什么连锁企业快速复制的同时效益得不到复制，为什么连锁企业规模见长的同时顾客流失严重……尽管连锁的奥秘就四个字——复制成功，但连锁企业的复制毕竟不是简单的 Ctrl+C。

现实中诸多连锁企业纷纷回归直营，因为效益好的店复制不出来，复制的加盟店生意不好，许多连锁总部只好收回来直营，把外部矛盾变成内部矛盾。好的连锁门店模式“固化”不下来，各店都强调商圈的差异，开出来的店千店千面。好多连锁企业流程写了一堆，没人看、没有用，成了一堆废纸，甚至有些连锁企业的流程管理走入了极端化：要不太复杂，员工看了也不会做；要不太简单，员工不看也会做；部门之间扯皮内耗，每个部门都只关心自己绩效，管理失控……面对连锁企业复制中的种种弊端，提出如下建议。

企业要连锁，连锁要复制成功，首先要做的第一件事是：减肥。在连锁总部和门店的商品管理中，常有这样的论调：“每增加一个单品，顾客多一个选择；每增加一个规格，销量也会自动累加。”这是传统商品管理谬误的延伸：传统思维认为，顾客在面临购物选择时，总会“很理性的”综合加权考虑成本和利益，然后挑较好的。但在门店实际购物时，消费者行为研究发现，顾客“冲动性购买”的比例越来越高，“感性购买”的比例越来越高！当顾客面临太多选择时，尤其是这些商品之间差异很小时，人们就只有“被淹没感”，购买的欲望反而减少。如何给门店减肥瘦身，减少门店“品满为患”的商品结构，答案在于“共同单品”的管理。

连锁的核心，在于复制。复制的基础，在于共同单品的管理。例如，当前某连锁企业总部系统中的数万件商品中，只有 18%个属于共同单品，门店实际售卖商品五花八门，各店“连而不锁”。以共同单品为基础的，构建差异化经营体系，才可以实现连锁经营的终极目标——可复制性。有了共同单品，采购才可以量化采购、量化销售；物流才可以选择进仓配送商品；门店才可能实施模块化的品类设计。当然，各店商圈有所差异，我们可以在共同单品的基础上，考虑个性化的差异性经营。一个成功的连锁企业，必须实现从“大锅饭”管理到按业态差异化经营的差异化转变。例如，将门店按照顾客属性和面积大小，分成几种不同业态集群，实施差异化定位制定商品经营策略；这样，采购就可以同时管理几套不同的商品结构表，按业态来进行商品管理。

连锁的根源在人。门店快速扩张，店长培养的速度跟不上开店的速度；知人难识人更难，培养了半天"恨铁不成钢、阿斗扶不上墙"；店长能力强，门店生意就好；店长能力差，门店生意一落千丈。就连锁企业而言，人才复制的道路在于把复杂的事情简单化，把简单化的事情量化，把量化的事情模块化，把模块化的事情进行复制。例如，某连锁公司的营运手册把运营工作分为几十个段，详细说明各工作段事先应准备的项目、操作步骤、岗位职责。员工入职后将逐步学习各工作段，表现突出的员工会晋升为助理，训练员表现好可以进入管理人员。员工的晋升以内部提拔为主，所有人员必须高标准地掌握基本岗位操作并通过岗位工作考核。通过标准化的作业管理，可以实现：小到洗手有程序，大到管理有手册。

(资料来源：http://www.ceconline.com/sales_marketing/ma/8800059244/01)

思考题：

结合案例请谈谈你对连锁企业运营管理中出现的种种问题的看法。

8.1　连锁企业店铺管理

连锁企业店铺作为一种社会组织，其特点在于它的营利性，因此连锁企业店铺管理的目标就是赢得利润。店铺管理活动的中心是人，由人来进行，并服务于人，要充分认识人的需求的丰富性和复杂性。

8.1.1　连锁企业店铺管理的职能

1. 决策职能(包括计划)

决策是店铺管理最重要的职能。决策是基于外部环境和内部条件的现状判断，以及对未来的预期，进而拟订若干可行方案，并从中进行抉择的过程。由于环境无法消除的不确定性，使得每一种抉择都有概率不等的风险。这种抉择取决于决策者的价值判断和风险偏好。

2. 组织职能

决策一经确立，就应该继之动员店铺所拥有的全部资源，进行优化组织结构的设计，按照因事择人的原则配备有关人员，整合内部组织力量，保障店铺目标的实现。

3. 领导职能

店铺领导职能包括指挥、协调、激励和沟通。店铺目标的实现，需要全体组织成员的投入和付出。配备在各岗位上的人员，由于个性、偏好、素养、价值取向的差异以及职责、地位和掌握信息量的不同，冲突的发生难以避免。这时就需要具有权威性的领导进行统一指挥，协调行动的步调和节奏，化解各方面的矛盾，沟通各层次的信息，增进相互理解，激励大家求同存异，为了共同的店铺利益而共同努力。

4. 控制职能

在计划的执行过程当中，店铺的实际行为往往会偏离或者背离预期的标准。这时就需要准确定位两者的差异，分析差异的成因并寻找应对的具体措施，来缩小以至消除这些差异。如果发生重大突发事件或者不可抗拒因素导致环境剧变，需要及时对计划进行变更。

8.1.2　连锁企业店铺管理的内容

连锁店铺是连锁总部各项政策、制度、标准规范的执行单位，其基本职能是商品销售与服务，其管理重点是：环境、商品、人员、金钱与情报。

1. 环境管理

连锁店铺的环境管理主要包括店头外观与卖场内部环境两方面。

1) 店头外观

据调查，有 78%的消费者是凭感觉而进入店铺的，其中给这些顾客的第一印象便是店头外观。所以，门店必须每日对店头进行检查，并加强维护与管理。店头外观管理的内容主要有以下几个方面。

(1) 店面外部卫生环境，即保持店头、店招、橱窗，以及店面外部区域的清洁、卫生。

(2) 停车场的车辆进出、停放井然有序。

(3) 排除门店进出口的障碍物，以方便消费者进出。

(4) 利用布景、道具、橱窗等，宣传门店的商品，提升顾客的进店率。

(5) 合理使用外部照明设备和工具，渲染门店气氛，烘托环境，增加门店门面的形式美。

2) 卖场内部环境

(1) 设置理想的卖场入口，方便顾客进店。

(2) 科学设计卖场通道，科学高效的通道设计能引导顾客按设计的自然走向，步入卖场的每一个角落，能接触尽可能多的商品，消灭死角和盲点，使入店时间和卖场空间得到最有效的利用。

(3) 规划卖场与后场的补给路线，重点在于如何最合理、最经济地解决后场与卖场连接的补给线路规划，力求做到线路最短、补给最方便。

(4) 合理进行商品布局，按照消费需求取向灵活配置商品布局比例，根据消费者的购买心理科学规划商品位置，最大限度地吸引顾客，促进购买，提高连锁企业门店的效益。

(5) 保持卖场内部的环境清洁、整齐、卫生。如图 8-1 所示。

图 8-1　苹果专卖店

连锁店铺的店面设计与布局的基本原则主要有以下几个方面。

1) 醒目，刺激消费者的原则

连锁店铺开设的目的是让消费者消费，而消费的前提是进入店铺，进入店铺前必须先关注店铺，而关注店铺的前提是店铺能给消费者以刺激。达到醒目刺激顾客的手段很多，通过刺激可以给消费者以愉快的感觉，如朗朗上口的店名、醒目新颖的店名字体、简洁明快的标志、有特色的大门、宽敞的店前广场、五颜六色的条幅等。

2) 方便顾客的原则

(1) 从交通往来角度讲，方便顾客到达、离去和寻找店铺。

(2) 从交通工具停放角度讲，停车场要宽敞方便，进出畅通无阻，收费合理。

(3) 从进入店铺角度讲，店门外不能有任何障碍物，让顾客能顺利、方便地进入商店。

(4) 从顾客购买商品的角度讲，让顾客在店内能够方便地接触到所有商品，店内所有商品的摆放都能让顾客看得见，摸得着，无论高处还是低处的商品，不用服务人员的帮助就可以自如地取放。

3) 促进消费的原则

促进消费的原则也就是尽量延长顾客在店内的停留时间，使顾客尽可能地多消费。到超级市场、百货商店、便利店购买商品的消费者，即时性购买的比例占 70%～80%。因此，丰富的、新鲜的商品，会大大刺激顾客的消费欲望。顾客在货架前停留的时间越长，购买商品的可能性就越大。

4) 创造良好的购物环境，使消费者快乐的原则

店铺是一个取得顾客好感，让顾客留下美好回忆的空间。因此，要尽可能利用售卖空间，达到一举多用，做到照明(灯类)、音响(声音)、装潢布置(视觉)、气味(味觉)、温度(体觉)的有机配合，营造一个良好的、有独特个性的购物环境，这样留给消费者的是满意、满足和快乐，不愁没有回头客。

5) 安全性原则

连锁店铺是人员聚集的地方，也是货物、资金、设备集中的地方，一旦出现安全事故，损失是严重的。店铺设计应侧重于安全事故的防范和安全撤离。这里的安全事故主要包括倒塌、火灾、毒气、疾病、地震等。

2. 商品管理

商品管理包括商品陈列、商品质量、商品损耗、商品销售状况等方面的管理。

1) 商品陈列管理

商品陈列管理首先必须严格按照连锁总部所规定的统一标准；其次要做到满陈列，以便最有效地利用卖场空间；再次要注意陈列商品的及时整理，使商品陈列的方式、高度、宽度、陈列量等符合商品陈列表的要求。

2) 商品质量管理

商品质量管理首先必须重视商品的包装质量及商品标签；其次要加强对商品保质期的控制；再次要对生鲜食品进行鲜度管理。

3) 商品损耗管理

商品损耗管理首先要防止商品的动碰损耗；其次要加强防盗、防窃工作；再次要重视商品盘点。此外，对商品保质期的有效控制，以及促销活动的有效配合，也是控制商品损耗的有效途径。

4) 商品销售状况管理

商品销售状况管理首先必须掌握商品的销售动态；其次要根据销售动态及时做出反应，如及时补充货源，及时处理滞销品，在总部的指导下及时调整商品陈列位置及商品价格等。

3. 人员管理

人员管理包括员工管理、顾客管理以及对供货者的管理。

1) 对员工的管理

对员工的管理是人员管理的核心。其管理的重点是：按公司规定控制人员总数及用工时数；培养全体店员的团队合作精神；合理分配工作任务，并要求员工严格执行公司总部所制定的作业规范；树立全体员工的礼仪精神，做好服务工作；根据营业状况排定班次，做好考勤工作；应照顾到员工的身体状况及应有的权利。

2) 对顾客的管理

对顾客的管理主要是指对顾客的了解、引导和适当的控制。如了解顾客的类型、各类顾客的需求特征；通过调查掌握社区内常住顾客的基本资料；在卖场内设置醒目的指示性标志，以便于顾客选购商品；对顾客的行为依法实施必要的限制，如明确告示顾客：店内不准吸烟，不准饮食，不准拍照，不准抄价，进入卖场必须存包等；妥善处理顾客的投诉。

3) 对供货者的管理

无论是厂方人员还是公司内部的配送人员，送货或是洽谈业务，都必须在指定地点按规范程序执行，如需进入卖场，也必须遵守有关规定，如佩戴特殊的标志。

4. 金钱管理

金钱管理包括收银管理及凭证管理。

1) 收银管理

收银作业是门店销售服务管理的一个关键点，收银台是门店商品、现金的“闸门”，商品流出、现金流入都要经过收银台，因而，稍有疏忽就会使经营前功尽弃。从金钱管理角度来看，收银管理应把握以下重点：控制收银差错率；防止收入假币及信用卡欺诈行为；分清各班次收银员的经济责任；营业款要及时解缴；要严防内外勾结逃款。

2) 凭证管理

对连锁超市门店而言，会计工作由总部负责，但对于基本的凭证仍需要妥善管理，如销货发票、退货凭证、进货凭证、现金日报表、交班日报表等。有些凭证(如退货凭证、进货凭证)是日后结算付款的依据，与现金具有同等的效力，更应妥善保管与处理。

5. 情报管理

连锁门店既是各类经营情报的发送者(信源)，又是情报的接收者(信宿)，因此，加强情报管理便成了连锁门店的一项重要工作。连锁门店的情报管理主要包括：店内经营情报、竞争店情报、消费者需求情报。

1) 店内经营情报

这是连锁门店情报管理的重点，内容有：销售日报表、商品销售排行表、供应商销售报表、异常销售分析表、促销商品分析表、销售毛利分析表、ABC 分析表等。此外，还包括员工的意见、建议以及他们的心理和行为状态等情况。

2) 竞争店情报

连锁门店有责任对附近的竞争店情况进行调查，内容包括：与竞争店的距离、交通条件、商品质量及价格、商品结构、店铺规模、顾客购买行为等。

3) 消费者需求情报

消费者需求情报包括：消费需求的总体趋势、社区内消费者的总体规模、收支水平、购买特征等。其中，顾客投诉情况的分析应作为了解消费者需求的一个重要途径。

【同步阅读 8-1】

连锁企业如何利用竞争情报赢得优势？

21 世纪是信息经济的时代，信息对于企业的生存与发展起到了决定性的作用。竞争情报作为企业信息的重要组成部分，越来越受到企业的重视。竞争情报可以帮助连锁企业更好地掌握竞争对手的信息，把握连锁企业的发展方向，使连锁企业更灵活地适应环境的变化，使企业迅速地做出战略决策。要利用竞争情报赢得竞争优势，连锁企业要做好以下几点工作。

第一，根据连锁企业的实际需要，建立自己的情报监测体系，建立定期的信息汇编上报制度。这个竞争情报体系可以包括很多的内容：竞争对手情报部分、有关竞争对手的一般统计数据、趋势图、主要竞争对手列表、市场总体规模统计数据、竞争对手新闻、竞争对手简介、合作伙伴的主要信息、私人讨论区、行业总览，以及根据各职能部门信息需要设置的栏目，等等。

第二，建立关键情报课题制度。高管层以及各职能部门定期地提出需要的研究课题。情报部门对课题进行筛选确定，然后根据确定的课题，收集情报，开展研究工作。

第三，让竞争情报更好地为战略管理服务。战略管理主要是加强连锁企业对环境变化的适应性。要将收集到的情报切实地应用于连锁企业的战略管理。

(资料来源：http://www.ceconlinebbs.com)

8.1.3 连锁企业店铺的五常管理

1. 常组织

店铺不仅仅是商品销售工作的场所，同时也是展示品牌风貌的媒体。在店铺中，顾客会根据店员的衣着打扮、职业表现以及店铺环境和设施来判断该品牌的定位是否适合自己，是否具有品位。特别是店铺环境的整洁程度，是顾客经常考虑的重点。因此，作为店长和店员来说，在店铺日常工作中，应当对店铺设施、用品和人员经常进行组织。常组织的目的在于简化店铺日常管理，最终目的在于使店长和店员掌握一种工作方法，简化店铺中的常用物品，将物品归类，清除店中无用品。

作为店长来说，要经常组织店员对店铺中的产品、设置、用品和库存等多种要素进行有效管理。将店铺日常工作中的必需品与非必需品分开，将必需品的数量降低到最低程度，并把它们归类放在一个既方便拿取，又不影响店铺卖场环境的地方。对于日常工作不需要的用品要坚决处理掉，或将这些用品放在店铺后面的库房中。切记不要在店铺中放置这些不需要的物品，其中可能包括一些暂不使用的陈列道具、清扫工具、管理文件和表册单据等。

组织具体工作要点包括：第一，评判每件物品是否都是一定需要的，而且是否必须这样放置；第二，按照马上要用的、暂时不用的、长期不用的三个不同层次将用品进行归类；第三，对于工作必需品，也要按照工作计划来对必需品数量进行规划，做到适量，保证将必需品的数量降低到最低程度；第四，值得注意的是，对于非必需品的理解要清楚，非必需品是指在这个地方不需要的东西在别的地方或许有用，而并不是“完全无用”的意思，应寻找它合适的位置；第五，当场地不够用时，先不要考虑增加卖场存放货品的场所，而是要整理现有的场地，经过整理后，店长和店员会发现还有空余的空间。

2. 常整顿

常整顿的作用在于提高店铺管理的效率，优化店铺管理水平，旨在缩短店员拿取物品的时间。真正做到常整顿的表现是店员可以在 30 秒钟之内找到所需要的资料。

实际当中，许多店铺由于缺乏对于店员的管理和物品拿取摆放的规定，使许多店员认为在销售服务当中，特别是繁忙的时候，店铺里的一些物品可以任意存放，觉得这样才能够缩短工作时间。其实不然，这种行为不仅使店铺显得更加零乱，而且使店员寻找物品的时间成倍增加。店铺管理者应当思考为什么店员拿取和存放物品会需要很长时间，并做出相应的调整，让大家都能理解这套系统，遵照执行。

除必需物品放在能够立即取到的位置外，一切物品乱堆乱放的行为，应当追求店铺管理者和店长的责任。这样才能鞭策店铺管理者去思考怎样才能通过整顿提高店员拿取物品的速度，同时让店员明白和掌握这些提高效率的做法，真正做到提高店铺运作的效率。

3. 常清洁

常清洁就是在店铺中倡导店长和店员保持清洁的工作环境，通过在店中个人清洁责任的划分，让店铺和卖场环境明亮照人。将店铺卖场、杂物房和仓库分配成为每名员工应负责清洁的区域，不能留下没人负责的区域。

常清洁并不是要求店长和店员做到清扫过就可以，而是必须指定一定的清洁标准。在具体制定清洁标准上，应当在卖场地面、陈列道具、橱窗布置、店铺内景等方面真正做到无灰尘、无污垢、无碎屑、无泥沙的四无标准，创造一个一尘不染的环境。为了能够真正执行常清洁，应要求店铺员工从上到下都一起来执行这个工作。

一个干净整洁的卖场环境不仅可以让顾客感动，而且可以使员工心情舒畅。同时在整洁明亮的环境里，发生异常情况都可以及时发现。此外，店铺用品和设备存在的异常可以在不断的保养中得到解决，不会在使用中出现问题。

4. 常规范

常规范是在“组织”“整顿”“清洁”之后的日常维护活动，是将店铺管理过程中的一些优良工作方法或理念标准化、量化，增加管理的透明度。通过各种方法来鞭策店长，督促店员，从而使他们形成习惯，以提高店铺管理者和销售人员的办事效率，防止出错。通过制定相应的制度，使每位员工随时主动检讨和确认自己的工作区域内有无不良现象，如发现，应当按照制度进行惩罚，并对该员工进行教育，使其立即改正。店铺制定的规章制度必须始终如一，实施后不能够半途而废，否则又回到原来的混乱状态。同时为了强化规范的效果，作为店铺经营者和管理者必须做到言传身教，这样才能让制度监督的作用更加突出明显。

5. 常自律

常自律就是通过向店铺中每名员工灌输按照规定方式做事的思想，创造一个具有良好习惯的工作场所。通过培训和教导的方式，使每名员工采取正确的做事方式并使他们付诸实践，那么店员就可以抛弃坏的习惯。这样的过程将有助于店长和店员养成制定及遵守规章制度的习惯。

领导者的热情帮助与被领导者的努力自律是非常重要的。一方面，店铺管理者应当以身作则，逐渐培养自己良好的工作习惯、组织纪律和敬业精神，同时将这些精神逐步传导给全体店员。通过这样的过程，使每一位店员都自觉养成遵守规章制度、工作纪律的习惯，从而创造一个具有良好氛围的工作场所。如果绝大多数员工能够将以上要求付诸实践的话，个别员工就会抛弃坏的习惯，转向好的方面发展。

8.2 连锁企业财务管理

8.2.1 连锁企业财务管理的含义和类型

1. 连锁企业财务管理的含义

连锁企业的财务管理是指根据财经法规制度，按照财务管理的原则，组织连锁企业财务活动，处理财务关系的一项经济管理工作。它是企业管理的一部分，是在一定的整体目标下，关于资产的购置(投资)，资本的融通(筹资)和经营中现金流量(营运资金)，以及利润分配的管理。

2. 连锁企业财务管理的类型

1) 独立核算方式

独立核算是指总部实行独立的、部分统一的会计核算；分支连锁的企业或店铺实行相对独立的会计核算。在这种核算方式下，总部和分支连锁企业都应设立独立的会计机构。总部通过投资活动与分支连锁店形成经济关系，总部的投资额计入“长期股权投资”科目，分支连锁店收到投资计入“实收资本”科目。总部对经营所需商品实行集中统一采购，按需要为下属基层店统一配送商品。按内部商品价格进行结算，并按配送额开具增值税专用发票(一般纳税人)或普通发票。分支连锁店凭发票增加库存，按独立会计进行核算，月末计算并结转当期经营成果，编制财务会计报告，将当期实现的利润上交总部。总部收到基层店上报的利润和财务会计报告后，编制合并会计报表。

2) 非独立核算方式

非独立核算方式是指总部实行独立的、统一的会计核算，分支连锁的企业或店铺不单独进行会计核算，经营中发生的各项经营费用均向总部报账核销。在这种会计核算方式下，总部会计机构应对各分支连锁企业或店铺的经营过程实行内部会计核算，以考核其经营成果，确定其劳动报酬，根据经营需要为各基层店建立定额备用金制度。基层店实行报账制，不设会计机构，只设一名核算员，可以设置部分辅助会计账簿，负责上交经营收入、核算

本部门的经营费用、发放人员工资、保管本部门使用的备用金等。总部拥有本企业的全部经济资源或控制权，总部对经营所需商品实行集中统一采购，按下属基层店经营需要统一配送，库存商品的实物转移时，只对其明细科目进行调整。基层店开展经营活动取得收入，全部上交总部，总部编制统一会计报表。

8.2.2　连锁企业财务管理的特点

1. 统一核算，分级管理

由连锁总部进行统一核算是连锁经营众多统一中的核心内容。区域性的连锁企业，由总部实行统一核算；跨区域且规模较大的连锁企业，可建立区域性的分总部，负责对本区域内的店铺进行核算，再由总部对分总部进行核算。原则上，连锁企业在建立时就应实行统一核算，有特殊情况的企业在实行连锁初期可以分阶段、分步骤地逐步进行核算上的统一。

连锁企业统一核算的主要内容是对采购货款统一进行支付结算，对销售货款统一进行结算，进行连锁企业的资金筹集与调配等。连锁店铺一般不设专职财务人员，店铺与总部在同一区域内的，由总部统一办理纳税登记，就地缴纳各种税款；店铺与总部跨不同区域的，则由该区域的分总部或店铺向当地税务机关办理纳税登记，就地缴纳各种税款。

2. 票流、物流分开

由于连锁企业实行总部统一核算，由配送中心统一进货，统一对门店配送。从流程上看，票流和物流是分开的，这同单店式经营中资金与商品同步运行有着很大的不同。因此，在连锁企业财务部门与进货部门保持紧密的联系是非常重要的。财务部门在支付货款以前，要对进货部门转来的税票和签字凭证进行认真核对，同时，在企业财务制度中要规定与付款金额数量相对应的签字生效权限。

3. 资产统一运作，资金统一使用，发挥规模效益

连锁经营的关键是发挥企业的规模效益，主要体现为以下几个方面。

(1) 连锁企业表面上看是多店铺的结合，但由于实行了统一的经营管理，企业的组织化程度大大提高，特别是统一进货、统一配送，使资产的规模优势充分发挥了出来。

(2) 由总部统一核算，实行资金的统一管理，提高了企业资金的使用效率和效益，降低了成本、减少了费用、增加了利润。

(3) 实行资产和资金的统筹调配，统一调剂和融通。总部有权在企业内部对各店铺的商品、资金和固定资产等进行调动，以达到盘活资产、加快商品和资金周转，获取最大的经济效益。

4. 地位平等、利益均衡

连锁企业利润的取得是各个部门通力协作共同创造的，不存在谁地位比谁低、谁为谁服务的问题，各方都遵循利益均沾、风险共担、地位平等、协商共事的原则，不能靠牺牲对方利益获取自身利益。

8.2.3 连锁企业财务管理的主要内容

1. 现金管理

连锁企业的现金使用一般遵循总部统一使用与授权使用相结合的原则。连锁企业资金由总部统一筹措、集中管理、统一使用。店铺采购的产品、鲜活商品和其他保管期短的商品，经请示总部同意后或在总部授权的范围内可动用银行存款，否则不能动用；店铺存入银行的销货款，未经总部批准不得自行动用。连锁总部、分店及其他部门的费用由总部统一核定、统一支付；部门、店铺的工资等日常费用支出由总部统一开支。店铺负责人有节约的责任，总部有审查、监管费用使用情况的权力。

连锁企业应统一登记注册、统一缴纳税款。连锁企业应是享有独立法人资格的企业，总部和所属门店在不同区域内的，由总部向税务及工商部门登记注册，统一缴纳增值税、所得税及其他各种税赋，统一办理法人执照及营业执照，店铺只办理经营执照。国家对企业在税收上的优惠政策，也由税务部门直接对连锁总部执行。特殊情况下，总部和所属店铺在同一区域内的，店铺一般处于委托法人的地位，实行本地纳税。

2. 成本管理

总部要严格控制自身的费用开支。

总部统一整个企业的资产折旧，统一支付贷款利息。

总部对各店铺基本不采用先进先出法，而是按商品种类计算毛利润率。

总部要建立毛利润率预算计划管理，对店铺实行计划控制。总部对各店铺的综合毛利润率进行定期考核，对影响效益大的骨干商品的毛利润率进行重点考核。

总部规定各店铺的费用项目范围及开支标准，原则上不允许随意扩大和超标。

总部对一些费用(如水电费、包装费等)要进行分解，尽量细到各店铺和商品种类。能直接认定到各店铺和商品种类的，要直接认定；不能直接认定到各店铺和商品种类的，要参考各店铺占企业工资总额的比例、资产的比例或按各店铺的人数、经营面积分摊到店铺和商品种类。

总部对各店铺的费用通过下达销售费用率进行总体控制，要建立费用预算计划管理。各店铺的直接费用(如业务招待费、人工费)要同店长的利益直接挂钩。对达不到预算计划的店铺，总部通过督导制度帮助其分析造成费用增长上升的原因，并提出调整改进措施。

连锁企业对职工工资、奖金的分配办法应在现行的政策法规下，结合连锁经营的特点和企业的实际情况，本着调动职工积极性的合理分配原则制定。

实行提成工资制的店铺，其提成比例应根据各店铺的实际情况确定。可以按店铺的销售额确定工资奖金提取比例，实行百元销售工资奖金含量提成；也可以按店铺实现的利税确定工资奖金提取比例，实行百元利税工资奖金含量提成。总部有权根据各店铺客观条件的优劣势对其工资提取比例进行调整。

3. 流动资产管理

具体而言，连锁企业流动资产的管理主要体现在以下两个方面。

(1) 加强存货管理。企业存货占流动资产比重较大，一般为 40%～60%，而对于商业企业这个比例可高达 80%。存货利用程度的好坏对企业财务状况影响极大，因此，加强对存货的规划与控制，使存货保持在最优水平上，已成为财务管理的一项非常重要的内容。要想保持一定量的存货，必须要有一定的成本支出，而备存货的有关成本主要包括采购成本、存储成本、缺货成本等。

为了降低存货成本，必须根据企业的实际做出最优的存货决策，如决定进货的项目、选择供应商、决定进货时间和进货批量。财务部要按照存货管理的目的，通过合理的进货批量和进货时间，使存货的成本最低，这个批量叫作经济订货批量。有了经济订货批量，就可以很容易地找出最适宜的进货时间。对保管期长、销售量大且长期稳定的商品由总部统一采购，统一配送到各店铺；对部分保管期较短、鲜活商品和一部分产品由总部配送不经济时，可委托社会化配送中心或其他供应商供应，在总部授权的商品品种及数量金额范围内自采。

(2) 加强商品销售管理。总部对配送中心及店铺的全部商品要设置商品管理总账，对店铺自采的商品一律实行按商品大类管理，有条件的要逐步过渡到实行单品管理，并建立实物负责制，以保证账实相符。各店铺要定期对商品进行盘点，由总部核定商品损耗率，超过部分由总部从店铺的工资总额中作相应扣除。

4. 投资管理

投资是指企业为获得未来收益或者满足某种特定用途而进行的资金投入活动。企业可以现金、实物或无形资产向其他单位投资，也可以通过购买股票、债券等有价证券向其他单位投资；同时，投资也包括对企业内部长期资产的投资。

投资的目的是获得较高的投资收益，积累一定数额的资金；或是加强与被投资企业的经济联系，以保持稳定的商品供应来源或维持长期的商品销售；或是控制其他企业，发展本企业的业务。

投资决策应考虑的问题：企业在投资之前必须认真进行市场调查和分析，寻找企业最有利的投资机会。一旦投资项目确定以后，要设计投资方案，并对投资方案进行对比分析，利用有关经济指标和非经济指标进行评价，同时，必须考虑企业的投资风险，在企业能够承受的风险与渴望获得的投资收益中进行权衡，以确定最佳投资方案。

8.2.4　连锁企业财务管理的控制

1. 实行全面预算管理

全面预算是对企业的一切经营活动全部纳入预算管理的范围。财务预算在执行过程中，要突出预算的刚性，管理的重点要落实过程控制。财务部门要及时掌握经济运行动态，发现情况，及时查找原因，提出解决问题的方法。对由于预算原因造成的偏差，要修正预算指标，使预算真正起到指导经济的作用。

2. 积极参与投资决策

参与投资项目的可行性研究分析，完善投资项目管理。投资项目决策的前提是可行性分析。由于业务和财务考虑问题的角度不同，财务从投资项目初期参与，共同进行研究分析，可以使投资方案更趋完善。

3. 加强结算资金管理

加强资金管理是财务管理的中心环节。大型加盟店具有货币资金流量大、闲置时间短、流量沉淀多的特点。因此，财务应根据这些特点，科学合理地调度和运用资金，为企业创造效益。

4. 加强存货控制

加强库存管理有利于企业进一步降低运行成本。加盟店商品具有周转快、流量大、品种多和规格齐的特点；在销售形式上，以敞开货架陈列和顾客自选为主。鉴于这些特点，企业要在进货环节、储存环节、退货环节加强对商品的管理。

5. 健全内部控制制度

健全内部控制制度主要在两个方面：一是岗位责任，即明确规定各个岗位的工作内容，职责范围、要求，以及部门与部门、人员与人员间的衔接关系。二是规范操作流程，无论是大的项目，还是小的费用开支，都要规定操作流程程序，明确审批权限。

【案例分析 8-1】

新元素餐饮连锁的财务管理

新元素餐饮连锁(以下简称“新元素”)成立于 2002 年，现在上海有 13 家门店，北京 7 家，广州 2 家，深圳 1 家，南京 1 家，苏州 1 家，近期还有新店陆续开幕。新元素每年都获得由杂志读者评出的诸多美食和服务奖项。新元素的理念是“带给您新鲜的美味是我们不变的追求”。

新元素的高管多为海外人士，与众多连锁企业一样，新元素财务部所有的会计政策，财务规范和资金调度指令都是由总部发出的，区域财务部作为执行层面，负责会计核算，成本控制和餐厅财务监管及资金和发票的业务支持等工作。同时加强对基层餐厅财务工作的管控职能，不仅要保证现金和发票的结算准确，成本费用控制要到位，还要监管不同类别的活动。在财务管理控制体系的设计上，新元素把合法合规作为最低要求，把目标放在将财务管理真正融入创造企业整体价值的战略中，放在执行及服务支持体系中，追求长期股东利益，不断提升企业核心竞争力的管理思想。具体到财务管理的执行层面，同样是连锁企业，在管理上东西方存在明显不同。在国外的连锁餐厅中，有着一套较为通行的操作方法，流程清晰明了，如果请来一个成熟的餐厅经理，餐厅内的各项管理基本上就都到位了。而中国餐饮市场存在着比西方国家更复杂的财务环境，从会计核算、成本控制、供应链管理、资金控制、发票管理、促销管理、点单系统、人员管理等各个方面，不是直接从国外请来一个餐厅经理就可以解决问题的，必须制定适应环境的财务管控和支持体系。因此，在新元素的业务运营上，新元素采取了总部集权管理，区域财务部直接支持门店运营的财务管理方法。例如，门店的备用金管理制度，是由总部结合公司餐厅的业务特点制定的，每一家餐厅遵从同样的操作方法，餐厅经理是不可以擅自改变的，区域财务部负责解释制度，监督执行和审计结果。再如成本控制工作，新元素采用类似工业企业的复杂成本管理体系，具体核算到整个供应链的每一个环节，细致到每一个菜品。在这样的定位下，新元素的成本会计都有工业企业成本核算的背景，从餐饮酒店行业跳槽过来的成本会计很难适应新元素在管理控制上的高标准要求。

分析：新元素餐饮连锁的快速稳健发展在于其财务管理控制体系的设计与执行。新元素采取了总部集权管理，区域财务部直接支持门店运营的财务管理方法，将财务管理真正融入创造企业整体价值的战略中，放在执行及服务支持体系中，追求长期股东利益，不断提升企业的核心竞争力。

(资料来源：http://blog.ceconlinebbs.com/BLOG_ARTICLE_206600.HTM)

8.3　连锁企业文化建设

8.3.1　连锁企业文化的含义

连锁企业文化是指连锁企业在经营过程中逐步形成的为全体员工所认同、遵守、带有本连锁企业特色的价值观念、经营准则、经营作风、企业精神、道德规范、发展目标的总和。连锁企业的文化是建立在企业精神的基础之上的，以完整的连锁管理制度为依托，以鲜明的连锁形象为载体，符合目标消费群体的精神和物质需要，适应连锁市场特点的一种先进文化，其核心价值在于为连锁企业、消费者、社会创造无限的价值。连锁企业文化与一般企业文化相比存在很多的共性，也有其独特性，其企业文化更强调专业化和标准化，更注重企业形象的塑造。

8.3.2　连锁企业文化的作用

1. 凝聚作用

连锁企业一般门店数量多、分布地域广、员工人数多、管理难度大，更需要讲求企业的凝聚力。硬性的规章制度只能维持表面上的和平，而无法达到真正的和谐，而连锁企业文化可以在不需要命令的情况下协调员工的行为，为企业的员工树立共同的信念和价值观，从而形成企业强有力的凝聚力。

2. 导向作用

连锁企业文化可以为连锁企业的员工指明奋斗的目标和行为准则。例如，连锁企业的

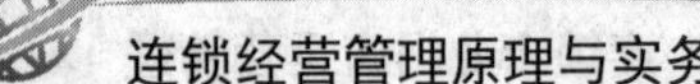

价值观包括顾客第一、诚信、敬业、创新和团队精神等，引导员工的思想和行为。随着连锁企业文化的渗入，连锁企业的员工会把这些价值观在日常的工作和对顾客的服务中体现出来，成为一种习惯。如图 8-2 所示。

图 8-2　企业文化的导向作用

3. 激励作用

连锁企业文化通过建立一种共同的价值观和企业精神，形成一种群体意识，产生一种集体激励动力，使员工自觉地为争取企业集体荣誉感而奋发努力。激励作用可以使员工工作具有主动性、自觉性，充分发挥员工的工作潜力。

4. 调控作用

连锁企业文化是通过一种观念的力量，氛围的影响，去约束、规范、控制职工的个体行为。使员工能够自觉地遵守企业的规章制度。

5. 塑造作用

连锁企业文化建设给企业塑造了内容丰富、广泛认同的企业形象文化。塑造良好的企业形象，是连锁企业文化建设的关键，也是取信于市场和社会的首要内容。在现代连锁企业竞争中，良好的企业形象是一个连锁企业的无价之宝，是企业赢得竞争优势的重要因素。

【案例分析 8-2】

海底捞的企业文化

海底捞，一家以经营川味火锅为主的餐饮品牌，2009 年营业额近 10 亿元，拥有员工一万多人。它的出名除了美食之外，更在于它的服务。海底捞热情周到的服务使其赢得了“五星级”火锅店的美名，成为中国火锅第一品牌。海底捞的成功在于树立了一种以公司为家的企业文化。那么海底捞是如何让员工把公司当成家的呢？

家的特性首先是亲情。海底捞是怎样培养亲情的呢？“把员工当人看”，确切地说是当家人看，这是海底捞最大的创新。创办人张勇真正把海底捞的每个员工当作家人来对待的，衣食住行，样样考虑。他给员工租和城市人一样的正规楼房，空调、暖气、电视、电话一应俱全；配置专人给员工打扫卫生，换洗被单；逢年过节慰问员工，同时还能想到员工的父母，每月给中层干部和优秀员工的父母发放补助；出资千万在四川简阳建了一所寄宿学校，让员工的孩子免费上学；设立了专项基金，用于治疗员工和直系亲属的重大疾病。这一系列的亲情化、人性化的措施解决了员工的后顾之忧，让员工对企业有了强烈的归属感。员工才能把企业当家，从而激发了工作激情和潜能。领导把员工当家人，员工才会把公司当家。每当员工在家乡的父母领到公司的补助，脸上就有了光彩，都说："这孩子有福气，找到一家好公司，老板把他当兄弟！"

其次，家的第二个特性是信任。家人之间不仅要有亲情，还要互相信任。把员工当成家人，就要像信任家人那样信任员工。在海底捞信任的标志就是授权。海底捞的普通员工有给客人打折和免单的权力。不论什么原因，只要员工认为有必要都可以给客人免一个菜或加一个菜，甚至免一餐。而在其他餐厅只有经理才有这种权力。孟子说："君之视臣如手足，则臣视君如心腹。"海底捞把员工视为手足，将心比心，员工自然把海底捞当作自己的家来呵护。

家的另一个特性就是公平和希望。海底捞给员工公平的环境，所有的员工都从一线做起，任何新来的员工都有三条晋升途径可以选择：管理线、技术线、后勤线。海底捞的大部分人都是农村出来的，上过大学的人凤毛麟角。在海底捞学历不再是必要条件，工龄也不再是必要条件。这种不拘一格选人才的晋升政策，不仅让这些处在社会底层的员工有了尊严，更是在他们心里打开一扇亮堂堂的窗户：只要努力，人生就有希望。袁华强，农村人，高中毕业，19 岁加入海底捞，最初的职位是门童，后来成了北京和上海地区总经理。他说："只要正直、勤奋、诚实，每个海底捞的员工都能够复制我的经历。"海底捞有一套公平合理的晋升机制，让员工看到了真切的希望：只要你真诚，努力，踏实，肯干，就有机会获得晋升。

分析：海底捞的成功在于建立了一种成功的企业文化，树立了"亲情、信任、公平、希望"的企业文化，成功地发挥了企业文化的导向作用、凝聚作用和激励作用。

(资料来源：http://wenku.baidu.com/view/f2999da40029bd64783e2c57.html)

8.3.3　连锁企业文化建设的内容

1. 提炼连锁企业的精神文化，打造核心价值观

优秀的精神文化是连锁企业文化体系的核心，连锁企业只有根据自己的特点，提炼出本连锁企业的优秀理念，然后才能从核心上体现出连锁企业的个性与特色。

2. 创新连锁企业的制度文化

连锁企业文化的建设一定要有制度保证，并且在这种制度保证中要做到制度文化的创新。连锁企业要根据自己的理念，不断推出适应新的竞争形势的管理制度，用优秀的制度来保证文化建设的实施。

3. 构建连锁企业的行为文化

建立特色的企业文化，要从企业领导人的"领导人文化"抓起，发挥企业模范的激励

作用，激发每个员工完善自身行为和思想。

4. 构建连锁企业的物质文化

连锁企业要做大做强，就必须针对本连锁企业的特点，通过具体而合理的措施，一步一步把连锁企业文化建设落到实处，才能实现连锁企业的长远发展。

8.3.4 连锁企业文化建设的策略

1. 既要重视连锁企业文化的形式，更应重视连锁企业文化的内涵

连锁企业强调门店的标准化、统一化，因此在企业文化的形式上，应该比其他企业更为重视，如店标、招牌、员工的服饰、文明用语等要求标准化。但企业文化的形式决不能脱离企业文化的内涵，表层文化一定要体现出核心文化。核心文化才能起到关键作用。

2. 连锁企业文化建设必须与企业管理紧密结合

企业文化是以文化为手段，以管理为目的。企业文化应紧密联系企业管理的实际，才能实现其价值。比如，连锁企业经常发生内盗现象，是企业管理中的一大难题，光靠制度和监控是很难杜绝的，如果企业树立了诚信、奉献的企业文化，可以大大减少内盗现象。

3. 连锁企业文化必须得到企业全体员工的认同

企业文化只有得到企业全体员工的认同，才能使员工自觉自愿地遵守企业的文化。因此，连锁企业文化要坚持以人为本的原则，从根本上关心员工的利益，如给员工有发展空间、培训机会、良好的工资待遇，在同行中有竞争力、奖罚分明等。既要讲求物质待遇，更要讲求感情留人、文化留人。此外，连锁企业在招聘员工时，要特别注重对应聘人员的价值观、道德观、人生观的考量，甄选价值观与本企业核心文化相近的应聘者为录用对象。

4. 连锁企业文化建设必须坚持长期建设和不断创新

连锁企业文化既应强调稳定性，也应强调不断创新。对于企业长期以来所形成的优秀的核心文化应长期坚持不变，这是企业的精神支柱、精神力量，也是顾客长久的信任。同时企业文化也需要与时共进，在企业的制度文化、表层文化方面根据变化了的环境进行创新。企业文化建设还必须坚持长期性，需要一代代的管理者和员工在企业的经营过程中去建设和发展。

5. 企业领导者必须成为推动连锁企业文化建设的中坚力量

企业领导者无疑是企业文化的倡导者和设计者，要创造和设计出优秀的企业文化离不开优秀的企业家。企业领导者需要目光远大，要具有人格魅力和管理艺术，感染和影响员工发挥最大的潜力。

【项目小结】

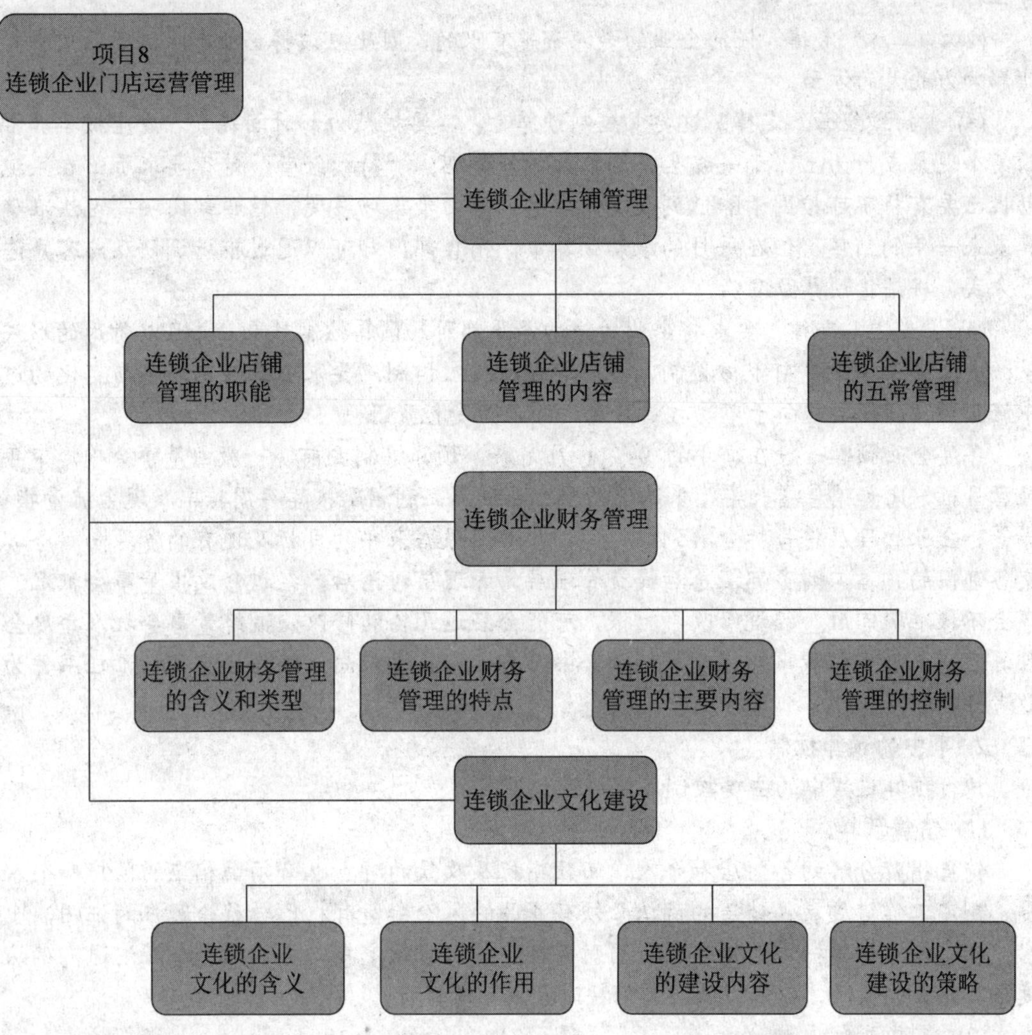

【扩展阅读】

连锁商贸企业全面预算管理应用

全面预算是一种系统方法，用来事先分配企业的财务、实物和人力资源，以实现企业既定的经营目标。全面预算可以比作正式演出前的彩排，临战前的沙盘演练。这就如有了一个好剧本和一群好演员不一定能演出一出好戏一样，关键还需要在一个好导演的精心策划和排练下，方可取得成功。因此，要取得成功必须要将企业所拥有的优势资源在事前精心地统筹和反复地沙盘演练，以模拟出年度全面预算；事中小心控制，保证企业向预定的目标行进——预算控制；事后考评和总结经验——绩效考评。那么如何通过全面预算强化连锁企业的优势，规避连锁企业的风险？

1. 事前的年度全面预算

全面预算编制应遵循以下原则。

(1) 现金为王。对于扩张中的连锁企业而言，现金就意味着规模和发展，因此必须重视

应收账款和应付账款的预算，同时在公司赢利状况较好的情况下，保持适量负债以获得财务杠杆收益。

(2) “二八”定律。任何企业的资源都是有限的，因此应该将企业有限的资源用在对企业影响力最大的方面。

(3) “持续经营”定律。这要求编制预算时，不要把精力和时间耗费在发生概率非常低的某个现象或行为上，如果发生，则作为例外管理；“持续经营”定律要求员工在主观能动性上要有将不可控因素降低到最少的意愿。如由于市场多变，销售部门确实无法准确预算未来一年的销售，但在每月的滚动预算中，销售部门却可以通过市场调研及与客户沟通等方式，将销售预算做准确。

(4) “受控”定律。要求将企业的一切资源都列入预算控制对象，并且以货币的形式计量；要求企业做足事前审核控制、事中的资源投入控制；要求企业在市场不断变化的过程中修正预算，使之趋向于不受控的资源，修正为受控资源。

年度全面预算一般在每年的 9~11 月完成。预算编制之前，一般由董事会确定下年的经营目标，比如销售增长率、采购节约率、毛利率、利润率、库存周转率及现金流量指标，等等。企业管理层将目标分解到各部门，各部门根据来年的目标及现有的资源向财务部提交各部门的预算，财务部汇总后提交管理层。管理层讨论后，经过修改报董事会批准。董事会不批准驳回后，经过修改再上报，可能会经过几轮的修改。最终董事会批准年度全面预算后，总经理向董事会递交目标责任书，各部门负责人向总经理递交目标责任书作为绩效考评的依据。

2. 事中的预算控制

执行预算过程中的主要控制简要分述如下。

(1) 销售预算。

销售指标分解到各门店和个人，回款指标及收款的时点也必须由相应的门店和个人负责，制定工作进度表。销售的确认必须有商品的风险和所有权已转移给客户的证明，比如客户收货签字的单据等。销售部会同财务部在月内必须定期与各门店和个人沟通，确认月度预算完成的情况，以督促业务部门按时完成预算目标。

(2) 采购预算。

① 采购按照计划将商品采购进来，入库时，质检检查完毕，仓管员收货时必须根据采购订单所列示的品名和数量收货，然后开具入库单，即入库单与采购订单相匹配。采购员搜集入库单、发票和采购订单时，必须进行三单匹配，即入库单数量≤订单数量，发票单价≤订单单价，发票数量=入库单数量，匹配完毕后交财务部。财务部在确认应付账款时，需要复核三单匹配，确保入库数量和单价与采购订单相符。

② 支付货款申请时，必须将三单附于申请单后，以确保是真实采购的付款。

③ 对于连锁企业也可以使用制造业所使用的标准成本法，这样更加便于对采购价格的控制和及时生产采购节约的数据。当年度的商品标准成本可以以上年度该商品的平均采购价格或上年度该商品最后一单的采购价格为基准，这样每进一批货即实时显示该批货的采购节约数据。同时标准成本法可以简化销售成本的结转，提高月末结账效率。

(3) 配送预算、分拣、配货、配装和运输应该按照各自工作的特点，制定相应的标准工时及包装材料和辅料的标准用量，通过实际所耗费工时与标准工时的比较及实际用料与标

准用料的比较，查找差异原因，以便提高配送中心的工作效率，降低用料成本。(配送中心与制造业的生产车间有点相似)

(4) 资本预算，资本预算的批准前提是必须做项目可行性分析，这样可以确保在任何投资之前企业已经从投入产出和财务的角度对此项目进行过评估。对于回收期过长和内部收益率过低的项目要慎重。

(5) 现金预算。

① 现金管理中实行收支两条线，不允许坐收坐支，所有付款的权限上收至管理总部。

② 实行内部银行制度，各门店、各分公司的收款统一汇总到管理总部，由管理总部统一调度资金，提高资金的使用效率。

3. 事后的绩效考评与分析

事后的绩效考评与分析分为三个部分，考核部分、分析部分和规划部分。

(1) 考核部分侧重点在计算相关责任人与预算相比的实际绩效。设计责任人的绩效指标时，建议引入平衡计分卡，即从财务、客户、内部流程及学习和发展四个维度来考核相关责任人，这样可以避免以单一财务指标考核责任人所带来的短期行为。

(2) 分析部分主要侧重于差异的分类(价格差异，数量差异和结构差异)，差异的计算和差异的解释。

(3) 规划部分，差异计算和分析完毕后，企业管理层应组织会议，专门针对已经产生的差异和原因进行讨论，以便总结过去，更好地服务于未来。

(资料来源：http://www.ceconline.com/financial/ma/8800065130/01)

【同步测试】

一、单项选择题

1. (　　)是店铺管理最重要的职能。

A. 决策　　B. 组织　　C. 领导　　D. 控制

2. 店头外观管理的内容主要有(　　)。

A. 设置理想的卖场入口，方便顾客进店

B. 排除门店进出口的障碍物，以方便消费者进出

C. 规划卖场与后场的补给路线

D. 保持卖场内部的环境清洁、整齐、卫生

3. (　　)要重视商品的包装质量及商品标签。

A. 商品质量管理　B. 商品陈列管理　C. 商品耗损管理　D. 商品销售状况管理

4. (　　)是门店销售服务管理的一个关键点。

A. 凭证管理　　B. 情报管理　　C. 收银管理　　D. 金钱管理

5. 属于连锁企业财务管理的控制内容有(　　)。

A. 创新连锁企业的制度文化

B. 了解顾客投诉情况

C. 严格执行公司总部所制定的作业规范

D. 加强结算资金管理

二、多项选择题

1. 店铺领导职能包括(　　)。

A. 指挥　　B. 协调　　C. 激励　　D. 沟通

2. 连锁店铺的店面设计与布局的基本原则主要有(　　)。

A. 醒目，刺激消费者的原则

B. 方便顾客的原则

C. 促进消费的原则

D. 创造良好的购物环境，使消费者快乐的原则

3. 连锁企业店铺的五常管理有(　　)。

A. 常培训　　B. 常整顿　　C. 常清洁　　D. 常规范

4. 连锁企业财务管理的特点有(　　)。

A. 统一核算，分级管理

B. 票流、物流分开

C. 资产统一运作，资金统一使用

D. 规定各店铺的费用项目范围及开支标准

5. 连锁企业文化的作用有(　　)。

A. 凝聚作用　　B. 导向作用　　C. 激励作用　　D. 塑造作用

三、简答题

1. 连锁企业控制职能的内容是什么？
2. 连锁企业店头外观管理的内容有哪些？
3. 连锁企业商品陈列管理的内容有哪些？
4. 连锁企业财务管理中独立核算方式的内涵是什么？
5. 连锁企业文化的作用有哪些？

四、案例分析题

在零售业内有一项著名的商品陈列法则——“啤酒+尿布”，这听起来匪夷所思，但当这两个看似风马牛不相及的东西撞到一起时，居然引发了高销量的化学反应。通常，商品陈列会将同类货品放置在一起，但很多你认为根本没有关系的商品其实是有密切联系的。“我们经过长期研究和分析大量数据后发现，购买婴儿尿布的大部分并不是妈妈，而是爸爸，爸爸们在购买完尿布后通常还会买啤酒，假如啤酒货架距离婴童用品太远，那么有些爸爸就懒得购买啤酒了。而当我们将啤酒直接陈列在尿布货架边上时，明显发现啤酒销量大增。”季先生兴奋地告诉记者。这种“啤酒+尿布”陈列法则之后被广泛运用于各个商家门店中，而这个法则体现了商品的交叉和关联陈列技巧。运用这种陈列技巧时，商家要对货品关联度有深刻认识，比如有些看似并无联系的货品背后究竟有何种关联度、人们的消费习惯究竟如何等。据业内不完全统计，这种采用交叉关联模式的商品陈列法则会让相关商品的销售量普遍提升20%～30%。

思考题：

结合“啤酒+尿布”陈列法则请你谈谈对商品陈列管理的启发？

【项目实训】

实训项目：某连锁企业的企业文化调研

企业文化是企业形成核心竞争力并持续发展的一个关键因素。连锁企业的文化建设，有助于在员工队伍中树立共同的发展目标和价值取向，有助于在企业中塑造团结友爱、相互信任的和睦氛围，有助于形成团队意识，进而产生强大的凝聚力和向心力，为连锁企业经营目标顺利实现起到积极推动作用。请各位同学通过网络、文献、实地访谈等多种途径对当地某连锁企业的企业文化进行调查与分析，并提出调研报告。

实训目的：

能够运用连锁企业文化建设的相关知识分析企业在实际中存在的相关问题。

实训内容：

(1) 以小组为单位调查一家企业，并获取当地某连锁企业文化的相关资料。

(2) 分析并提交一份连锁企业文化的调研报告。

实训要求：

训练项目	训练要求	备　注
收集所调查企业的企业文化的相关资料	掌握连锁企业文化建设的相关内容。 通过网络、实地调研、访谈等多种方式收集获取资料。 培养收集信息资料的能力	以学生小组为单位，6～8 人组成一个小组完成此任务
分析所调查企业的文化建设现状	结合内外部环境分析，分析该企业文化建设现状及问题。 培养团队合作的能力	学生分组讨论，分析该企业文化建设现状及存在的问题
提出所调查企业的调研方案	1. 制定相应的调研报告。 2. 培养运用理论知识解决实际问题的能力	学生分组讨论，各小组以 PPT 形式提交一份调研报告，教师点评，学生互评

参考文献

[1]赵金蕊，李严峰. 卖场营销学[M]. 杭州：浙江大学出版社，2010.
[2]赵越春. 连锁经营管理概论[M]. 北京：科学出版社，2006.
[3]郑昕，盛梅. 连锁门店运营管理[M]. 北京：机械工业出版社，2008.
[4]佘伯明，李宁. 零售学[M]. 大连：东北财经大学出版社，2011.
[5]张明明. 连锁企业门店运营与管理[M]. 北京：电子工业出版社，2009.
[6]施玉梅. 连锁经营管理原理与实务[M]. 北京：科学出版社，2012.
[7]张倩. 连锁经营管理原理与实务[M]. 北京：机械工业出版社，2008.
[8]联商网，http：//www.linkshop. com.cn.
[9]中国连锁经营协会网，http：//www.ccfa.org.cn.
[10]零售网，http://www.lingshou.com.
[11]超市 168，http://www.chaoshi168.com.
[12]上海连锁经营协会网，http：//www.scea.org.cn.
[13]王吉方. 连锁经营管理——理论・实务・案例[M]. 北京：首都经济贸易大学出版社，2013.
[14]操阳，章百惠. 连锁企业经营管理原理[M]. 北京：高等教育出版社，2014.
[15]陈新玲. 连锁经营管理原理[M]. 北京：电子工业出版社，2009.